中国社会科学院
首届马克思主义学院博士生高峰论坛

王伟光◎主　编

张江 高翔◎副主编

中国社会科学出版社

图书在版编目(CIP)数据

中国社会科学院首届马克思主义学院博士生高峰论坛论文集/王伟光主编.—北京：中国社会科学出版社，2017.2
ISBN 978-7-5161-9192-7

Ⅰ.①中… Ⅱ.①王… Ⅲ.①马克思主义—文集 Ⅳ.①A81-53

中国版本图书馆 CIP 数据核字(2016)第 261144 号

出 版 人　赵剑英
责任编辑　喻　苗
责任校对　胡新芳
责任印制　王　超

出　　版　中国社会科学出版社
社　　址　北京鼓楼西大街甲 158 号
邮　　编　100720
网　　址　http://www.csspw.cn
发 行 部　010-84083685
门 市 部　010-84029450
经　　销　新华书店及其他书店

印　　刷　北京君升印刷有限公司
装　　订　廊坊市广阳区广增装订厂
版　　次　2017 年 2 月第 1 版
印　　次　2017 年 2 月第 1 次印刷

开　　本　710×1000　1/16
印　　张　19.25
插　　页　2
字　　数　306 千字
定　　价　79.00 元

坚持马克思主义，发展马克思主义，不断推进马克思主义中国化

——在马克思主义学院博士生高峰论坛上的演讲

　　1956 年，在中华人民共和国全国人民代表大会第一次会议的开幕式上，毛泽东同志郑重地强调："领导我们事业的核心力量是中国共产党，指导我们思想的理论基础是马克思列宁主义。"① 这是一句掷地有声的至理名言，是中国共产党及其领导的人民事业永远立于不败之地的根本原则。

　　中国共产党是以马克思主义为理论基础和指导思想的工人阶级政党，是靠马克思主义建党、靠马克思主义立党、靠马克思主义兴党，离开马克思主义的正确指导，党就失去灵魂、失去方向、失去生命力、失去其所从事的事业。

　　坚持和发展马克思主义是一个根本原则问题，是关系到中国共产党成败兴衰、关系到中国共产党领导的中国特色社会主义事业成功与否的头等大事。必须从理论和实践结合上说清楚坚持和发展马克思主义的极端重要性和极其必要性。

　　坚持和发展马克思主义，必须要回答"为什么坚持马克思主义、怎样坚持马克思主义"、"为什么发展马克思主义、怎样发展马克思主义"这两个重大问题。坚持与发展是两个不可分割的方面结合在一起的统一体，不坚持就谈不上发展，坚持是前提和基础，不坚持就会偏离、放弃、背叛马克思主义；不发展就无法坚持，发展是坚持的支撑和保障，不发展马克思主义就会被僵化、歪曲、修正。

---

　　① 《毛泽东选集》第 2 卷，人民出版社 1991 年版，第 554 页。

一　只有始终坚持马克思主义，中国共产党才有出路，中国才有出路

　　为什么中国共产党人选择马克思主义，始终把马克思主义作为自己的理论基础和指导思想，这不仅仅是一个理论问题，更是一个实践问题。

　　自鸦片战争以来中国沦为半殖民地半封建国家。如何振兴中华民族？如何实现中国梦，使中华民族再创辉煌？这是中华民族一切有志之士一个共同的理想和奋斗的目标。在近代历史进程中，涌现出一系列有作为的人物，为了中华民族的振兴，做出了不懈的努力，提出了种种救国方案。以洪秀全为代表的太平天国农民运动吸收部分西方文明思想，提出具有农民起义局限性的革命方案，虽然轰轰烈烈，给予了封建统治阶级以重大打击，但在中外反动势力联合镇压下惨遭失败；林则徐启动的禁烟运动，是在维护封建统治的基础上，试图通过禁烟恢复中华民族的复兴，但这条路根本走不通，林则徐也是最早提出学习西方坚船利炮、学习西方文明的中国高级官僚之一；后来又有了李鸿章等人的洋务运动，引进西方先进的工业和武器，然而洋务运动的结局是甲午海战全军覆灭，求富求强的愿望最终化为泡影，洋务运动是在保持原有封建制度的基础上，走一条引进西方工业化的办法，也走不通；日本明治维新的经验带来了希望，日本通过资产阶级改良式革命，走了一条资本主义发展的道路，日本强盛起来了，中国许多有志之士东渡日本，向日本学习，试图选择改良主义的道路，在维护封建统治的制度框架内，通过改良解救中国，以康有为、梁启超为代表的维新派发动了戊戌变法，百日维新，结果依然失败；孙中山领导的辛亥革命，推翻了中国几千年的封建专制统治，但是孙中山发动的革命是资产阶级旧民主主义革命，没有从根本上改变旧中国面貌，中国仍然处于封建主义、帝国主义、官僚资本主义的黑暗统治之下。

　　在近代中国历史上，旨在救国救民的斗争和探索，每一次都在一定的历史条件下推动了中国进步，但为什么一次一次归于失败？究其主观

上的根本原因就是没有正确的理论指导。除了一些旧式农民起义方案外，很多民族复兴的方案，其指导思想是资产阶级政治理论，其主要学习对象是西方资本主义文明，是发展资本主义的经济、政治和文化，是建立现代资本主义国家。为什么西方在资产阶级思想武器指导下资本主义民主革命可以成功，而旧中国却不能成功，资产阶级思想武器为什么在中国失灵了呢？这是由国内外的客观条件决定的。国内外条件不允许中国建立独立富强的资产阶级民主共和国。帝国主义列强入侵中国的目的，决不是把封建落后的中国变成强大的资本主义国家。帝国主义列强从自身利益考虑，要永久地控制、剥削中国，绝不容许中国变成一个强大的资产阶级民主共和国，必须维持和强化中国的半殖民地半封建制度。为了维持旧制度，就需要与封建势力和官僚资本勾结，不允许中国资产阶级强大起来。中国资产阶级必然是一个软弱的、两重性的阶级，担当不起革命的领导力量。在资产阶级思想指导下的资产阶级旧式民主革命解救不了中国。

　　历史告诉我们，在旧中国，运用资产阶级思想武器，走改良的、资产阶级旧民主主义的革命道路不通。只有中国工人阶级及其政党登上政治舞台，选择马克思主义指导、社会主义道路，才能解救中国。1919年的五四运动直接导致马克思主义在中国的传播，导致中国工人阶级走上政治舞台，导致中国共产党成立，导致中国人民选择十月社会主义革命道路。毛泽东同志指出："十月革命一声炮响，给我们送来了马克思列宁主义。十月革命帮助了全世界的也帮助了中国的先进分子，用无产阶级的宇宙观作为观察国家命运的工具，重新考虑自己的问题。走俄国人的路——这就是结论。"五四运动是一个重大的历史事变，其发生和发展是世界历史和中国社会矛盾发展趋势的必然结果，是中国人民大众同帝国主义、封建主义、官僚资本主义的社会主要矛盾激化的必然结果，它的产生和发展趋势受到处于十月革命爆发和社会主义革命前夜的世界局势的深刻影响。辛亥革命以后，帝国主义国家日益走向腐朽和无产阶级革命方兴未艾的世界局势，以及旧中国继续延续甚至更加恶化的黑暗现实，特别是1914年爆发的帝国主义战争，使中国先进知识分子对资本主义制度及其思想武器产生了怀疑，感到资产阶级的民主平等等思想武器解决不了中国的问题。而三民主义又无法解救中国，到底什么思想武器能解决中国问题？十月革命的成功对中国先进知识分子产生巨大的震撼和影响，使他们开阔了眼界，认识到决定中国人民命运的不是资产阶级，不是资本主义，也不是资产阶级思想武器，而是工人阶级、科学社会主义和马克思主义。辛亥革命为什么失败，救中国的目的为什么达不到，中国先进知识分子通过十月革命接受了马克思主义，开始在马克思主义中寻找答案，他们冲破了资产阶级民主思想的藩篱，冲破了旧民主主义民主、科学、爱国主义的精神界限，把马克思主义作为思想工具，选择社会主义为中国唯一出路。

用马克思主义武装起来的中国共产党的成立是中国的大事件。中国共产党用马克思主义指导中国革命，使中国革命的面貌焕然一新。中国完成了新民主主义革命和社会主义革命，取得了巨大成功，从此中国人民走上了社会主义的康庄大道。选择马克思主义指导，是已被中国革命成功的实践所雄辩证明了的一条颠扑不破的真理。

二　今天，马克思主义并没有过时，马克思主义仍然是我们党的指导思想

有人不否认马克思主义对中国革命的指导意义，但认为现在时过境迁，时代变了，马克思主义过时了，不管用了。我们可以斩钉截铁地回答：马克思主义没有过时，马克思主义仍然具有强大的生命力，仍然具有强大的现实指导意义。

第一，我们今天所处的时代仍然是马克思主义经典作家所判断的时代，时代没有根本改变，马克思主义是当之无愧的当代理论最高峰。

按照马克思主义历史唯物主义观点，从人类历史发展长河的总体上来说，人类依次经历了原始社会、奴隶社会、封建社会，进入资本主义社会，经过社会主义社会，未来一定会走向更美好、更高级的共产主义社会。对于这个历史的大趋势，马克思主义者应当深信不疑、坚信不疑，为之而一代继一代地不懈奋斗。

迄今为止，马克思主义经典作家揭示的总的时代并没有改变，我们现在正处在资本主义要逐步走向灭亡、社会主义逐步走向取代资本主义

的历史时代。但是在该时代总的发展进程中，从马克思主义经典作家揭示该时代的总体特征和发展趋势至今，却经历了不同的发展阶段。已经经历了第一个历史阶段，走过了第二个历史阶段，正处在第三个历史阶段。这三个阶段分别呈现出不同的阶段性特征。从世界近代以来历史发展进程来看，第一个阶段是马克思恩格斯所处的自由竞争资本主义和工人运动、社会主义运动兴起阶段。由于自由竞争资本主义不可克服的内在矛盾已经十分尖锐、完全暴露出来了，阶级对立、两极分化，工人阶级作为新生产力的代表已经登上政治舞台，工人阶级与资产阶级的阶级搏斗已经展开，工人运动和社会主义运动兴起，马克思恩格斯对该阶段特征做出了科学的判断。

第二个阶段是列宁所处的垄断资本主义阶段，即帝国主义战争与无产阶级革命阶段。列宁揭示了该阶段的特征。他认为，当时正处于帝国主义战争和无产阶级革命阶段，即阶段性的主题是战争与革命。列宁的判断是符合19世纪末20世纪初自由竞争资本主义到垄断资本主义，由其自身不可克服的内在矛盾而导致并呈现出内外交困的局面，呈现出资本主义走向灭亡的趋势，是符合当时时代所呈现出来的阶段性特征的。从自由竞争到垄断，资本主义内部矛盾激化，造成战争与革命，第一次世界大战，引发十月革命；第二次世界大战，引发一系列社会主义革命，包括中国革命，这些历史事实证明了列宁的判断是正确的。

现在正处于第三个历史阶段上。随着国际形势的变化，总的时代进程又发生了新的阶段性的变化，出现了新的阶段性特征，对时代的阶段性特征的变化应该做出新的判断。如果仍然停留在原来的判断，则势必影响国内政策和对外政策的调整制定。我们党对时代的阶段性特征的判断的改变是邓小平同志率先提出来的。六七十年代东西方"冷战"还没有完全结束，东西对抗、美苏争夺还是国际形势的主要方面。但进入七八十年代以来，国际形势逐渐发生变化，1989年"柏林墙"倒塌，1991年苏联蜕变，东欧解体，"冷战"结束，发生了逆转。邓小平同志第一个做出总的时代没有变，但有了新的阶段性特征的变化的判断。他认为当今世界面临两大问题，一是和平，一是发展。这个前瞻性判断抓住了我国发展的战略有利时机，决定了我们国内政策和对外关系总方针的重大转变，实行社会主义改革开放的总国策，构建和平的外部环境，集中力量搞国内建设，走中国特色的社会主义和平发展道路。

邓小平同志的判断只是对今天资本主义与社会主义两大力量对比发生阶段性变化的科学分析，并不影响对总的时代特征的判断。必须正确理解邓小平同志的科学判断，否则就会得出马克思恩格斯所概括的时代已经改变了、马克思主义"过时论"的错误结论。不错，早在1984年，邓小平同志就根据国际形势的新变化认为："现在世界上问题很多，有两个比较突出。一是和平问题；二是南北问题。"① 后来他把南北问题概括为发展问题，再一次明确提出："和平与发展是当代世界的两大问题。"② 但到了1990年，他冷静地观察和分析了苏东剧变以及我国"六四风波"以后的国际格局指出："现在旧的格局在改变中，但实际上并没有结束，新的格局还没有形成。和平与发展两大问题，和平问题没有得到解决，发展问题更加严重。"③ 1992年，他更是强调指出："世界和平与发展这两大问题，至今一个也没有解决。"④ 邓小平同志特别重视反对帝国主义搞"和平演变"的问题，对此保持高度的警惕，他指出："我希望冷战结束，但现在我感到失望。可能一个冷战结束了，另外两个冷战又已经开始了。一个是针对整个南方、第三世界的，另一个是针对社会主义的。"⑤ 他把帝国主义对社会主义国家推行和平演变战略，比喻为"打一场没有硝烟的第三次世界大战"。他明确指出："所谓没有硝烟，就是要社会主义国家和平演变"，西方国家"不喜欢中国坚持社会主义道路"，"如果中国搞资产阶级自由化，那么肯定会有动乱"。⑥ 邓小平同志十分警醒地认识到，只要中国的社会主义旗帜不倒，这场"没有硝烟的世界大战"就不会结束，这是因为社会主义与资本主义这两种社会制度的博弈，仍然是马克思主义经典作家所揭示的时代总特征。这就是当前国际环境的基本现实。

从邓小平同志的一系列论述中，可以认识到以下几点基本思想：

---

① 《邓小平文选》第3卷，人民出版社1993年版，第56页。
② 同上书，第104页。
③ 同上书，第353页。
④ 同上书，第383页。
⑤ 同上书，第344页。
⑥ 同上。

（1）不管苏东怎么变化、国际形势怎么变化，社会主义与资本主义对立与斗争的国际总的、大的格局并没有结束，西方资本主义同社会主义、同全世界人民之间的对立这一根本的时代性质并没有改变。全世界广大人民渴望和平和发展，这成为当代世界的两大问题，迫切需要解决。

（2）和平与发展是主题，并不是说资本主义生产的社会化和占有的私人性质的基本矛盾就消失了，2008 年爆发的世界性的金融危机就说明其基本矛盾依然存在、依然起作用、依然不可克服，只不过表现形式不同，总的历史趋势没有改变。由于西方资本主义的发展，南北差距、贫富差距进一步扩大、加剧。

（3）我们仍处在马克思列宁主义所判断的总的、大的时代，总的时代特征实质上仍然是新的社会形态与旧的社会形态、资本主义与社会主义、工人阶级与资产阶级，两种社会形态、两条道路、两大力量反复较量。目前，在和平、发展两大主题上的较量，中国和发展中国家要和平、要发展，西方资本主义国家也要发展，但它们反对中国发展，也反对发展中国家发展，它们可以随意出动武力发动局部战争，成为我国与发展中国家和平发展的反对力量。这两大力量、两种历史趋势在较量中有时我上你下，有时我下你上，你中有我，我中有你，有斗争，也有策略上的妥协，有对立不同，也有共同争取发展的共同点，呈现出极其复杂的角斗局面。总体上资本主义走向衰退，但还是强的；社会主义是新生的，但还是弱的。

（4）两种社会形态、两条道路、两大力量的较量必然在意识形态领域表现出来，表现为马克思主义的、社会主义的意识形态、价值取向与资产阶级的、资本主义的意识形态、价值取向的反复交锋和较量，而这种较量又同当今复杂的国家利益、民族利益的诉求，同当今复杂的民族、宗教问题，同全世界维护人类生存环境的共同要求纠结在一起，同求和平、求发展的利益争斗纠结在一起，资本主义意识形态为了掩盖其实质，往往又披上普世的、人权的、全人类的、中立的、抽象的外衣，让人们搞不清楚它的本质。

总之，马克思主义经典作家所判断的时代性质根本没有改变，只是发生阶段性的时代主题的转变。马克思主义根本没有过时，这就是任何人改变不了的客观事实。

第二，马克思主义是科学，是有生命力的，始终是我党的思想基础和理论指南。

20世纪苏东剧变，世界社会主义运动遭受严重挫折。"历史终结论"、"社会主义失败论"、"马克思主义过时论"甚嚣尘上，邓小平同志以坚定的马克思主义信念，斩钉截铁地说："不要惊慌失措，不要认为马克思主义就消失了，没用了，失败了。哪有这回事！"①"我坚信，世界上赞成马克思主义的人会多起来的。因为马克思主义是科学。"②马克思主义并不过时，在今天仍然是我们党的指导思想，这也是由马克思主义的科学性所决定的。马克思主义除了显著的阶级性之外，其科学性在于实践性、发展性和创造性。马克思主义的实践性、发展性和创造性，决定了马克思主义是科学，是有生命力的，不过时。

马克思主义第一个特点是实践性。马克思主义之所以永不枯竭，永远具有蓬勃的生命力，首先在于它的实践性。实践的观点是马克思主义的根本的首要的观点，是马克思主义科学性的根本所在。实践是理论的源泉，是理论正确与否的检验标准，是推动理论不断发展的动力。从马克思实践的观点，到列宁的实践第一的观点，到毛泽东的实事求是的观点，到中国特色社会主义理论体系的解放思想、实事求是、与时俱进、求真务实的观点，都是一脉相承的，都是强调实践的，强调要根据实践的变化不断给马克思主义充实新的内容。毛泽东同志讲过：理论正确不正确，要实践中去检验；实践是检验正确理论的标准，这就叫做唯物论。③邓小平同志也讲过：一个科学理论的提出，都是总结、概括实践经验的结果。没有前人和今人、中国人和外国人的实践经验，怎样总结、概括出新的理论呢？④马克思主义特别强调实践性。列宁把马克思主义理论同俄国革命实践相结合，找到了俄国革命的正确道路，创立了具有生命力的列宁主义。毛泽东把马克思列宁主义理论同中国革命实践相结合，找到了中国革命的正确道路，创立了具有生命力的毛泽东思

---

① 《邓小平文选》第3卷，人民出版社1993年版，第383页。
② 同上书，第382页。
③ 《毛泽东选集》第1卷，人民出版社2003年版，第284页。
④ 《邓小平文选》第2卷，人民出版社1994年版，第57—58页。

想。当代中国共产党人把马列主义、毛泽东思想同当代中国社会主义现代化建设实践相结合，找到了实现中国社会主义现代化的正确道路，创立了具有生命力的中国特色社会主义理论体系。实践特性决定了马克思主义始终是与常新的实践相结合的。实践永无止境，推动理论创新永无止境，创新的实践不断为理论提供源泉和发展动力。实践推动理论创新，同时又需要创新的理论指导。正因为有实践做源泉、做动力、做检验标准，马克思主义才永葆蓬勃的生机和活力。

马克思主义的另一个特点是发展性。马克思主义之所以是真理，在于它不会永远停留在同一个水平上，永远向更高的水平发展。这种发展性，是由实践性带来的。马克思主义需要实践、实践、再实践，同时也就需要对实践认识、认识、再认识。因此，马克思主义必然随着实践的发展而发展。实践常新，理论也常新。恩格斯讲过："我们的理论是发展的理论，而不是必须背得滚瓜烂熟并机械地加以重复的教条。"① 恩格斯还讲过："马克思的整个世界观不是教条，而是方法。它提供的不是现成的教条，而是进一步研究的出发点和供这种研究使用的方法。"② 马克思主义是世界观和方法论的统一，只有运用它的立场、观点和方法不断地解决新的问题，才具有蓬勃的生命力，才会不断地向前发展。任何时候，马克思主义都不能窒息自己的生命力，成为静止不变的、封闭的体系，而要不断地随着实践的发展而发展。毛泽东同志在 1959 年底到 1960 年初在读苏联政治经济学教科书的时候讲过：马克思、恩格斯、列宁的书必须读，这是第一。但是任何国家的共产党人，任何无产阶级的思想家都要形成新的理论，写出新的著作，产生自己的理论家。他还讲：我在第二次国内革命战争中和抗日战争初期，写了《实践论》和《矛盾论》，都是适应当时需要不能不写的，现在我们进入社会主义时代，出现了一系列的问题，如果不适应新的需要，写出新的著作，形成新的理论，这是不行的。③ 邓小平同志在 1979 年春在理论务虚会上讲过：科学社会主义要随着实践的发展而发展，马列主义、毛泽东思想正是在斗争中发展的，我们不会把科学社会主义退回到 19 世纪的空想社

---

① 《马克思恩格斯选集》第 4 卷，人民出版社 2012 年版，第 681 页。
② 《马克思恩格斯全集》第 39 卷，人民出版社 1974 年版，第 406 页。
③ 龚育之等：《毛泽东的读书生活》，生活·读书·新知三联书店 1986 年版，第 36 页。

会主义，也不会让马克思主义停留在几十年、一百年前的个别论断上。① 他还说：离开本国实际和时代发展谈马克思主义，是毫无意义的。任何孤立地、静止地研究马克思主义，把马克思主义同它在现实生产中的生动发展割裂开来、对立起来，是毫无出路的。② 总之，马克思主义是发展的，必须随着实践的发展而形成新的理论，写出新的著作。

马克思主义还有一个特点就是创造性。马克思主义是科学的理论，因为它同实际相结合，不断地在实践中解决新问题，提出新观点，形成新理论，这就决定了马克思主义具有创造性的特点。创造性这一点，首先体现在马克思恩格斯身上。马克思恩格斯在建立科学社会主义的过程中并不是停留在同一水平上。他们随着实践的发展不断地思考和研究新的问题，不断地充实和完善自己的理论。列宁主义、毛泽东思想都是在马克思恩格斯理论创造基础上的充实、丰富和再创造。夺取政权之后，毛泽东又领导我们完成了社会主义改造。怎样在一个落后的国家建设社会主义现代化，毛泽东虽然探索过，但没有解决。如果完全按照马克思主义书本上说的去办，行不通；完全走外国的发展模式，行不通。怎么办？只有创新。中国特色社会主义理论体系就是在马列主义、毛泽东思想基础上的伟大创新，是不断创新的中国化的马克思主义。

正因为马克思主义的实践性、发展性和创造性，决定了马克思主义是科学，是有生命力的。其生命力体现为马克思主义不是一种宗教信仰，它是建立在人类社会自然科学和社会科学优秀成果基础上的科学体系。首先，马克思主义的立场、观点、方法，马克思主义的世界观、方法论，是科学的、正确的，是指南，是思想方法，是有生命力的。毛泽东同志说："马克思主义有几门学问……但基础的东西是马克思主义哲学。这个东西没有学通，我们就没有共同的语言，没有共同的方法，扯了许多皮，还扯不清楚，有了辩证唯物论的思想，就省得许多事，也少犯许多错误。"③ 所谓具有普遍指导意义的真理，就是指马克思主义哲学世界观和方法论。其次，马克思主义的基本原理是有生命力的，马克

---

① 《邓小平文选》第 2 卷，人民出版社 1994 年版，第 179 页。
② 《党的十五大以来重要文献选编》（上），人民出版社 2000 年版，第 13 页。
③ 《毛泽东文集》第 6 卷，人民出版社 1999 年版，第 395—396 页。

思主义所揭示的客观规律和历史趋势而得出的一般结论，是科学的、正确的原理。再次，即使马克思主义经典作家个别结论具有历史局限性，并不说明可以否定马克思主义的科学性。从历史发展的规律来讲，任何一个历史人物都是有历史局限性的。任何一个理论形态也是一定历史时代的产物。马克思、列宁、毛泽东的某些具体结论必然受到各自所处的历史和时代条件的制约，不能不具有一定的历史局限性。马克思主义的科学性主要在于它对社会历史发展客观规律的深刻洞察和揭示，个别结论和论断的过时并不说明可以否定马克思主义的科学性。马克思主义的科学性决定了马克思主义永远是我们党的指导思想，这点是不可动摇的。一旦动摇了、放弃了马克思主义的指导，必然会发生苏东剧变之类的山崩地裂的蜕变。

三　坚持马克思主义，必须根据变化不断地发展马克思主义，在坚持的基础上不断发展马克思主义

为什么坚持马克思主义的问题解决了，就带来第二个问题：怎样坚持马克思主义。也就是必须在坚持马克思主义的基础上发展马克思主义，不发展马克思主义就无法真正地坚持马克思主义。怎样发展马克思主义呢？在一定意义上说，取决于对待马克思主义的根本态度。

对于中国共产党人来说，怎样坚持马克思主义，实质上是对待马克思主义采取什么态度的问题。是原封不动地把马克思主义拿来，生搬硬套地指导中国实际，还是把马克思主义与中国实际相结合，形成中国化的马克思主义以指导中国实际，这就是对待马克思主义的根本态度问题。重视马克思主义指导作用，但离开中国实际，照抄照搬马克思主义是不行的，这是关系到党及其革命事业生死存亡的大问题。对待马克思主义有两种根本不同的态度：一种是正确的态度。把马克思主义同中国实际相结合，既坚持马克思主义，又发展马克思主义，形成中国化的马克思主义，用中国化的马克思主义指导中国实践。另一种是错误的态度，有三种表现：一是否定马克思主义指导的作用。否定马克思主义指导是右的表现，企图用别的什么理论来代替马克思主义的指导作用。资

产阶级自由化思潮就是从右的方面否定马克思主义。"过时论"认为马克思主义是100多年前讲的话，现在已经过时了，马克思主义已经没有生命力了。当前右的表现是企图用民主社会主义、用历史虚无主义、用自由主义思潮、用普世价值、用宪政民主来代替马克思主义指导。二是轻视马克思主义。有一种经验主义倾向，只相信自己的经验，不相信马克思主义理论的指导作用。三是对马克思主义采取教条主义的态度，或者叫本本主义，照抄照搬马克思主义，一切从书本出发，一切从条条出发，脱离实际。这三种表现都危害党的事业。

在我们党成立之初，在党还处于幼稚的、不成熟的时期，很容易犯生吞活剥马克思主义、消化不良、照抄照搬的错误。在我们党的历史上，教条主义有右的表现，也有"左"的表现，无论右或"左"，都以理论脱离实际为主要特征。在我们党的历史上，几次严重的教条主义给我们党带来了极大的危害。除了陈独秀右倾机会主义给我们党带来重大挫折，对我们党的事业危害最大的就是王明"左"倾机会主义。王明的教条主义表现为"左"甚至极"左"，危害教训很大，欺骗性也很强，打着马克思主义的旗号，穿着马克思主义的外衣，很容易欺骗人。王明教条主义错误，几乎亡了党、亡了革命。遵义会议纠正了王明的"左"倾军事路线，挽救了红军，挽救了党，挽救了革命。延安整风运动从思想路线上彻底清算了王明教条主义，树立了实事求是的思想路线，确立了马克思主义与中国实际相结合的中国化的马克思主义的指导地位。在毛泽东思想指导下，最终取得了中国革命的胜利。在社会主义建设时期，"左"的错误导致我国社会主义建设走了20年弯路，从思想路线上来说，"左"的错误也是在一定程度上犯了照抄照搬的教条主义错误。十一届三中全会纠正了"左"的路线，恢复了实事求是的思想路线，开创了建设中国特色社会主义的正确道路。

坚持马克思主义，必须发展马克思主义，这就需要不断实现马克思主义中国化的理论创新。没有创造性，就没有中国特色社会主义事业；没有创造性，马克思主义就没有生命力；没有创造性，工作也就不可能做得有声有色，有所前进。马克思、恩格斯创立科学社会主义，他们有一个重要的结论，就是社会主义革命不能在一国首先取得胜利，必须在数国同时取得胜利。这是马克思恩格斯当时的结论。列宁如果不在马克思的基础上前进一步的话，他就不能搞成功俄国革命。当时列宁分析了他所处的帝国主义和无产阶级革命时代，提出了在资本主义发展的帝国主义时代，经济政治发展更加不平衡，形成了帝国主义统治最薄弱的环节，社会主义革命就有可能在帝国主义统治薄弱的环节发生，可以在一国首先取得胜利。列宁突破了马克思主义，这就发展到列宁主义阶段。

列宁主义只是解决在俄国这样相对落后的国家如何进行社会主义革命的问题。但是在东方，像中国这样的半封建半殖民地国家怎么进行社会主义革命、怎么夺取政权、怎么样建立社会主义制度，这是毛泽东同志给予解答的。马克思主义传播到东方，传播到中国，形成了马克思主义中国化的理论成果——毛泽东思想。毛泽东同志讲，在落后的国家，像中国这样半殖民地、半封建的国家要搞革命必须分两步走。第一步要搞新民主主义革命，第二步不间断地搞社会主义革命。同时要走一条和中心城市暴动夺取政权不同的道路，即农村包围城市，最后夺取全国政权的道路，这是我国革命的成功道路。

夺取政权以后，毛泽东同志对新的历史条件下如何建设社会主义问题，从1956年后开始思考，做了一系列的艰辛探索，也取得了伟大的成就。但是以阶级斗争为纲，实行无产阶级专政下继续革命，发动了"文化大革命"，使中国社会主义建设遭受重大挫折。这就提出了一个问题，在中国建设什么样的社会主义，怎样建设社会主义，即中国建设社会主义走什么样的道路？中国特色社会主义理论体系对这个问题做了科学的回答，解决了在中国这样落后的国家夺取政权建立社会主义制度以后，如何建设社会主义，建设什么样的社会主义问题。所以说，只有随着实践的发展，不断发展马克思主义，才是真正的马克思主义，才能把马克思主义发展到中国化的新阶段。

党的十八大以来，习近平总书记在党和国家重要会议，在国内考察、出国访问和国际论坛等多种场合，发表了一系列重要讲话。习近平总书记系列重要讲话，站在时代和实践发展的战略高度，立足国际国内发展全局，适应时代和实践发展的新要求，把握人民群众的新期待，继往开来，面向未来，围绕坚持和发展中国特色社会主义，围绕实现"两个一百年"奋斗目标，实现中华民族伟大复兴的中国梦，围绕推进经济建设、政治建设、文化建设、社会建设、生态文明建设和党的建设，围绕推进社会主义市场经济的改革开放，围绕贯彻落实党的群众路线，反对"四风"、转变作风等，运用马克思主义立场观点方法，对中国特色社会主义的重大理论和现实问题给予明确回答，做出深刻论述，提出并形成了一系列富有创见的新思想、新观点、新论断、新要求、新举措，进一步升华了我们党对人类历史发展规律、社会主义发展规律、马克思主义执政党建设规律的认识，为我们在新的起点上实现中华民族伟大复兴中国梦的奋斗目标提供了基本方针，为中国特色社会主义伟大实践提供了行动指南，是对党的十八大精神的深入阐发，是对中国特色社会主义理论体系的进一步丰富、发展和创新，是进一步推进马克思主义中国化、时代化和大众化的重要文献。

　　历史的经验和新鲜的实践告诉我们，必须坚持马克思主义理论指导，而坚持马克思主义指导，在中国，就要坚持用不断发展的中国化的马克思主义指导。中国特色社会主义理论体系是今天中国化的马克思主义的创新成果，在今天，就要坚持中国特色社会主义理论体系的指导。只有坚持马克思主义、发展马克思主义，不断推进马克思主义中国化，用中国化的马克思主义指导中国特色社会主义伟大实践，才能不断推进中国特色社会主义取得新的胜利。

王伟光

2015 年 1 月 9 日

目　录

一　马克思主义与中国特色社会主义理论

二　马克思主义与社会主义核心价值观

三　习总书记系列重要讲话与中国当代道路
自信、理论自信和制度自信

四　中国当代文化建设与中国精神

马克思主义与中国特色社会主义理论

社会主义初级阶段理论的
形成及其接续问题研究

王钰鑫[*]

[摘　要] 回顾中国共产党人提出、确立社会主义初级阶段理论并将其作为建设中国特色社会主义总依据的过程，有助于我们准确理解中国特色社会主义形成的理论逻辑、实践逻辑和历史逻辑，并在这个基础上进一步研究社会主义初级阶段的"接续"问题。这是坚持和发展中国特色社会主义、推进社会主义现代化的一个重大理论课题。

[关键词] 社会主义初级阶段　总依据　接续研究

社会主义初级阶段，是建设中国社会主义长期发展过程中的初始阶段。社会主义初级阶段，是坚持和发展中国特色社会主义的总依据，也是全面建成小康社会、实现中华民族伟大复兴中国梦的总依据。研究社会主义初级阶段理论及其接续问题，是一个重大理论课题。

一　社会主义初级阶段理论的提出是马克思主义中国化进程中的重要成果

马克思主义经典作家关于社会主义社会发展阶段的重要观点，这是我们党提出社会主义初级阶段理论的思想源头。在马克思恩格斯看来，任何一种社会形态的发展都是有阶段性的。"在生产、交换和消费发展

---

* 王钰鑫，桂林航天工业学院教师、中国社会科学院博士生。

的一定阶段上，……，就会有相应的市民社会"。① 关于社会主义发展阶段问题，马克思恩格斯在初创科学社会主义学说时就有若干原则性的论述。这些论述散见在马克思主义经典著作中，如《1844 年经济学哲学手稿》、《共产党宣言》、《哥达纲领批判》等，把必然代替资本主义社会的未来社会划分为三个阶段，即"过渡时期"、共产主义社会第一阶段和共产主义社会高级阶段。②

在社会主义从理论变为现实之后，要求后来的马克思主义者必须正确认识本国所处的社会主义社会发展阶段这个重大问题。列宁对此作出了经典论述。俄国苏维埃政权的建立"把社会主义拖进了日常生活"③，即社会主义从理想变成现实。这时根据本国实际来认识社会主义发展阶段问题，就成为重要课题。列宁依据俄国建设社会主义的实践，把马克思讲的"共产主义社会的第一阶段"和"共产主义社会的高级阶段"转化为"社会主义社会"和"共产主义社会"两个相对独立而联系紧密的阶段。提出了社会主义社会可以且应该划分为几个不同发展阶段的思想，提出了"初级形式的社会主义"、"发达的社会主义"、"完全的社会主义"等范畴，且认为每个发展阶段都是多级发展过程或划分为若干小阶段。

以毛泽东同志为代表的中国共产党人初步阐发了社会主义初级阶段思想。其主要点有：提出了"社会主义和共产主义都会经历不同的发展阶段"的观点。指出了在我国建设社会主义是一项艰巨、复杂和长期的伟大事业。区分了社会主义有"进入"和"完成"两种状态，明确用"不发达的社会主义"和"比较发达的社会主义"等提法。④ 指明了社会主义"建立"和"建成"的异同，指出"在我们这样的国家，完成社会主义建设是一个艰巨任务，建成社会主义不要讲得过早了"⑤。论述了社会主义制度的巩固和完善要有自己的比较充分的物质基础，要有社会生产力的比较充分的发展，等等。在这样的发展阶段，毛泽东带

① 《马克思恩格斯文集》第 10 卷，人民出版社 2009 年版，第 42 页。
② 《马克思恩格斯文集》第 3 卷，人民出版社 2009 年版，第 434—436 页。
③ 《列宁全集》第 43 卷，人民出版社 1987 年版，第 302 页。
④ 《毛泽东文集》第 8 卷，人民出版社 1999 年版，第 116 页。
⑤ 《毛泽东选集》第 5 卷，人民出版社 1977 年版，第 374 页。

领全党、全国各族人民"在社会主义条件下取得了旧中国根本不可能达到的成就，初步地但又有力地显示了社会主义制度的优越性"①。

以邓小平同志为代表的中国共产党人在总结历史经验和解放思想实事求是的基础上，正确判断我国社会主义社会所处的历史方位，指出了社会主义初级阶段是我国的最大国情，明确提出了坚持和发展中国特色社会主义的依据问题，创立了社会主义初级阶段理论。并在社会主义初级阶段理论基础上对建设中国特色社会主义的一系列基本问题做了独创性的科学回答，开创了中国特色社会主义。此后，中国共产党人接力推进，社会主义初级阶段理论得到了进一步系统阐发，并直接指导我国社会主义事业的发展。

综上所述，我们可以得出结论：中国特色社会主义是在马克思主义理论指导下实现中华民族伟大复兴宏伟实践的产物。而贯穿其中的一条红线是作为中国特色社会主义理论基石的社会主义初级阶段理论。这是中国共产党人对科学社会主义的坚持和发展。

二　社会主义初级阶段理论从"破题"到"确立"，是中国特色社会主义理论发展与实践推进的紧密互动和对其认识不断深化的成果

社会主义初级阶段理论从提出到完整阐述，再到一次次重申，并确立为中国特色社会主义的总依据，是一个广泛讨论、达成共识和大胆创新的过程，也是中国特色社会主义理论发展与实践推进的紧密互动和对其认识不断深化的过程。

破题：实践性。"文化大革命"结束后，经过对正反两方面经验总结和理论思考，党内发出了要重新认识社会主义、全面把握中国国情的呼声。最早指出这个问题，通常被认为是邓小平第三次复出不久后的一次讲话。1977年10月，邓小平指出："人们都说中国是个大国，其实只有两点大，一是人口多，二是地方大。就发展水平来说，是个小国，

---

① 《三中全会以来重要文献选编》（下），人民出版社1982年版，第838页。

顶多也是个中小国家，连中等国家都算不上。"① 这实际上代表当时党内对中国基本状况的总体看法，体现了实事求是精神。但这未引起我国学界关注。党的十一届三中全会召开前后，关于社会主义发展阶段的讨论趋热。1978 年 8 月，邓小平指出："各国的发展阶段不同，消灭资本主义，建立共产主义，这是一个很长的历史过程。"② 党中央在 1979 年初召开的"理论工作务虚会"，也对社会主义发展阶段问题进行了较深入的讨论。1979 年 3 月，陈云明确提出："我们搞四个现代化，建设社会主义强国，是在什么情况下进行的。讲实事求是，先要把'实事'搞清楚。"③ 这样，中国正在进行的社会主义建设究竟是在什么样的基础上开展的，成为一个不可回避的重大理论问题，必须要加以研究。十一届四中全会讨论通过的叶剑英同志在庆祝中华人民共和国成立三十周年大会上的讲话，明确地指出："我们的社会主义制度已经开始显示出它的生命力和发展前途。但是，它还不成熟，不完善"，"经济和文化还不发达"，"在我国实现现代化，必然要有一个由初级到高级的过程"④。应该说，社会主义初级阶段理论由此正式破题，并呼之欲出。

过程：渐进性。理论界在实践与理论的互动中，逐步廓清了建设中国特色社会主义的主要依据。明确提出了正确认识我国现在所处的历史阶段，是建设中国特色社会主义的首要问题，是制定和执行正确的路线和政策的根本依据。⑤ 今天回过头来看，我们对中国最大国情的不断认识并提出社会主义初级阶段理论，是一个"化蛹为蝶"的过程。《关于建国以来党的若干历史问题的决议》指出："尽管我们的社会主义制度还是处于初级的阶段，但是毫无疑问，我国已经建立了社会主义制度，进入了社会主义社会。"⑥ 十二大作出了"我国的社会主义社会现在还处在初级发展阶段，物质文明还不发达"的论断⑦。此时，党内党外都

① 《邓小平年谱》，中央文献出版社 2004 年版，第 229 页。
② 同上书，第 352 页。
③ 《陈云传》（下），中央文献出版社 2005 年版，第 1557 页。
④ 《三中全会以来重要文献选编》（上），人民出版社 1982 年版，第 221、212、233 页。
⑤ 《十三大以来重要文献选编》（上），人民出版社 1991 年版，第 9 页。
⑥ 《毛泽东文集》第 8 卷，人民出版社 1999 年版，第 116、838 页。
⑦ 《十二大以来重要文献选编》（上），人民出版社 1986 年版，第 26 页。

有人对社会主义初级阶段提出种种质疑，但我们党的理论探讨和实践推进从未停顿。十二届六中全会确认"我国还处在社会主义的初级阶段，不但必须实行按劳分配，发展社会主义的商品经济和竞争，而且在相当长历史时期内，还要在公有制为主体的前提下，在共同富裕的目标下鼓励一部分人先富起来"①。然而，党还没有将社会主义初级阶段理论上升到建设中国特色社会主义首要问题的高度上来，故而也就不可能将其视为制定党的基本路线、基本政策的根本依据。

确立：民主性。十三大召开前夕，科学阐述社会主义初级阶段已经成为绕不开的理论问题，这既是理论发展的必然趋势，又是社会主义建设实践发展的迫切要求。如何起草好十三大报告，邓小平确定了方向性意见，并在他的具体指导下进行。1987 年 2 月 6 日，邓小平提出："十三大报告要在理论上阐述什么是社会主义，讲清楚我们的改革是不是社会主义。"② 同年 3 月 21 日，十三大报告起草组向邓小平报告了"关于草拟十三大报告大纲的设想"。指出"全篇拟以社会主义初级阶段作为立论的根据"。邓小平很快作出批示："这个设计好。"③ 报告的起草，充分发扬了党内外民主，仅在党内就征求了 5000 多人意见，理论界也积极介入，讨论的问题就包括社会主义初级阶段如何论证、社会主义初级阶段的主要矛盾及其起始时间等。这为我们党全面阐述社会主义初级阶段理论奠定了坚实基础。

内涵：科学性。社会主义初级阶段理论在十三大报告中得到了系统阐述，成为中国化马克思主义的重要组成部分。十三大报告明确指出："我国正处在社会主义的初级阶段。这个论断，包括两层含义。第一，我国社会已经是社会主义社会。我们必须坚持而不能离开社会主义。第二，我国的社会主义社会还处在初级阶段。"强调我国社会主义初级阶段，"不是泛指任何国家进入社会主义都会经历的起始阶段，而是特指我国在生产力落后、商品经济不发达条件下建设社会主义必然要经历的特定阶段。"④ 这就为改革开放以来我们始终坚持把发展作为主题奠定

---

① 《十二大以来重要文献选编》（下），人民出版社 1988 年版，第 1180、1309 页。
② 《邓小平文选》第 3 卷，人民出版社 1993 年版，第 203 页。
③ 同上书，第 1309 页。
④ 《十三大以来重要文献选编》（上），人民出版社 1991 年版，第 12 页。

了理论依据。这些科学论述是"从历史事实和发展过程中得出的确切结论"，意味着中国共产党对社会主义建设规律的研究达到了新的高度。十三大报告也是第一次将社会主义初级阶段作为立论依据来起草党代会报告并制定党的基本路线。

三　社会主义初级阶段理论确立过程的逻辑分析

理论逻辑。社会主义初级阶段理论的形成过程反映了这个理论对科学社会主义基本原则的遵循、继承和发展，体现了中国特色社会主义是科学社会主义理论逻辑与中国社会发展历史逻辑的辩证统一。十三大的特点之一就是坚持科学社会主义基本原则，"阐述了中国社会主义初级阶段理论，在这个理论指导下，坚定地贯彻党的十一届三中全会以来的路线、方针和政策"。[①] 此后，社会主义初级阶段理论很快被广大干部群众所接受，并在实践基础上渐次深化，进一步丰富和发展。邓小平的南方谈话指出："我们搞社会主义才几十年，还处在初级阶段。"[②] 十六大重申了"我国正处于并将长期处于社会主义初级阶段"[③]。而"初级阶段就是不发达阶段"[④]。十七大在深入分析了我国发展阶段性特征的基础上，强调"我国仍处于并将长期处于社会主义初级阶段的基本国情没有变"，要坚持把这一理论"作为推进改革、谋划发展的根本依据"[⑤]。十八大从我国基本国情、所处历史方位、国际格局等出发，做出了"社会主义初级阶段基本国情没有变，人民日益增长的物质文化需要同落后的社会生产之间的矛盾这一社会主要矛盾没有改变，我国是世界上最大的发展中国家的国际地位没有变"的新论断。[⑥] 十八大以来，习近平总书记在重要的讲话中指出：建设中国特色社会主义，总依

①　《邓小平文选》第3卷，人民出版社1993年版，第258页。
②　同上书，第379页。
③　《十六大以来重要文献选编》（上），中央文献出版社2005年版，第542页。
④　同上书，第761页。
⑤　《十七大以来重要文献选编》（上），中央文献出版社2009年版，第123页。
⑥　胡锦涛：《坚定不移沿着中国特色社会主义道路前进　为全面建成小康社会而奋斗》，《求是》2012年第22期。

据是社会主义初级阶段。强调总依据，是因为社会主义初级阶段是当代中国的最大国情、最大实际。我们在任何情况下都要牢牢把握这个最大国情，推进任何方面的改革发展都要牢牢立足这个最大实际。①

实践逻辑。实践逻辑具有本源性。社会主义初级阶段既是一个理论问题，也是一个实践问题，它是一个从中国实际出发，努力改变落后面貌、实现中华民族伟大复兴的实践过程。邓小平曾说：中国在社会主义建设中出现的一些偏差根源就在于"制定的政策超越了社会主义的初级阶段"②。江泽民明确强调要坚持社会主义初级阶段理论。胡锦涛结合新世纪出现的阶段性特征，强调了社会主义初级阶段基本国情的"变与不变"。十八大指出：党在社会主义初级阶段的基本路线是党和国家的生命线，必须把以经济建设为中心同四项基本原则、改革开放这两个基本点统一于中国特色社会主义伟大实践。我们党依据社会主义初级阶段这最大实际，像接力赛一样，一棒接着一棒跑，奋力推进中国特色社会主义伟大事业。我们可以得出这个结论：中国共产党对社会主义初级阶段理论的认识是随着实践不断丰富和发展的，一方面将其作为重要依据来制定党的路线方针政策，进行中国特色社会主义建设；另一方面又从中国特色社会主义建设的伟大实践中提炼出新观点、新认识来丰富和发展社会主义初级阶段理论。

历史逻辑。社会主义初级阶段既是一个具有相对稳定性，又是过渡性的发展阶段，呈现出由低级到高级的发展过程，而且有明确的指向和目标的。这就是"我们是坚持社会主义和共产主义的，我们采取的各方面的政策，都是为了发展社会主义，为了将来实现共产主义"③。我国社会主义建设取得了彪炳史册的成绩必须承认，但从我国所处的历史方位上看今天的中国，正如习近平总书记指出的：我国仍处于并将长期处于社会主义初级阶段，这是基本国情。也就是说今天正在做的事业是社会主义的，而不是其他什么主义；同样，我们正在进行的社会主义事

---

① 习近平：《紧紧围绕坚持和发展中国特色社会主义　学习宣传贯彻党的十八大精神》，《人民日报》2012 年 11 月 19 日。

② 《邓小平文选》第 3 卷，人民出版社 1993 年版，第 269 页。

③ 同上书，第 112 页。

业不是"纯而又纯的社会主义",也就是"初级阶段"的社会主义,①这首先是指生产力的不发达,也包括"社会主义制度的不够完善和不够成熟"②。这就要求我们在建设社会主义过程中要始终牢记这样一个事实,这个最大的实际。十八届三中全会正是从这个最大实际出发,把完善和发展中国特色社会主义制度,推进国家治理体系和治理能力现代化确立为全面深化改革的总目标,从而确定了我们今后相当长时期的奋斗目标和前进方向。

　　基于马克思主义跨越理论,我国社会主义事业是在半殖民地半封建社会的基础上建立起来的。这决定了建设中国特色社会主义事业的长期性、艰巨性。只有深刻理解、始终牢记社会主义初级阶段理论,才能够努力避免超越现实、超越阶段而急于求成的倾向,才能够坚决纠正落后于实际、无视深刻变化着的客观事实而因循守旧、故步自封的观点和做法,才能把中华民族伟大复兴这个完整事业做彻底、做成功。

四　社会主义初级阶段的接续问题研究

　　经过几代中国人民的艰苦奋斗,我们现在比历史上任何一个时期都更加接近中华民族伟大复兴的目标。从现在起到 21 世纪中叶,也只有短短三十多年时间。三十多年之后的中国,是否仍然处于中国特色社会主义发展过程中的初始阶段即社会主义初级阶段,还是将进入一个更高水平、比较完全和成熟的发展阶段,这是一个需要提出并加以研究的重大理论问题。从根本上说,立足我国社会主义现代化建设的实践,总结和提炼中国特色社会主义的丰富实践,探讨社会主义初级阶段理论的"接续"问题,展望中华民族伟大复兴中国梦实现之后的远大理想。这是马克思主义中国化必须回答的重大理论问题,也是坚持和发展中国特色社会主义的重要生长点。

　　中国特色社会主义的道路、理论体系、制度,是依据我国处于并将

---

① 《邓小平文选》第 3 卷,人民出版社 1993 年版,第 225 页。
② 《十六大以来重要文献选编》(下),中央文献出版社 2008 年版,第906 页。

长期处于社会主义初级阶段这一最大国情、最大实际而形成发展起来的。当前，国内外都有舆论说中国国情已经发生了根本变化。对于这一点，十八大已经做了明确回答。然而，"事物发展的长过程中的各个发展的阶段，情形又往往互相区别"①，这是马克思主义唯物辩证法的一个重要观点。社会主义初级阶段是一个必将走过的阶段，思考社会主义初级阶段的"接续"问题，是具有重大和深远意义的。一方面，这是辩证唯物主义和历史唯物主义的要求。科学社会主义认为，人类社会发展是一个从低级到高级的自然历史过程。共产主义社会同样也是一个历史发展的阶段。正是基于这种世界观和方法论，我们提出了我们所建设的社会主义仍然处于初级阶段。而社会主义初级阶段只是共产主义事业中一个短暂的阶段，它既有共产主义社会的某些重要特征，也有其因生产力发展水平较低而必然带有的其他非共产主义社会的特征。因而社会主义初级阶段毫无疑问有一个"接续"的问题。另一方面，这也是由马克思主义与时俱进的理论品质所决定的。马克思恩格斯在 19 世纪就已经对未来社会主义社会的基本特征做出了原则性的描述。恩格斯在《反杜林论》中指出，马克思能够在事情初步显露出迹象的时候就对未来的发展趋势作出研判。当前，前瞻并思考中国社会主义发展趋势和社会主义初级阶段的"接续"问题，既符合马克思主义理论的发展逻辑，也是实现中国梦的内在要求，同时也有助于更加清醒地认识、定位、推动全面深化改革。唯有如此，才能把宏大的共产主义理想与我国的社会主义建设实践结合起来，用坚定的理想信念、高度的理论自信来标定中国社会主义航船的前进航向。

探讨社会主义发展阶段的问题，在当代中国，就必须探讨社会主义初级阶段"接续"问题即向下一阶段的转换和过渡问题。说"转换"，是指下一阶段可能出现与现阶段很不相同的特征，必须超前研究这个转换的路径和方式。说"过渡"，是指从社会主义初级阶段进入到下一阶段，其间不存在历史和社会的阻力，是自然过渡。这是符合历史和理论自身发展逻辑的。当然，要实现这样一种理想的过渡，就必须要做全面深化改革的顶层设计，通过这样的制度安排，可以为进入下一阶段的社

---

① 《毛泽东选集》第 1 卷，人民出版社 1991 年版，第 314 页。

会主义奠定坚实的基础（包括物质基础和精神基础）。而这一切是以理论上的创新或突破为前提的。这就是马克思所说的"理论在一个国家实现的程度，总是取决于理论满足这个国家的需要的程度"①。

---

① 《马克思恩格斯文集》第 1 卷，人民出版社 2009 年版，第 12 页。

对中国特色社会主义"四大特色"的理论诠释[*]

王国敏　陈加飞[**]

[摘　要] 发展中国特色社会主义是一项长期的、艰巨的历史任务。党的十八大提出，一定要毫不动摇坚持、与时俱进发展中国特色社会主义，不断丰富中国特色社会主义的实践特色、理论特色、民族特色、时代特色。中国特色社会主义"四大特色"的提出，丰富和深化了中国特色社会主义的科学内涵，充分展示了中国特色社会主义的独特风貌。对中国特色社会主义"四大特色"进行理论诠释，不仅有利于更加坚定党团结和带领全国各族人民坚持和发展中国特色社会主义的决心和信心，也是在新的历史特点的伟大斗争中，不断发展中国特色社会主义的理论前提和实践呼唤。

[关键词] 中国特色社会主义　实践特色　理论特色　民族特色　时代特色

发展中国特色社会主义是一项长期的、艰巨的历史任务。党的十八大强调，我们一定要毫不动摇坚持、与时俱进发展中国特色社会主义，不断丰富中国特色社会主义的实践特色、理论特色、民族特色、时代特色。中国特色社会主义"四大特色"的提出，丰富和深化了中国特色社会主义的科学内涵，加深了对中国特色社会主义规律的认识，使"中

---

*　文章发表于《云南社会科学》2013 年第 1 期。

**　王国敏（1953—　）女，重庆人，四川大学马克思主义学院教授、博士生导师，研究方向：马克思主义中国化研究；陈加飞（1985—　）男，云南会泽人，四川大学马克思主义学院博士研究生，研究方向：马克思主义中国化研究。

国特色"更加具体、生动、全面。讲清楚中国特色社会主义的"特色道理",有利于党紧紧依靠人民坚定不移地把中国特色社会主义伟大事业接续推向新阶段,继续展示中国特色社会主义在世界舞台上的独特魅力。

一　对"实践特色"的理论诠释

马克思主义的科学实践观是马克思主义哲学革命的枢纽,为整个马克思主义理论体系的建构奠定了坚实的哲学基石。改革开放以来,中国特色社会主义伟大实践在科学实践观的指导下不断破浪前行,展现出了独具鲜明的实践特色。

第一,作为一项全新的社会主义伟大事业,中国特色社会主义既不走封闭僵化的老路,也不走改旗易帜的邪路,而是在不断摸索中前进,独立自主走自己的路。

任何一种事物的新生、发展都是人类社会不断实践的结晶,而非任何先天理念的使然,也不是某些理论家头脑中理性的外在反映。中国特色社会主义,无论是在经典马克思主义的构想中,还是在世界社会主义运动的历程中,或是人类社会任何一个民族国家的实践中,都不曾有过,它是一项全新的实践活动,是中国共产党紧紧依靠中国人民独立自主在改革开放的实践活动中摸索出来的。独立自主、"摸着石头过河",需要巨大的政治勇气、实践勇气、理论勇气。世界社会主义革命和建设,中国共产党长期的社会主义建设探索以及西方现代化道路,给中国特色社会主义的开创留下了宝贵经验、深刻启示。其中,苏联模式的僵化、"文革"十年的惨痛历程、西方现代化的阵痛的教训极为宝贵。改革开放之初,邓小平强调,"走自己的道路,建设有中国特色的社会主义"①。自此,中国共产党人紧紧依靠全国人民不断战胜改革开放路途中的各种艰难险阻,坚持"实践第一"、"实践优先"的观点,不断解决新问题,开创新局面,创造性地推动了中国特色社会主义不断形成和发展,走出了一条自己的路。

①　《邓小平文选》第3卷,人民出版社1993年版,第2页。

第二，中国特色社会主义注重充分激发广大人民群众的积极性、创造性，展示了人民群众的主体力量。

在历史唯物主义看来，人民群众是历史的创造者。早在《神圣家族》中，马克思、恩格斯就深刻认识到："历史什么事情也没有做"，"创造这一切、拥有这一切并为这一切而斗争的，不是'历史'，而正是人，现实的、活生生的人"①。"从事实际活动的人"、"历史中行动的人"是人类社会实践、发展的主体。在中国特色社会主义的实践过程中，人民群众作为实践的主体力量得到了鲜明体现。众所周知，当代中国改革的力量和源泉来自广大人民群众。家庭联产承包责任制、村民委员会的首创拉开了从农村到城市的改革序幕。随着改革开放的逐步深入，我国社会阶层构成发生了新变化，中国共产党创造性地扩大了建设中国特色社会主义的实践主体范围，"新的社会阶层中的广大人员，……他们与工人、农民、知识分子、干部和解放军指战员团结在一起，……是有中国特色社会主义事业的建设者"②。这就广泛调动了广大人民群众的积极性和创造性，增强了中国特色社会主义建设的主体力量。

第三，中国特色社会主义以最广大人民群众的根本利益为价值归宿，根据中国的具体情况探索人的自由全面发展的实现模式。

广大人民群众作为创造历史的主体力量，其创造的活力、激情与人民群众的切身利益紧密相连、息息相关。马克思认为，"人们奋斗所争取的一切，都同他们的利益有关"③。"思想一旦离开利益，就一定会使自己出丑。"④ 人类社会发展进程中的任何一项实践活动都深深地刻上了实践主体的价值烙印。"共产主义是用实际手段来追求实际目的的最实际的运动。"⑤ 人的自由全面发展作为马克思主义的最高价值追求，贯穿于共产主义运动的全过程，具体反映在其实践观中，就是要"使现存世界革命化，实际地反对并改变现存的事物"⑥，使之更加符合人

① 《马克思恩格斯选集》第 1 卷，人民出版社 1995 年版，第 118—119 页。

② 《江泽民文选》第 3 卷，人民出版社 2006 年版，第 86 页。

③ 《马克思恩格斯全集》第 1 卷，人民出版社 1974 年版，第 9 页。

④ 《马克思恩格斯全集》第 2 卷，人民出版社 1957 年版，第 103 页。

⑤ 《马克思恩格斯全集》第 3 卷，人民出版社 1960 年版，第 236 页。

⑥ 《马克思恩格斯选集》第 1 卷，人民出版社 1995 年版，第 75 页。

的发展需要。马克思对资本主义的批判归根结底是对建立在雇佣劳动制上的资本主义的批判，构建一种与资本主义社会截然有别的新的生活方式，以便雇佣劳动"让位于带着兴奋愉快心情自愿进行的联合劳动"①。这种新的生存状态，"是人和自然界之间，人和人之间的矛盾的真正解决"②。中国特色社会主义的伟大实践从来没有偏离"全心全意为人民服务"的宗旨。共产主义实践的价值诉求一直贯穿于改革开放的全过程。从邓小平的"三个有利于"到"三个代表"重要思想再到以人为本为核心立场的科学发展观，都体现了广大人民群众的价值诉求。党的十八大，把"促进人的全面发展，逐步实现全体人民共同富裕"纳入中国特色社会主义道路的总体规划中，赋予"道路"明确的价值目标。

二　对"理论特色"的理论诠释

理论创新是马克思主义的本质要求。马克思主义"一般原理的实际运用，……随时随地都要以当时的历史条件为转移"③。马克思"所提供的只是总的指导原理，而这些原理的应用具体地说，在英国不同于法国，在法国不同于德国，在德国又不同于俄国"④。实践发展永无止境，认识真理永无止境，理论创新永无止境。由于实践马克思主义的民族国家的具体情况不一样，人们的实践发展和对真理的认识处于不断发展之中，这决定了马克思主义不能够僵化、封闭、停滞，必须与时俱进，赋予理论特色。

第一，中国特色社会主义的理论特色凸显以发展着的马克思主义为指导思想。

历史启示，指导"特色革命"的理论必须具有理论特色。同样，指导"特色建设"的理论也必须具有理论特色。改革开放之后，通过对传统社会主义和苏联模式的双重扬弃，充分吸取社会主义正反两面的

①　《马克思恩格斯选集》第 2 卷，人民出版社 1972 年版，第 132—133 页。

②　《马克思恩格斯全集》第 42 卷，人民出版社 1979 年版，第 120 页。

③　《马克思恩格斯选集》第 1 卷，人民出版社 1995 年版，第 248 页。

④　《列宁全集》第 4 卷，人民出版社 1984 年版，第 161 页。

经验，把马克思主义与当代中国国情和时代特征结合起来，找到了一条在经济文化相对落后的东方大国"建设什么样的社会主义、怎样建设社会主义"的中国特色社会主义道路，最终形成了中国特色社会主义理论体系。中国特色社会主义理论体系解决了经典马克思主义留给后人"如何在贫穷落后的欠发达国家建设社会主义"的世纪性难题，充分展示了马克思主义的"当代中国经验"。十一届三中全会以来，从邓小平理论到"三个代表"重要思想再到科学发展观，体现了党的指导思想不断与时俱进。以发展着的马克思主义作为不断推进中国特色社会主义实践的指导思想，既是中国特色社会主义理论特色的前提，也是其理论特色的一大体现。

第二，中国特色社会主义的理论特色彰显了坚持推进实践基础上的理论创新。

自马克思主义传入中国后，无论是新民主主义革命和社会主义革命，还是社会主义的建设都不能离开马克思主义的指导。同样，指导当代中国社会主义建设的理论也不是凭借自身逻辑的演进，而是与中国特色社会主义的实践特色相互交织在一起。"没有扎实的理论建设，没有科学理论的指导，我们党就不可能成就今天这样的伟业。"① 理论能不能指导社会实践活动，不是看理论本身的逻辑分析。理论的力量只能够在实践中去展示，只有实践的具体成效才是检验理论的标准，"人的思维是否具有客观的真理性，这不是一个理论的问题，而是一个实践的问题"②。马克思主义的实践观一直贯穿于整个中国特色社会主义道路的开拓过程之中。以毛泽东为代表的中国共产党人在探索社会主义建设方面经历严重的曲折，同时也取得了独创性理论成果和巨大成就，为新的历史时期开创中国特色社会主义提供了宝贵经验、理论准备、物质基础。改革开放以来，中国共产党不断推进实践基础上的理论创新，创造了包括邓小平理论、"三个代表"重要思想、科学发展观在内的中国特色社会主义理论体系，这一系列紧密相连、相互贯通的新思想、新观点、新论断，都是中国共产党人把中国特色社会主义实践特色基础之上

---

① 《十六大以来重要文献选编》（中），中央文献出版社 2006 年版，第 51 页。
② 《马克思恩格斯选集》第 1 卷，人民出版社 1995 年版，第 59 页。

的实践经验马克思主义理论化的典范。

第三，中国特色社会主义的理论特色体现了中国共产党理论自觉与理论自信的品格。

在马克思主义认识论看来，理论来源于实践，并在实践中进一步发展，实践是检验真理的唯一标准。"实践第一"、"实践优先"决定了理论必须具备不断更新的自觉性。实践不断向前发展，要求理论自觉地推进在实践基础上的理论创新。来源于实践的理论，对实践具有能动的指导作用，决定了理论具有把实践不断推向前进的自信。理论的预见性和指导性，要求人们在实践中充分发挥理论力量。理论自觉与理论自信处于一个辩证运动的循环过程之中，两者相互交织，统一于中国特色社会主义伟大实践中，并呈现出了鲜明的实践特色和理论特色。对理论的清醒，标志着一个政党的成熟。中国共产党人的理论自觉与自信贯穿在中国特色社会主义建设的各个方面。面对改革开放的重重困难，中国共产党人坚持推进中国特色社会主义实践基础上的理论创新，以发展着的马克思主义为指导思想，不断展示出了中国特色社会主义的实践特色与理论特色。如以社会主义核心价值体系引领社会思潮，就是理论自觉与理论自信的表现之一。

三　对"民族特色"的理论诠释

马克思主义"必须通过民族形式才能实现"，只有"把马克思主义应用到中国具体环境的具体斗争中去，而不是抽象地应用它"①，才能够很好地坚持和发展马克思主义。马克思主义之所以能够在中国革命、建设和改革中发挥如此大的力量，就在于马克思主义结合了中国的具体国情，融合了中国优秀传统文化，使马克思主义内化到中华民族的信仰体系之中，彰显了鲜明的民族特色。

第一，中国特色社会主义根植于中国具体实际之中，充分展示了对中国优秀传统文化的继承和发展。

---

① 《毛泽东选集》第 2 卷，人民出版社 1991 年版，第 534 页。

马克思主义能不能中国化，很大程度上取决于能否同中国优秀传统文化相融合。实践证明，中国共产党要想取得中国革命、建设和改革的胜利，离不开对中国优秀传统文化的挖掘、继承、发展。党的十七届六中全会指出，中国共产党从成立之日起，就既是中华优秀传统文化的忠实传承者和弘扬者，又是中国先进文化的积极倡导者和发展者。马克思主义自传入中国之日就开启了与中国优秀传统文化相融合的艰难之旅。尤其是改革开放以来，随着中国共产党的文化自觉与文化自信，中国共产党人越来越认识到中国优秀传统文化的重要性，自觉地把马克思主义与中国优秀传统文化充分结合起来，形成了蕴含丰富的中国优秀传统文化思想的中国特色社会主义理论体系。例如，"小康社会"、"和谐社会"、"和谐世界"对"大同社会"理想的继承；"依法治国"、"以德治国"对"礼法结合、德刑相参"思想的吸纳；"三个有利于"、"三个代表"重要思想、"以人为本"的核心立场、"执政为民"的执政理念对中国优秀传统文化中"民本"思想和人文精神的弘扬与实践；社会主义核心价值观的"四个倡导"即"富强、民主、文明、和谐"、倡导"自由、平等、公正、法治"、倡导"爱国、敬业、诚信、友善"，都对中华民族传统美德、优秀文化的充分吸纳；科学发展观中全面、协调、可持续发展的思想对中国传统的整体思维、辩证性思维等思想的坚持和实践；等等。中国特色社会主义理论体系对中国优秀传统文化的吸纳是多方位、多层次的，充分彰显了中国特色社会主义的民族特色。

第二，中国特色社会主义的民族特色表现在中国共产党对实现社会主义现代化和中华民族伟大复兴这一"总任务"的清醒认识上。

拥有富裕美好的幸福生活，一直是中华民族孜孜不倦的追求。近代以来，这种追求集中反映在了两大历史性任务上。一是民族独立和人民解放，二是国家繁荣和人民富裕。马克思主义中国化，作为中国共产党应用马克思主义的世界观、方法论来解决中国的实际问题的历史过程，它所要解决的中心问题正是中国近现代史的两大历史任务。十一届三中全会以来，中国共产党人总结新中国成立以来正反两个方面的经验，成功开创、坚持和发展了中国特色的社会主义道路，经过 30 多年的伟大实践，中华民族的伟大复兴展现出了前所未有的光明前景。伟大历史成就的取得，离不开对中华民族自身肩负着的历史使命的清醒认识，离不开马克思主义中国化对当代中国现代化难题的破解。把握"国情"、"世情"、"党情"是马克思主义中国化的逻辑前提。目前，中国"基本国情没有变"、"社会主要矛盾没有变"、"国际地位没有变"这些都是当代中国的"具体实际"，是"总体布局"科学判断的前提。建设中国特色社会主义，"总任务"就是实现社会主义现代化和中华民族伟大复兴。中国共产党人清醒地认识到，社会主义初级阶段这个"最大国情"、"最大实际"，使得中国作为一个东方大国面临的现代化任务显得更加繁重。这些决定着马克思主义的再中国化，造就了在中国这样一个人口大国搞社会主义必须具有的民族特色。

四 对"时代特色"的理论诠释

中国特色社会主义的时代特色，是中国共产党团结和带领中国人民把科学社会主义基本原则与当今时代条件相结合的基础上形成和发展起来的，是马克思主义时代化在当代中国民族化的光辉典范，是人类在不断推进现代化征程上的伟大创举。对中国特色社会主义时代特色的思考，应该纳入人类现代化发展进程的广阔视野中。

第一，中国特色社会主义道路作为中国式的现代化之路，丰富了人类现代化道路的具体实现形式。

总体上，中国特色社会主义的时代特色，指的是在当代社会现代化发展进程中，走出了一条既有别于资本主义道路，又有别于其他社会主义国家的中国式的现代化道路。这条道路就是中国特色社会主义道路，它是中国共产党人带领中国人民把科学社会主义基本原则同当代中国实际和时代条件相结合的产物，丰富了人类现代化的具体实现形式。马克思把人类社会的发展划分为三大阶段。最初阶段是"人的依赖关系"；第二个阶段是"以物的依赖性为基础的人的独立性"；第三个阶段是"建立在个人全面发展和他们共同的社会能力成为从属于他们的社会财富这一基础上的自由个性"①。当今社会，无论是资本主义社会，还是

① 《马克思恩格斯全集》第46卷（上），人民出版社1979年版，第104页。

社会主义社会，都处在马克思所说的"以物的依赖性为基础的人的独立性"这一"第二大形态"之上。中国特色社会主义为了能够胜利完成"资本的历史使命"，建立"够格"社会主义，离不开"市场经济"，需要敞开怀抱学习和借鉴资本主义的先进文明成果。从这个意义来说，中国特色社会主义的特色支柱就在于在市场经济这一"普遍规律"上赋予"社会主义"的"特殊性"，建立社会主义市场经济体制，显示出了现代化的道路特色、理论特色、制度特色。这就使得中国特色社会主义区别于资本主义社会，两者都遵循市场经济规律，不同在于道路的选择上。现存的资本主义和社会主义是实现现代化的两条道路和两种制度形态。中国特色社会主义无疑属于后者，它既符合一般现代化建设的规律，更突出了中国特色社会主义建设的国情性，丰富了人类现代化实现模式。

第二，促进人类和平与发展的崇高事业是中国特色社会主义的重要组成部分，为构建和谐世界做出了积极贡献。

西方大国的现代化大都通过海外殖民、对外掠夺、扩张乃至发动侵略战争来实现。某种意义上，资本主义工业化历程向人们展示，"资本来到世间，从头到脚，每个毛孔都滴着肮脏的东西"①。与西方现代化不同，中国走的是一条立足国情、顺应时代潮流的特色现代化道路，是一条实现历史必然性与道德合理性最大限度的趋同或统一的道路。改革开放的外交实践证明，中国特色社会主义倡导和实践和平发展，它通过争取和平的国际环境来发展自己，又以自己的发展来维护世界和平，为促进人类和平与发展的崇高事业、构建和谐世界做出了积极贡献。早在1989年，邓小平就强调，我们搞的是有中国特色的社会主义，"是主张和平的社会主义。……只有争取到和平的环境，才能比较顺利地发展"②。中国与世界各国一道，是一个命运共同体。维护世界和平促进共同发展是中华民族伟大复兴的重要组成部分，和平发展赋予了中国特色社会主义独特的时代内涵。

---

① 《马克思恩格斯文集》第5卷，人民出版社2009年版，第871页。
② 《邓小平文选》第3卷，人民出版社1993年版，第328页。

五　对"四大特色"的辩证思考

中国特色社会主义之"特色"相对于科学社会主义创始人设想的社会主义、传统社会主义、现有的社会主义民族国家道路、资本主义道路而言，具有中国特色。相对于马恩设想的社会主义，其"特色"的"总依据"就是社会主义初级阶段。相对于资本主义道路，其"特色"的"总依据"又是现代化的后发国家。中国特色社会主义的实践特色、理论特色、民族特色、时代特色具有各自不同的内涵和侧重点，它们之间既相互区别，又紧密相连、相互贯通，构成了有机统一体。其实践特色既是理论特色的基础又是理论特色的目的，理论特色既来源于实践特色，又指导实践特色不断丰富和发展，"两大特色"相互交织在一起，共同处于辩证运动过程之中。民族特色和时代特色伴随着实践特色和理论特色运动过程，并构成了后者的历史根基和时代背景。实践特色、理论特色和民族特色支撑起了时代特色，时代特色又集中彰显了实践特色、理论特色、民族特色，在现时代境遇中充分展现中国特色社会主义在"道路"、"理论体系"、"制度"上的独特优势与魅力。其中，"道路"是实现途径，"理论体系"是行动指南，"制度"是根本保障，三者统一于中国特色社会主义伟大实践，这是中国共产党人领导中国人民在建设社会主义长期实践中形成的最鲜明特色。

总之，不能孤立、简单地认识"四大特色"；相反，它们之间有着严密的内在逻辑关联，构成了一个有机辩证统一体，分别不同程度地渗透于中国特色社会主义"道路"、"理论体系"、"制度"之中，共同统一于中国特色社会主义伟大实践中。

近代马克思主义传播的中国化现象梳理*

胡长青**

[摘　要] 马克思主义在中国传播有其自身的运行轨迹。马克思主义在中国传播明显带有与中国具体国情相适应的特征。它始终和中华民族争取独立富强、中国人民争取民族解放的社会实践活动紧密联系在一起。具体地说，马克思主义在中国传播具有以下特点：作为一种普通的西方思想被引入近代中国；作为意识形态指导思想在中国得到传播发展；作为社会变革的实践理论在中国传播；在中国的传播颇具中国化倾向。

[关键词] 马克思主义　传播　中国化

中国人最早接触马克思主义是在巴黎公社时期，当时清朝政府代表派驻法国，正逢巴黎公社运动。此后，随着西学东渐开始，马克思主义作为众多西方思潮的一种被传入中国，再到五四新文化运动，马克思主义开始被李大钊等人作为意识形态的指导思想在国内传播，最后被作为社会变革的实践理论武器，至今已有一百多年的历史。

在这一百多年的历史发展中，马克思主义在中国传播有其自身的运行轨迹，并明显带有与中国具体国情相适应的特征。马克思主义在中国传播，从文化角度上分析，它是一个文化重构的过程。马克思主义属于西方文化思想，当它传入古老的中国时，必须与中国古老的文化相互融合，即要经历一个中国化的改造过程。它既要满足中国历史发展的特殊

* 论文来源：《毛泽东邓小平理论研究》2010 年第 12 期。

** 胡长青（1977—　），男，湖北大冶人，海南师范大学副教授，中国社会科学院博士生，主要从事马克思主义中国化研究与教学。

需要，又要符合中国变革的实际。只有当马克思主义成为既是世界的又是中华民族的新文化时，它才能够被中国大众接受。马克思主义在近代中国的传播，始终和中华民族争取独立富强、中国人民争取民族解放的社会实践活动紧密联系在一起，这是马克思主义在近代中国得以传播的关键所在。具体地说，马克思主义在近代中国的传播分为以下几个阶段。

一　作为一种普通的西方思想被引入近代中国

在中国史籍中，第一次提到马克思及其学说的，是1899年2月出版的《万国公报》。《万国公报》上发表的李提摩太等译、蔡尔康笔述的《大同学》就介绍了马克思及马克思主义。其文提到"以百工领袖著名者，英人马克思也"。这是马克思名字第一次在中文报刊上出现。中国人在自己论著中最早介绍马克思及其学说的，要数梁启超。1902年10月16日，他在《新民丛报》上发表了《进化论革命者颉德之学说》，文中对马克思做了简要介绍。他说："麦喀士日耳曼人，社会主义之泰斗也。"[1]麦喀士即马克思。

起初，中国人学习西方文化思想，完全出于救亡图存的需要。戊戌变法前后，西学东渐在中国出现了第一个高潮。这时中华民族正处于危亡之中。一批先进知识分子如康有为、严复、梁启超等，为适应变法图强的需要，努力传播西方思想文化。在这个过程中，梁启超在《新民丛报》第46至48号上，发表了《中国社会主义》一文，对马克思的社会主义学说做了简短解释，他说："社会主义者，近百年来世界之特产物也，概括其最要之义，不过曰：土地归公；资本归公；专以劳力为百物价值之源泉。中国古田制度，正与近世社会主义同一立脚点。孔子讲的'均无贫和无寡'，孟子讲的'恒产恒心'，就是这主义最精要的依据。"此外，孙中山在介绍比较中西方思想时也指出："考诸历史，我国固素主张社会主义者。井田之制，即均产主义的滥觞，而蕴蓄社会

---

[1]　梁启超：《进化论革命者颉德之学说》，《新民丛报》1902年10月16日。

主义之精神。"①

　　概括而言，这一阶段，马克思主义思想在中国报刊上虽然已有介绍，但这种介绍毕竟是零碎、只言片语的，甚至是错误的。如上面提到的《万国公报》的文章，将马克思说成是英国人；又如梁启超、孙中山等曾把社会主义与中国历史上的井田制、均田减赋的主张混为一谈等等。可以说，十月革命前马克思主义在中国的传播，无论是从数量还是从质量上看，都不是严格意义上的传播，而只是对西方众多新思想的一种介绍。

二　作为意识形态指导思想在中国得到传播发展

　　马克思主义能够作为意识形态指导思想在中国得到传播，首先得益于五四新文化运动。五四新文化运动是近代西学东渐的又一个高潮。这个时期西学传播更具有大众性。之前，西学传播的工具和手段主要依靠少数几个刊物。而在新文化运动中，传播西学的各种报刊和学术团体有几百个。新思潮、新文化的影响力不再局限在一个狭小的圈子里，而是有了一定的群众性。在新思潮、新文化的传播和鼓动下，道德革命、文学革命、小说界革命、诗界革命、史学革命、文字语言革命风起云涌，此起彼伏，除旧布新的活动空前，涉及思想文化的各个方面、各个层次，新思想、新观念受到普遍欢迎。这个高潮的出现，为马克思主义的落脚营造了一个合适的环境。正是新文化运动中"冲决过去历史之网罗，破坏陈腐学说之囹圄"②的呐喊，以及对旧思想的抨击，马克思主义等西方先进思想才得以在近代中国封建思想根深蒂固的氛围中落脚传播。可以毫不夸张地说，五四新文化运动的思想启蒙是中国人理解和接受马克思主义的必要思想前提。

　　马克思主义作为意识形态指导思想在中国传播，起初主要集中在唯物史观上。当时为唯物史观在中国传播做出贡献的杰出个人，以李大

---

① 　冯契：《中国近代哲学史》（上册），上海人民出版社1989年版，第313页。
② 　《李大钊文集》（上），人民出版社1984年版，第204页。

钊、陈独秀、李达、陈博（溥）贤等人为代表。其中，李大钊的影响最大，他一直被公认为中国马克思主义运动的"先驱者"和"开拓者"。郭湛波在《近五十年中国思想史》一书中写道："李先生是唯物史观最彻底最先倡导的人。今日中国辩证法、唯物论、唯物史观的思潮这样澎湃，可说都是先生立其基，导其先河。"① 李大钊在中国马克思主义传播史上"第一人"地位的确立，首先在于他是唯物史观早期传播活动的组织者。1919 年，他先后利用主编北京《晨报》副刊和《新青年》杂志的便利条件，相继开辟"马克思研究"专栏和"马克思主义研究"专号，组织发表了一批研究介绍唯物史观的译文和论文，如1919 年 5 月 5 日和 6 日在《晨报》副刊发表《马克思的唯物史观》（日本，河上肇著，陈博（溥）贤译）的译文；同年 9 月发表在《新青年》第 6 卷第 5 号上的《我的马克思主义观》等。此系列文章揭开了马克思主义唯物史观在中国传播的序幕。不仅如此，他还把唯物史观引入大学的讲坛，在广大青年学生中间大力传播唯物史观和科学社会主义学说，这为唯物史观热潮的出现奠定了基础。

此外，李达关于唯物史观的介绍，对马克思主义在中国传播同样做出了杰出贡献。李达曾留学日本，师从日本著名教授河上肇，学习研究马克思主义。五四新文化运动期间，他顺应国内新文化运动的走向，不断向国内寄回宣传唯物史观的文章，如《什么是社会主义》、《社会主义的目的》等，并开始翻译《唯物史观解说》（郭泰著）等介绍马克思主义学说的著作。该译文于 1921 年前后出版，为唯物史观在中国的早期传播做出了贡献。

马克思主义作为意识形态的指导思想在中国传播，给中国人民指明了方向。此后不久，介绍俄国"十月革命"的文章逐渐增多，马克思主义唯物史观开始成为时代的主流意识。值此，近代中国资产阶级文化启蒙运动开始向马克思主义新启蒙转变，马克思主义逐渐成为新文化运动的中流砥柱。中国一大批先进分子由此从"西化"向"师俄"转换，中国共产主义运动的大幕从此开启。

---

① 　郭湛波：《近五十年中国思想史》，山东人民出版社 1997 年版，第 125 页。

三　作为社会变革的实践理论在中国传播

马克思主义作为意识形态的指导思想在中国开始传播后不久，马克思主义在中国的实践应用问题很快就被提上了议事日程。传播与应用几乎是同时进行的，这成为了马克思主义在中国应用史的一大特点。显然，这样的特点源于中国当时所处的特定国际环境和中国社会发展的迫切要求。

第一次世界大战和俄国"十月革命"以后，世界历史发展到一个新的阶段，进入了帝国主义和无产阶级革命的时代。毛泽东曾说："十月革命一声炮响，给我们送来了马克思列宁主义。"① 的确如此，俄国"十月革命"创立了世界上第一个社会主义国家，马克思的科学社会主义由理论变成了现实。由此，马克思主义突破在主要资本主义国家首先传播应用的思想认识，从而向广大的殖民地半殖民地国家扩展。这使得马克思主义在世界范围内，特别是东方各国产生了巨大影响。不仅如此，1919 年 3 月，第三国际成立后，列宁还专门派代表来到中国，推动马克思主义在中国的传播和实际应用。俄国十月革命的成功实践，对于马克思主义在中国的传播应用的意义极大。中国人民是通过俄国十月革命，开始真正认识到马克思主义的价值和意义的。在这之前，中国人民对马克思主义虽有所了解，但那毕竟不是非常深刻，比不上俄国十月革命这样的现实教育。俄国在革命之前的处境与近代中国具有相似之处，俄国革命之后的崭新面貌恰好又是中国人民梦寐以求的憧憬。现实中无与伦比的说服力在中国亿万民众心中产生了巨大影响力。

俄国十月革命的胜利，不仅空前扩大了马克思主义在中国的影响，而且也推动了一批先进知识分子世界观的转变。以李大钊为代表的中国最早一批先进分子已经变成马克思主义者。1918 年 10 月，李大钊发表了《庶民的胜利》，歌颂俄国工人阶级的胜利。1919 年 6 月，他又通过《每周评论》发表了《共产党宣言》第 2 章最后几段译文，论述了马克

① 《毛泽东选集》第 4 卷，人民出版社 1991 年版，第 1471 页。

思主义理论的核心——无产阶级专政的思想。在译文前的按语中编者说道："这个宣言……其要旨是在主张阶级战争，要求各地劳工的联合。"此外，他还在《布尔什维克主义的胜利》一文中指出：试看将来的环球，必是赤旗的世界。在李大钊等人的影响和推动下，国内马克思主义学说的介绍和研究日渐增多。1919 年 7 月，毛泽东在湖南创办《湘江评论》；1920 年 7 月，陈独秀在《新青年》上开辟"俄罗斯研究"专栏，介绍俄国十月革命和苏联社会主义建设资料等。各地报刊如上海的《民国日报》、四川的《国民日报》、广东的《中华新报》等，也都开始发表马克思主义方面的文章。同时，研究马克思主义的团体也在各地纷纷建立，如 1918 年，毛泽东、蔡和森等人在长沙组织新民学会等。这些研究马克思主义的秘密团体，通过多种渠道和各种不同文字版本的马克思、恩格斯著作，来学习和研究马克思主义，并最终形成了知识分子与工农群众结合，为工农群众服务的思想。1919 年 2 月 20 日，李大钊发表《青年与农村》一文，指出：要想把现代的新文明从根底输送到社会里，非把知识阶级与劳工阶级打成一气不可。同年，毛泽东在《湘江评论》发表《民众的大联合》。该文总结了辛亥革命的经验教训，认为民众大联合是改造中国社会的根本办法。在李大钊、毛泽东等早期马克思主义者的积极倡导下，中国一批知识分子开始走向工厂、走向农村。他们向广大群众宣传马克思主义，拓展马克思主义的传播空间，从而推动了中国革命群众运动的发展，最终促使了伟大的五四爱国运动的爆发。

当然，五四运动又反过来推动了马克思主义在中国的更广泛传播，促进了马克思主义与中国工人运动相结合。五四运动后，李大钊、陈独秀等深感翻译《共产党宣言》全中文版的必要性。于是在邵力子的推荐下，陈望道接受了以中文全文翻译《共产党宣言》的任务。陈望道是我国早期的马克思主义宣传者之一。五四以后，在遭受挫折面前，陈望道深感思想理论上除旧布新任务的必要和迫切，于是他返回故乡浙江义乌，在极其艰苦、秘密的条件下，于 1920 年 4 月将《共产党宣言》翻译完成。这是中国第一部《共产党宣言》中文全译本。通过该译本，中国人民更能理解资本主义必然灭亡，社会主义必然胜利的真理，更明白无产阶级就是资本主义的掘墓人的道理。正如陈博（溥）贤在《马克思的唯物史观》译文中讲道："《共产党宣言》使无产者的思想行动，得了指针。"这为马克思主义在中国的更广泛传播和中国早期马克思主义者的成长提供了不可缺少的理论基础，这就为马克思主义中国化创造了新的条件。此后不久，中国共产党于 1921 年 7 月诞生。在中国共产党的领导下，马克思主义与中国工人运动进一步结合，开创了马克思主义在中国更广泛传播的新局面，并最终取得了中华民族解放和社会主义的伟大胜利。

四 在中国的传播颇具中国化倾向

马克思主义在中国的传播，几乎贯穿整个 20 世纪始末。在这一历史过程中，马克思主义传播的内容、方式、对象和载体都颇具中国特色。

在这个过程的开始，中国是世界上民族矛盾和阶级矛盾最为尖锐的国家之一。当时马克思主义在中国的传播很明显带有解决中国社会矛盾的任务，故在内容形态和思维方式上，其选择的部分理论基础是马克思主义的东方社会理论。东方社会理论重点在于分析东方落后殖民地与半殖民地国家的社会性质、发展规律、阶级矛盾以及如何进行社会变革的问题。俄国人在列宁领导下，运用马克思主义的东方社会理论，取得十月革命的胜利，震撼了全世界，也吸引了中国先进分子的注意力。他们通过发生在俄国的客观事实，发现了马克思主义学说的指导价值和工具价值。他们认为，中国与俄国在国情上有许多相同之处，既然革命可以在俄国取得胜利，那么在中国也应该可以，关键是用马克思主义的世界观和方法论来变革社会。于是，他们学习、传播马克思主义，认定马克思主义能够使积贫积弱的中国旧貌换新颜。

五四运动后，马克思主义与工农群众运动相结合，开创了马克思主义中国化的新起点。20 世纪初，中国工人阶级开始作为独立的政治力量登上历史舞台。但当时的中国工人阶级仍存在不可避免的弱点。譬如相对于中国几万万农民而言，中国工人队伍当时人数仍相对较少；相对于中国广大农村而言，工人所处地域太集中；相对于欧洲工人来说，中国工人年龄又较轻；等等。而从另一方面看，中国的工人又与中国的农民具有天然的联系，最容易和农民结成巩固的联盟。这就决定了马克思主义作为社会变革的实践理论在中国传播，绝不能仅限于少数城市和单个工人阶级，还应该扩展到中国广大的农村和农民中去。马克思主义与中国工农群众运动相结合，是中国革命实际决定的，具有鲜明的中国特色。

马克思主义作为西方思想文化在中国传播，经历了翻译性介绍、转述性介绍、大众化介绍以及中国化介绍等四次形式转换，由此构成了由被动到主动、循序渐进、逐步深入发展的动态过程。起初，中国人主要是通过日本人和日文，认识和了解马克思主义的。这给马克思主义在中国传播打上了日本人的烙印。中国马克思主义学说中一些最基本的概念和范畴，如生产力、生产关系、唯物史观、辩证法、阶级斗争、剩余价值、社会主义等，至今仍然沿袭了日本学者的译法和用法。随后中国人民开始尝试用自己语言转述别国学者对马克思主义的理解和解释。最后到大众化和中国化介绍阶段，中国人对马克思主义传播开始有了自己的发言权。此时中国人往往会结合中国实际情况，有创造性地提出和宣传适合中国革命需要的马克思主义理论著作，如20世纪30年代艾思奇的《大众哲学》，以及后来发展了的毛泽东思想等。当适合中国需要的马克思主义经典逐渐增多和形成主流思想时，马克思主义传播中国化也就成为必然。

总之，马克思主义在中国的传播，是先进中国人在纷繁复杂的各种思潮中，不断扬弃、不断取舍的结果，并最终使中国社会摆脱了困境，走上了独立、富强之路。马克思主义在中国传播绝不是偶然和个别因素作用的结果，它是历史发展的必然。无论马克思主义作为一种西方新思想传入中国，抑或作为一种革命指导思想在中国广泛传播以及实践，都为马克思主义中国化创造了前提。

邓小平与中国特色社会主义
话语体系的建构

李永进 *

[摘 要] 邓小平作为我国改革开放的总设计师，在开创中国特色社会主义的历史过程中，围绕"什么是社会主义，怎样建设社会主义"这一基本问题，科学回答了社会主义的发展道路、发展阶段、发展动力、战略步骤及政治保证等重大问题，形成了中国特色社会主义话语体系。这一具有鲜明民族特色和时代精神的话语体系，实现了"以阶级斗争为纲"向"以经济建设为中心"的转变，是政治话语和大众话语的有机统一，成为当代中国的主流话语。

[关键词] 邓小平 中国特色社会主义 话语体系

话语体系，是关于思想观念的表达系统，包括概念、范畴、基本原理及相应的表达方式等。这些概念和基本原理，通过一定的表达方式凝结成为话语体系的中心思想，话语体系就是围绕这个中心思想展开的。邓小平建构的中国特色社会主义话语体系，是关于建设中国特色社会主义的话语表达，科学回答了"什么是社会主义，怎样建设社会主义"等重大理论和现实问题。这一话语体系是政治话语和大众话语的统一，在坚持科学社会主义基本原则基础上，又根植于中国传统文化，具有鲜明的民族风格和民族气派，实现了由"以阶级斗争为纲"向"以经济建设为中心"的话语转化，成为当代中国的主流话语。

---

* 李永进，清华大学马克思主义学院。

一　邓小平对中国特色社会主义话语体系基本框架的建构

1978 年党的十一届三中全会后，以邓小平为核心的党的第二代中央领导集体，在总结国内外社会主义建设的历史经验基础上，把马克思主义基本原理同中国具体实际和时代特征相结合，逐步开辟了中国特色社会主义道路，开始建构起中国特色社会主义的话语体系。围绕"什么是社会主义，怎样建设社会主义"这一基本问题，邓小平提出一系列新概念、新范畴和新原理，科学回答了社会主义的本质、任务、动力、发展道路、发展阶段、战略步骤等基本问题，构建起中国特色社会主义话语体系的基本框架。

（一）提出"建设有中国特色的社会主义"的命题

邓小平在党的十二大开幕词中明确提出"建设有中国特色的社会主义"的科学命题。他指出："我们的现代化建设，必须从中国的实际出发。无论是革命还是建设，都要注意学习和借鉴外国经验。但是，照抄照搬别国经验、别国模式，从来不能得到成功。这方面我们有过不少教训。把马克思主义的普遍真理同我国的具体实际结合起来，走自己的道路，建设有中国特色的社会主义，这就是我们总结长期历史经验得出的基本结论。"[①] 其后，邓小平对"建设有中国特色的社会主义"的概念进行了全面解读和阐释。1984 年 6 月，邓小平在会见第二次中日民间人士会议日方委员会代表团时讲道："马克思主义必须是同中国实际相结合的马克思主义，社会主义必须是切合中国实际的有中国特色的社会主义"，"总的来说，这条道路叫做建设有中国特色的社会主义的道路"。[②] 1988 年 5 月，邓小平再次强调："我们过去照搬苏联搞社会主义的模式，带来很多问题。我们很早就发现了，但没有解决好。我们现在要解决好这个问题，我们要建设的是具有中国自己特色的社会主义。"[③]

---

① 《邓小平文选》第 3 卷，人民出版社 1993 年版，第 2—3 页。
② 同上书，第 63、65 页。
③ 同上书，第 261 页。

"建设有中国特色的社会主义"是中国特色社会主义话语体系的关键词，它体现了话语体系的基本精神，即当代中国的社会主义建设既不照搬苏联模式，又吸收了新中国成立以来社会主义建设的历史经验，是马克思主义基本原理同新时期中国国情和时代特征相结合的重要成果。中国特色社会主义是改革开放以来中国共产党人在实践上和理论上创新成果的总称，我国社会主义的发展道路、理论体系和制度，都是以中国特色社会主义来命名的，三者是具有内在逻辑的统一体，共同构成了中国特色社会主义的基本框架。从邓小平"建设有中国特色的社会主义"到"中国特色社会主义"，这一称谓得以沿用和发展，成为贯穿当代中国社会主义建设的核心概念和主题词。

（二）"社会主义初级阶段"明确了我国社会主义发展的历史方位

"社会主义初级阶段"是邓小平根据中国具体国情，提出的关于社会主义发展阶段的话语表达。改革开放初期，邓小平就提出："我们国家大，人口多，底子薄"，因此"只有长期奋斗才能赶上发达国家的水平"。[1] 1981年党的十一届六中全会通过了《关于建国以来党的若干历史问题的决议》，首次提出"我们的社会主义制度还是处于初级的阶段"[2]。党的十三大召开前，邓小平又对社会主义初级阶段概念进行了专门论述，指出："中国社会主义是处在一个什么阶段，就是处在初级阶段，是初级阶段的社会主义。社会主义本身是共产主义的初级阶段，而我们中国又处在社会主义的初级阶段，就是不发达的阶段。一切都要从这个实际出发，根据这个实际来制订规划。"[3]

党的十三大对"社会主义初级阶段"话语做了系统阐述，同时提出了"一个中心，两个基本点"的初级阶段基本路线，构成了中国特色社会主义道路的基本内容。"一个中心，两个基本点"，即以经济建设为中心，坚持四项基本原则，坚持改革开放。这是党在社会主义初级阶段基本路线的科学概括，也是社会主义初级阶段理论的话语凝练。把经济建设当作党和国家的工作中心，是十一届三中全会做出的重大决

---

[1] 《邓小平文选》第2卷，人民出版社1994年版，第260页。
[2] 《三中全会以来重要文献选编》（下），中央文献出版社2011年版，第166—167页。
[3] 《邓小平文选》第3卷，人民出版社1993年版，第252页。

策。邓小平多次强调："离开了经济建设这个中心，就有丧失物质基础的危险。其他一切任务都要服从这个中心，围绕这个中心，决不能干扰它，冲击它。"① 在坚持以经济建设为中心的同时，还必须坚持四项基本原则和改革开放。1979 年 3 月，邓小平在党的理论工作务虚会上对"四项基本原则"做了完整解释："第一，必须坚持社会主义道路；第二，必须坚持无产阶级专政；第三，必须坚持共产党的领导；第四，必须坚持马列主义、毛泽东思想。"② 这是中国特色社会主义的政治保证，"如果动摇了这四项基本原则中的任何一项，那就动摇了整个社会主义事业，整个现代化建设事业"③。改革开放包括对内改革和对外开放，它的提出和实施，成为促进中国特色社会主义事业发展的根本动力。"一个中心，两个基本点"科学回答了建设中国特色社会主义的中心任务、政治保证和发展动力。在南方谈话中，邓小平再次强调了"一个中心，两个基本点"的重要性："要坚持党的十一届三中全会以来的路线、方针、政策，关键是坚持'一个中心，两个基本点'。不坚持社会主义，不改革开放，不发展经济，不改善人民生活，只能是死路一条。基本路线要管一百年，动摇不得。只有坚持这条路线，人民才会相信你，拥护你。"④

　　党的十三大以来的历次全国代表大会，都对我国社会主义初级阶段的国情做了科学论述，并结合不同时期的发展实际，提出具体的路线、方针、政策。十四大报告重申了"一个中心，两个基本点"的社会主义初级阶段的基本路线，特别强调："14 年伟大实践的经验，集中到一点，就是要毫不动摇地坚持以建设有中国特色社会主义理论为指导的党的基本路线。"⑤ 十五大再次论述了社会主义初级阶段的基本路线和基本纲领，指出："建设有中国特色社会主义的经济、政治、文化的基本目标和基本政策，有机统一，不可分割，构成党在社会主义初级阶段的

---

① 《邓小平文选》第 2 卷，人民出版社 1994 年版，第 250 页。
② 同上书，第 164—165 页。
③ 《邓小平文选》第 3 卷，人民出版社 1993 年版，第 173 页。
④ 同上书，第 370—371 页。
⑤ 《十四大以来重要文献选编》（上），中央文献出版社 2011 年版，第 12 页。

基本纲领。"① 十七大通过根据改革开放 30 年的历史经验，创造性提出了中国特色社会主义道路的基本概念，进一步总结和发展了以"一个中心，两个基本点"为基本内容的社会主义初级阶段基本纲领。"社会主义初级阶段"概念的提出，明确了中国社会主义发展的历史方位，是党科学制定路线、方针、政策的出发点和总依据。

（三）围绕"什么是社会主义，怎样建设社会主义"，揭示了社会主义本质

"社会主义是什么，马克思主义是什么，过去我们并没有完全搞清楚"，"社会主义究竟是个什么样子，苏联搞了很多年，也并没有完全搞清楚"。② 邓小平在吸收借鉴国内外社会主义建设的经验教训的基础上，结合中国改革发展的历史过程，揭示了社会主义本质。

马克思主义经典作家在理论和实践层面对社会主义进行过一系列说明和论证。马克思、恩格斯在《共产党宣言》中提出："代替那存在着阶级和阶级对立的资产阶级旧社会的，将是这样一个联合体，在那里，每个人的自由发展是一切人自由发展的条件"③，同时指出未来社会生产力高度发达、生产资料全社会占有、有计划组织生产等基本特征。苏联在进行社会主义建设过程中，逐步形成了政治经济高度集中的发展模式。新中国成立后，毛泽东对什么是社会主义问题进行了深入思考和探索，试图突破苏联模式，但是，由于当时的历史条件限制，其探索走入误区。

邓小平在改革开放实践的基础上，从生产力和生产关系相结合的层面重新认识社会主义，揭示了社会主义的本质。他提出"不发展生产力，不提高人民的生活水平，不能说是符合社会主义要求的"，"贫穷不是社会主义，发展太慢也不是社会主义"。④ 邓小平指出："社会主义阶段的最根本任务就是发展生产力，社会主义的优越性归根到底要体现在它的生产力比资本主义发展得更快一些、更高一些，并且在发展生产力的基础上不断改善人民的物质文化生活"，"社会主义的特点不是穷，

---

① 《十五大以来重要文献选编》（上），中央文献出版社 2011 年版，第 17 页。
② 《邓小平文选》第 3 卷，人民出版社 1993 年版，第 137、139 页。
③ 《马克思恩格斯全集》第 2 卷，人民出版社 2009 年版，第 53 页。
④ 《邓小平文选》第 3 卷，人民出版社 1993 年版，第 116、255 页。

而是富，但这种富是人民共同富裕"。①

　　经过十几年的理论和实践探索，到 1992 年南方谈话时，邓小平从生产方式的视角重新审视社会主义，完整地论述了社会主义的本质，即"解放生产力，发展生产力，消灭剥削，消除两极分化，最终达到共同富裕"②。同时，他还提出了判断改革和一切工作是非得失的标准，即"应该主要看是否有利于发展社会主义社会的生产力，是否有利于增强社会主义国家的综合国力，是否有利于提高人民的生活水平"③。关于社会主义本质和评判标准的话语表达，明确回答了"什么是社会主义，怎样建设社会主义"的问题，为社会主义现代化建设提供了理论基础。

（四）在总结社会主义建设历史经验的基础上，提出改革开放

　　"新时期最鲜明的特点是改革开放。"④ 十一届三中全以后，邓小平深刻总结国内外社会主义建设的历史经验，科学分析国际、国内局势，认识到阻碍社会生产力发展的症结主要是高度集中的经济政治体制，适时提出了改革开放。他指出："要大幅度地改变目前落后的生产力，就必然要多方面地改变生产关系，改变上层建筑，改变工农企业的管理方式和国家对工农业企业的管理方式，使之适应于现代化大经济的需要。"⑤ 改革开放包括对内改革和对外开放两方面，"改革是全面的改革，包括经济体制改革、政治体制改革和相应的其他各个领域的改革"⑥。全面改革的过程也是不断创新的过程，以改革促进创新，通过体制、机制的创新进一步巩固改革发展的成果。在对内改革的同时，还要对外开放。邓小平指出："建设一个国家，不要把自己置于封闭状态和孤立地位。要重视广泛的国际交往，同什么人都可以打交道，在打交道的过程中趋利避害。用我们的话讲，叫对外开放。"⑦ 在邓小平看来，改革和开放密切关联、不可分割："这一次改革首先是从农村开始的。……

---

① 《邓小平文选》第 3 卷，人民出版社 1993 年版，第 63、265 页。
② 同上书，第 373 页。
③ 同上书，第 372 页。
④ 《纪念改革开放 30 周年大会上的讲话》，《人民日报》2008 年 12 月 19 日第 1 版。
⑤ 《邓小平文选》第 2 卷，人民出版社 1994 年版，第 135—136 页。
⑥ 《邓小平文选》第 3 卷，人民出版社 1993 年版，第 237 页。
⑦ 同上书，第 260 页。

一改革就调动了农民的积极性，然后我们又把农村改革的经验运用到城市，进行城市经济体制改革。对外开放也是改革的内容之一，总的来说，都叫改革。"① 同时，"无论是农村改革还是城市改革，其基本内容和基本经验都是开放，对内把经济搞活，对外更加开放"②。伴随改革开放的发展，在政治、经济、文化等诸多领域也出现了一系列新概念、新话语，进一步打破长期以来的思想束缚和话语禁锢，有力推动了中国特色社会主义建设事业的顺利进行。

"改革开放只有进行时，没有完成时。"③ 实际上，当代中国的改革开放话语甚至已经超脱了政治领域，渗透到人们精神层面和日常生活的方方面面，内化为打破束缚、不断创新、追求卓越的思想理念和文化观念，并逐步形成了以改革创新为核心的时代精神。

（五）发展"社会主义市场经济"，实现社会主义制度与市场经济的有机结合

建立社会主义市场经济是经济体制改革的主要内容，是邓小平在深入分析社会主义和市场经济、计划和市场关系的基础上，进行的理论和话语创新。1979 年底，邓小平在会见外宾时提出："说市场经济只存在于资本主义社会，只有资本主义的市场经济，这肯定是不正确的。社会主义为什么不可以搞市场经济，这个不能说是资本主义。我们是计划经济为主，也结合市场经济，但这是社会主义的市场经济。"④ 1985 年，邓小平对计划与市场的关系问题，做了进一步论述："社会主义和市场经济之间不存在根本矛盾。问题是用什么方式才能更有力地发展社会生产力。……把计划经济和市场经济结合起来，就更能解放生产力，加速经济发展。"⑤ 为了进一步破除人们的思想束缚，将改革开放引向深入，1992 年南方谈话时，邓小平再次强调："计划多一点还是市场多一点，

① 《邓小平文选》第 3 卷，人民出版社 1993 年版，第 255—256 页。
② 同上书，第 81—82 页。
③ 《认真贯彻党的十八届三中全会精神　汇聚起全面深化改革的强大正能量》，《人民日报》2013 年 11 月 29 日第 1 版。
④ 《邓小平文选》第 2 卷，人民出版社 1994 年版，第 236 页。
⑤ 《邓小平文选》第 3 卷，人民出版社 1993 年版，第 148—149 页。

不是社会主义与资本主义的本质区别。计划经济不等于社会主义，资本主义也有计划；市场经济不等于资本主义，社会主义也有市场。计划和市场都是经济手段。"① 社会主义市场经济理论将社会主义制度同市场经济相结合，成为中国特色社会主义经济改革的理论依据。

以社会主义市场经济话语为根据，党对社会主义经济体制改革，尤其是市场与政府的关系问题进行了积极探索，逐步建立起比较完善的社会主义市场经济体制。党的十二届三中全会指出经济体制改革的中心环节是增强企业活力，要求"建立自觉运用价值规律的计划体制，发展社会主义商品经济"②。十四大明确提出建立社会主义市场经济体制，并从 10 个关系全局的主要任务对其进行了初步论述。十四届三中全通过了《关于建立社会主义市场经济体制若干问题的决定》，从体制机制层面对建立社会主义市场经济做了详细阐述，特别强调要"转变政府职能，改革政府机构"，"发挥市场机制在资源配置中的基础性作用"。③十八届三中全会在总结改革开放 30 多年的经验基础上进一步指出："紧紧围绕使市场在资源配置中起决定性作用深化经济体制改革，坚持和完善基本经济制度，加快完善现代市场体系、宏观调控体系、开放型经济体系，加快转变经济发展方式，加快建设创新型国家，推动经济更有效率、更加公平、更可持续发展。"④ 社会主义市场经济话语是对建立社会主义市场经济体制、完善社会主义初级阶段基本经济制度的话语表达，这一话语创新突破了对社会主义和市场经济的传统认识，在马克思主义发展史上具有重要意义。

二　中国特色社会主义话语体系实现了"以阶级斗争为纲"向"以经济建设为中心"的转化

以邓小平为核心的第二代领导集体面对"文革"造成的危难局面，

① 《邓小平文选》第 3 卷，人民出版社 1993 年版，第 373 页。
② 《十二大以来重要文献选编》（中），中央文献出版社 2011 年版，第 55 页。
③ 《十四大以来重要文献选编》（上），中央文献出版社 2011 年版，第 461、458 页。
④ 《中共中央关于全面深化改革若干重大问题的决定》，《人民日报》2013 年 11 月 16 日第 1 版。

重新确立起实事求是的思想路线，提出了"建设有中国特色的社会主义"的命题。十一届三中全会后，党的工作中心开始转移到经济建设上来，在探索中国特色社会主义建设道路的同时，也实现了由"以阶级斗争为纲"向"以经济建设为中心"的话语范式的转化。

第一，中国特色社会主义话语体系紧密契合和平与发展的时代主题，突出了现代化建设在整个话语体系中的重要地位。准确判断时代主题，不但是制定国家政策的基本依据，也是构建话语体系的重要考量标准。二战结束后，世界政治呈现出两极争霸格局。针对这种局势，毛泽东提出"关于世界大战问题，无非是两种可能：一种是战争引起革命，一种是革命制止战争"①。1970 年 5 月，毛泽东再次指出："新的世界大战的危险依然存在，各国人民必须有所准备。但是，当前世界的主要倾向是革命。"② 基于这种判断，党的一系列政策都围绕"战争与革命"来制定，与之相应也逐渐形成了"以阶级斗争为纲"的话语体系。

进入 20 世纪 80 年代，美苏争霸有所缓和，国际局势趋于平稳，这为中国顺利开展现代化建设提供了良好的国际环境和时代契机，中国共产党也逐步改变了对战争与和平问题的认识。党的十二大提出："如果全世界人民真正团结一致，同霸权主义、扩张主义的一切表现进行坚决的斗争，世界和平是有可能维护的。"③ 1985 年 3 月，邓小平在会见日本外宾时，明确指出："现在世界上真正大的问题，带全球性的战略问题，一个是和平问题，一个是经济问题或者说发展问题"④，这实际上就提出了和平与发展两大问题。根据邓小平的论断，党的十三大和十四大进一步将和平与发展作为当代世界的两大主题。可以说，中国特色社会主义话语体系紧密契合了和平与发展的时代主题，二者紧密关联、相辅相成：中国特色社会主义建设需要和平稳定的国际环境，而中国的发展"对于世界和平和国际局势的稳定肯定会起比较显著的作用"⑤。

---

① 《建国以来毛泽东文稿》第 13 册，中央文献出版社 1998 年版，第 32 页。
② 《全世界人民团结起来，打败美国侵略及其一切走狗》，《人民日报》1970 年 5 月 21 日第 1 版。
③ 《十二大以来重要文献选编》（上），中央文献出版社 2011 年版，第 36 页。
④ 《邓小平文选》第 3 卷，人民出版社 1993 年版，第 105 页。
⑤ 同上。

　　第二，邓小平科学分析当代中国的主要矛盾，通过一系列新的话语表达，为当代中国的改革发展和现代化建设奠定了坚实基础。1956 年社会主义改造完成后，社会主义制度基本确立。以毛泽东《论十大关系》和党的八大为标志，探索中国自己的社会主义建设道路有了一个良好的开端。然而，随着国内外形势的变化，党逐步改变了八大对国内矛盾和主要任务的正确论述。在党的八届三中全会上，毛泽东将国内主要矛盾归结为"无产阶级和资产阶级的矛盾，社会主义道路和资产阶级道路的矛盾"，把社会主义革命中"尖锐的阶级斗争"提到很高的位置。[①] 八大二次会议更明确指出："在社会主义社会建成以前，无产阶级同资产阶级的斗争，社会主义道路同资本主义道路的斗争，始终是我国内部的主要矛盾。"[②] 对主要矛盾的认识误区是发动"文化大革命"的重要原因之一，使社会主义建设遭受了严重挫折。

　　十一届三中全会结束不久，邓小平重新肯定了中共八大对社会主义主要矛盾的分析："我们的生产力发展水平很低，远远不能满足人民和国家的需要，这就是我们目前时期的主要矛盾，解决这个主要矛盾就是我们的中心任务。"[③] 1981 年 6 月，十一届六中全会通过的《关于建国以来党的若干历史问题的决议》第一次完整表述了我国社会主义初级阶段的主要矛盾，即"人民日益增长的物质文化需要同落后的社会生产之间的矛盾"，因此，"党和国家工作的重点必须转移到以经济建设为中心的社会主义现代化建设上来，大大发展社会主义生产力，并在这个基础上逐步改善人民的物质文化生活"。[④] 主要矛盾和中心任务的转变，要求我们在探索中国特色社会主义道路的过程中，进行话语创新以适应经济建设的中心。"社会主义初级阶段"、"社会主义市场经济"、"改革开放"、"小康社会"、"家庭联产承包"以及"解放思想"等话语应运而生，这些话语概念在马克思主义经典著作中不曾出现，是中国共产党人在改革开放的历史实践中探索出来的，并逐步形成了较为完整的思想内容和系统表达。实际上，中国特色社会主义话语体系就是中国

---

① 《建国以来重要文献选编》第 10 册，中央文献出版社 2011 年版，第 535、536 页。
② 《建国以来重要文献选编》第 11 册，中央文献出版社 2011 年版，第 249、250 页。
③ 《邓小平文选》第 2 卷，人民出版社 1994 年版，第 182 页。
④ 《三中全会以来重要文献选编》（下），中央文献出版社 2011 年版，第 168 页。

特色社会主义理论体系的话语形态，它的建构是对改革开放以来社会主义建设经验的话语总结，成为当代中国社会的主流话语。

第三，中国特色社会主义话语体系摒弃了"以阶级斗争为纲"的话语表达，又扬弃、继承了毛泽东社会主义建设思想的合理内核与理论精髓。"毛泽东社会主义建设思想是联结毛泽东思想与中国特色社会主义理论体系的有机链条"①，其关于社会主义建设的精神实质内在地包含于中国特色社会主义话语体系中。例如，毛泽东关于"社会主义这个阶段，有可能分为两个阶段，第一个阶段是不发达的社会主义，第二个阶段是比较发达的社会主义。后一个阶段可能比前一阶段需要更长的时间"的认识，②无疑为邓小平所继承和发展，创新为社会主义初级阶段的话语。毛泽东提出的"一切国家的好经验我们都要学，不管是社会主义国家的，还是资本主义国家的"③，在邓小平关于改革开放的话语中有生动体现。毛泽东关于"商品生产，要看它是同什么经济制度相联系，同资本主义制度相联系就是资本主义的商品生产，同社会主义制度相联系就是社会主义的商品生产"的论述，④为社会主义市场经济话语的创立奠定了思想基础。另外，毛泽东社会主义建设思想中的"社会主义"、"人民代表大会"、"共产党领导的多党合作和政治协商"、"民族区域自治"、"百花齐放、百家争鸣"等话语，也都为中国特色社会主义话语体系所沿用，并结合时代特征赋予了新的内涵。

同时，毛泽东社会主义建设思想中实事求是的科学态度和人民利益的价值取向，也是贯穿中国特色社会主义话语体系的主线。实事求是作为党的思想路线的核心，是毛泽东思想的精髓。中国特色社会主义话语体系紧紧围绕实事求是的原则，既不照抄照搬经典著作中的名词概念，又突破了社会主义建设的固有经验，实现了马克思主义基本原理同中国具体实际和时代特征的有机结合。"社会主义初级阶段"、"三步走"发展战略、"改革开放"等，就是根据中国的基本国情进行的话语创新。

---

① 肖贵清、刘爱武：《整体性视阈中的毛泽东思想与中国特色社会主义理论体系》，《毛泽东邓小平理论研究》2009 年第 1 期。

② 《毛泽东文集》第 8 卷，人民出版社 1999 年版，第 116 页。

③ 《毛泽东文集》第 7 卷，人民出版社 1999 年版，第 242 页。

④ 同上书，第 439 页。

邓小平提出要把人民拥护不拥护、人民赞成不赞成、人民高兴不高兴、人民答应不答应作为制定方针政策的出发点和归宿，把人民利益标准同生产力标准和综合国力标准一起作为评判一切工作是非得失的标准。"小康"、"共同富裕"等概念，都是以人民利益为价值取向提出的话语。

总之，邓小平创立的中国特色社会主义话语体系是新时期党的路线、方针、政策的话语表达，摒弃了过去"以阶级斗争为纲"的话语表达，"改革"、"建设"、"发展"、"生产力"、"现代化"、"共同富裕"等建设性话语成为时代主流。这一话语体系是和平与发展时代主题的反映，既坚持科学社会主义的基本原则，又符合当代中国的具体实际。

三　中国特色社会主义话语体系是具有
民族特色的表达方式

邓小平在构建中国特色社会主义话语体系的过程中，吸收和借鉴了传统文化中的优秀成果和人民群众喜闻乐见的话语素材，具有鲜明的中国风格和中国气派，实现了马克思主义基本原理与民族特色表达方式的有机统一。

第一，中国特色社会主义话语体系吸收，利用中国传统文化中的俗语、俚语和典故，使深刻的理论思想充满生机活力，易于被人民群众所理解掌握。"小康"是表达社会主义现代化建设理想的重要概念，是邓小平对中国传统小康思想的批判性继承。"小康"一词最早见于《诗经·大雅·民劳》："民亦劳止，汔可小康"[1]，这里的"小康"是与"小休"、"小息"、"小偈"、"小安"对应使用的，主要指安宁平和的生活状态。《礼记·礼运》篇则从社会形态的角度使用了"小康"概念，该篇记载孔子将"禹、汤、文、武、成王、周公"治下的社会称为"小康"，将其视为仅次于大同社会的一种相对良好的政治状况。[2]

---

[1]　梁锡锋注说：《诗经》，河南大学出版社 2008 年版，第 325 页。
[2]　李慧玲、吕友仁注译：《礼记》，中州古籍出版社 2010 年版，第 89—90 页。

邓小平创造性借用古语"小康"，结合当代中国发展现实，赋予了其新的时代内涵。1979 年 12 月，邓小平在会见日本首相大平正芳时，第一次对小康社会构想做了较为全面的诠释。他说："我们要实现的四个现代化，是中国式的四个现代化。我们的四个现代化的概念，不是像你们那样的现代化的概念，而是'小康之家'。"① 后来，邓小平多次对"小康"进行解释："所谓小康，从国民生产总值来说，就是年人均达到 800 美元"②，"小康水平，就是不穷不富，日子比较好过的水平"③。1987 年 4 月，在会见西班牙客人时，邓小平又进一步说："到本世纪末，再翻一番，人均达到 1000 美元。实现这个目标意味着我们进入小康社会，把贫困的中国变成小康的中国。"④ 这样，"小康"就具有了明确的时间限定和考量标准，成为中国特色社会主义发展战略的重要阶段性目标。从"全面建设小康社会"到"全面建成小康社会"，"小康"成为社会主义现代化建设和实现中华民族伟大复兴的重要节点和关键词。

"三步走"是邓小平借用民间俗语，对社会主义建设战略步骤的生动表达。邓小平科学分析了中国仍然处在社会主义初级阶段、较为贫困落后的具体国情，切实提出"三步走"发展规划，即"第一步在 80 年代翻一番。以 1980 年为基数，当时国民生产总值人均只有 250 美元，翻一番，达到 500 美元。第二步是到本世纪末再翻一番，人均达到 1000 美元。实现这个目标意味着我们进入小康社会，把贫困的中国变成小康的中国。……我们制定的目标更重要的还是第三步，在下世纪用三十年到五十年再翻两番，大体上达到人均 4000 美元。"⑤ 党的十三大沿用邓小平"三步走"概念，进一步明确了这一长期发展战略，报告指出："我国经济建设的战略部署大体分三步走。第一步，实现国民生产总值比 1980 年翻一番，解决人民的温饱问题。这个任务已经基本实现。第二步，到本世纪末，使国民生产总值再增长一倍，人民生活达到

---

① 《邓小平文选》第 2 卷，人民出版社 1994 年版，第 237 页。
② 《邓小平文选》第 3 卷，人民出版社 1993 年版，第 64 页。
③ 同上书，第 109 页。
④ 同上书，第 226 页。
⑤ 《邓小平年谱 1975—1997》（下），中央文献出版社 2004 年版，第 1183 页。

小康水平。第三步，到下世纪中叶，人均国民生产总值达到中等发达国家水平，人民生活比较富裕，基本实现现代化。"① 邓小平通过"三步走"话语，清晰表达出我国在社会主义初级阶段的总体目标和发展步骤。党制定的"两个一百年"发展战略，可以说是对"三步走"话语的细化和再诠释。另外，像"姓社姓资"、"发展才是硬道理"、"以人为本"、"和谐社会"等话语表达，也都是中国特色社会主义话语表达中民族特色的生动体现和发展延续。

第二，中国特色社会主义话语体系内在地蕴含了马克思主义基本原理。马克思主义认为，生产力决定生产关系，生产关系对生产力具有能动的反作用。另外，经典作家提出："所谓'社会主义社会'不是一种一成不变的东西，而应当和任何其他社会制度一样，把它看成是经常变化和改革的社会。"② 邓小平从生产力和生产关系相结合的维度，剖析了社会主义的本质，同时综合国内外社会主义建设的历史经验，提出改革开放，科学回答了"什么是社会主义，怎样建设社会主义"。他指出："社会主义基本制度确立以后，还要从根本上改变束缚生产力发展的经济体制，建立起充满生机和活力的社会主义经济体制，促进生产力的发展，这是改革，所以改革也是解放生产力。过去，只讲在社会主义条件下发展生产力，没有讲还要通过改革解放生产力，不完全。应该把解放生产力和发展生产力两个讲全了。"③ "社会主义精神文明"概念的提出，也体现了历史唯物主义的基本原理。马克思指出："经济状况是基础，但是对历史斗争的进程发生影响并且在许多情况下主要是决定着这一斗争的形式的，还有上层建筑的各种因素"④，因此，在注重经济基础建设的同时，还必须大力发展观念上层建筑。改革开放初期，邓小平就提出要着力建设社会主义精神文明。他明确指出："我们要建设的社会主义国家，不但要有高度的物质文明，而且要有高度的精神文明。所谓精神文明，不但是指教育、科学、文化（这是完全必要的），而且是指共产主义的思想、理想、信念、道德、纪律，革命的立场和原则，

① 《十三大以来重要文献选编》（上），中央文献出版社 2011 年版，第 14 页。
② 《马克思恩格斯文集》第 10 卷，人民出版社 2009 年版，第 588 页。
③ 《邓小平文选》第 3 卷，人民出版社 1993 年版，第 370 页。
④ 《马克思恩格斯文集》第 10 卷，人民出版社 2009 年版，第 591 页。

人与人的同志式的关系，等等。……没有这种精神文明，没有共产主义思想，没有共产主义道德，怎么能建设社会主义？"① 根据邓小平的论述，党的十二大提出要"努力建设高度的社会主义精神文明"，将社会主义精神文明当作社会主义的重要特征。② 中国特色社会主义话语体系就是在改革开放的实践过程中，把马克思主义基本原理同中国具体实际和时代特征相结合的经验总结和话语创新，实现了马克思主义基本原理与民族特色表达方式的有机融合，进一步丰富和发展了马克思主义的理论和话语宝库。

　　第三，邓小平中国特色社会主义话语体系是政治话语和大众话语的有机统一，成为当代中国改革发展的主流话语。政治话语是关于政治思想理论、意识形态、政策方针的话语表达，通过宣传、灌输，进而教育和掌握民众。大众话语又称生活话语，是在日常生活中逐渐形成的关于衣、食、住、行等基本生活需要的话语表达，具有通俗易懂、使用范围广等特征。中国特色社会主义话语体系的内容实质和中心思想，是建设中国特色社会主义，科学回答了社会主义的发展道路、发展阶段、发展动力、战略步骤等重大政治问题，其表达形式则是生动鲜活的大众话语，包含了大量成语、俗语和典故，实现了政治话语和大众话语的有机结合。"中国特色社会主义"、"社会主义初级阶段"、"社会主义本质"、"改革开放"等概念，都属于政治话语的范畴，并且通过党的代表大会和全国人民代表大会上升至国家层面。而通俗易懂的表达形式和言语风格，使原本枯燥乏味的政治话语充满生机活力，把深奥的马克思主义原理转化为广大民众所能理解掌握的大众话语。"摸着石头过河"是邓小平在改革开放初期提出的，这本是一句民间俗语，形容当不了解河水的具体情况时，只能勇于尝试，摸着河底的石头涉水。邓小平借用这一俗语，强调建设中国特色社会主义也要在实践中勇于探索并不断总结经验。可以说，中国特色社会主义道路就是在改革开放的实践过程中逐步摸索出来的。政治话语和大众话语的有机统一，使中国特色社会主义话语体系被人民群众广泛接受，成为当代中国的主流话语。

---

① 《邓小平文选》第 2 卷，人民出版社 1994 年版，第 367 页。
② 《十二大以来重要文献选编》（上），中央文献出版社 2011 年版，第 21、22 页。

综上所述，邓小平建构的中国特色社会主义话语体系，从话语层面上实现了马克思主义基本原理与中国具体实际和时代特征的有机结合，为中国特色社会主义建设奠定了坚实的话语基础。21 世纪以来，中国特色社会主义话语体系根据时代需求又吸收了"三个代表"、"以人为本"、"和谐社会"、"中国梦"等新的话语内容，得以发展完善。总结中国经验、坚持中国道路、创新中国理论、完善中国制度，对于进一步打造具有民族特色、民族风格和民族气派的中国特色社会主义话语体系，真正实现"走出去"，具有十分重要的意义。

经典作家关于马克思主义民族化思想及其当代启示[*]

李仕波^{**}

[摘　要] 经典作家深刻揭示了马克思主义民族化的一系列问题：阐明了马克思主义民族化的必要性，明确了马克思主义民族化的具体任务，指明了马克思主义民族化的根本路径。启示着我们必须深刻领会马克思主义与时俱进的理论品质、大力推进实践和理论创新、坚定不移走自己的路、整合和弘扬民族优秀文化、坚持马克思主义民族化的正确方向，以此不断夺取中国特色社会主义事业的新胜利。

[关键词] 马克思恩格斯　列宁　马克思主义民族化　当代启示

党的十八大报告提出了"不断丰富中国特色社会主义的民族特色"的重大战略任务，充分表明了党在新的历史起点上对中国特色社会主义现代化建设规律的深刻认识和把握，其理论依据就在于经典作家关于马克思主义民族化的思想。马克思恩格斯、列宁等经典作家的著述中包含许多丰富的马克思主义民族化思想，阐述了马克思主义民族化的一系列问题。当下诠释马克思主义民族化思想的具体内容，对于推进中国特色社会主义伟大事业向纵深程度的发展，有着重要的启迪作用。

* 基金项目：本文系四川大学中国特色社会主义理论研究中心 2012 年度研究项目 "中国特色社会主义的'四大特色'研究"（ZTZX201201）的阶段性成果。

** 李仕波，男，土家族，四川大学马克思主义学院博士生，遵义医学院人文社科部副教授，主要从事马克思主义中国化研究。

一　阐明了马克思主义民族化的必要性

　　针对世界各民族国家的国情特殊性问题，马克思、恩格斯反复强调工人阶级政党必须广泛了解各国的历史和现状，探索适应各民族国家国情的革命发展道路。马克思、恩格斯1848年在《共产党宣言》中指出，"工人没有祖国"，但"本身还是民族的"[①]。主张人们结合本国国情运用马克思主义，且"必须考虑到各国的制度、风俗和传统"[②]。晚年的马克思关注东方民族国家的社会发展道路，明确反对把他曾阐述过的西欧资本主义起源的历史概述成一般发展道路，指明各民族国家革命的道路"一切都取决于它所处的历史环境"[③]。而恩格斯也明确指出："马克思的历史理论是任何坚定不移和始终一贯的革命策略的基本条件；为了找到这种策略，需要的只是把这一理论应用于本国的经济条件和政治条件。"[④]表明了不同国度的无产阶级政党应用马克思主义理论的必要性，即立足不同民族特点和实际，适应斗争策略的需要，必须要做到马克思主义在各国的"具体化"。论及意大利社会党的策略，恩格斯强调："必须因地制宜地作出决定，而且必须由处于事变中的人来作出决定。"[⑤]又及美国工人运动状况，他批评侨居美国的德国马克思主义者不懂得如何把理论变成推动群众运动的杠杆，未能找到革命策略，严重脱离实际，未能把美国的工人运动实际与马克思主义结合起来，指明这个党要承担起领导作用，"必须完全脱下它的外国服装，必须成为彻底美国化的党"[⑥]。1894年恩格斯还批评赫尔岑不是依据俄国实情，而是在书里发现了"共产主义"，明确提出要解决好实际问题，必须积极参加革命实践，探索不同于西欧已经走过而且正在走着的发展道路。

---

① 《马克思恩格斯选集》第1卷，人民出版社1995年版，第291页。
② 《马克思恩格斯全集》第18卷，人民出版社1964年版，第179页。
③ 《马克思恩格斯全集》第19卷，人民出版社1963年版，第451页。
④ 《马克思恩格斯选集》第4卷，人民出版社1995年版，第669页。
⑤ 同上书，第456页。
⑥ 同上书，第394页。

　　列宁领导的俄国革命运动是推进马克思主义民族化历史进程中的成功实践，列宁主义的创立是准确地把握了马克思主义精髓的光辉典范，也是马克思主义立场、观点和方法指导下的民族化的独创理论成果。列宁具体地分析应用马克思主义理论的必要性，指明："一切民族都将走到社会主义，这是不可避免的，但是一切民族的走法却不完全一样……每个民族都会有自己的特点。"① 因此不同国度的无产阶级政党在运用策略来完成共同的革命任务时，都"必须查明、弄清、找到、揣摩出和把握住民族的特点和特征"②，同时表明各民族国家即使无产阶级专政的革命任务完成了，也还存在民族和民族国家的差别。对于领导无产阶级革命的各国民族政党来说，推进马克思主义民族化必须深刻领会到："决不把马克思的理论看作某种一成不变的和神圣不可侵犯的东西……这只是给一种科学奠定了基础。"③ 而且列宁还特别指明了俄国社会党人特别需要独立自主地探讨、研究马克思的理论，以此探索出一条适合俄国具体国情的革命道路。

　　由此可见，正是基于各民族国家革命斗争的需要，经典作家深刻地阐明了马克思主义民族化的必要性，即为了革命的最终胜利，各国无产阶级政党必须根据自己的特殊历史环境来探寻适合本国实际和本民族特点的革命发展道路。

二　明确了马克思主义民族化的具体任务

　　马克思、恩格斯在密切注视着各国工人运动发展的同时，强调必须从自己国家的历史条件出发，制定出马克思主义与民族特点相结合的具体政策。马克思主义初创时期，青年马克思在1843年给卢格的信中就强调过："我不主张我们竖起任何教条主义的旗帜"④，反对把理论当教

---

① 《列宁全集》第28卷，人民出版社1990年版，第163页。
② 《列宁全集》第39卷，人民出版社1986年版，第71页。
③ 《列宁全集》第4卷，人民出版社1984年版，第161页。
④ 《马克思恩格斯全集》第1卷，人民出版社1956年版，第416页。

条，"按照它来剪裁各种历史事实"①。之后 1872 年在德文版序言中强调，自《共产党宣言》发表以来，其中所阐述的一般原理到目前为止还是完全正确的，但是对于马克思主义基本原理的实际运用，必须"随时随地都要以当时的历史条件为转移"②，主张在马克思主义的指导下参与各个民族国家的革命具体实践。对于社会主义和无产阶级革命任务的研究，马克思、恩格斯明确指出唯物史观方法论上的指导意义，强调他们提供的理论不是教条，恰恰相反"是对包含着一连串互相衔接的阶段的发展过程的阐明"③。在马克思看来，如果现实中"不把唯物主义方法当作研究历史的指南"④，那么就总结不出正确的经验来，也就无法掌握正确指导革命的马克思主义民族化理论。可见，马克思、恩格斯更多阐明他们提供的理论是指导各民族国家开展革命斗争实践的思想武器，需要在实践中不断推进理论创新，客观上分析了马克思主义民族化的具体任务。恩格斯曾批评侨居美国的德国"马克思主义者"用学理主义的态度对待马克思主义，指明美国工人党要真正成为"美国化"的党，才能逐步实现解决马克思主义在美国的民族化具体任务问题。同时，恩格斯指出了推动马克思主义民族化的主要动力是蕴藏在千百万工人的力量之中，1890 年在《共产党宣言》德文版序言中说："《宣言》是从西伯利亚到加利福尼亚的所有国家的千百万工人的共同纲领"，后来波兰文版序言中又指出，凭借《共产党宣言》"用某国文字发行的份数，不仅可以相当准确地判断该国工人运动的状况，而且可以相当准确地判断该国大工业发展的程度"。在此，他分析了依靠于各国工人运动的蓬勃发展，造就了完成马克思主义民族化具体任务的根本力量，不断推动各民族国家人民群众对于马克思主义民族化的理解和接受。

列宁阐述了东方各民族国家在经济、政治、文化等方面与欧洲各国有着较大的差别，推进马克思主义民族化面临着极其特殊的历史任务。1919 年在全俄东部各民族共产党组织第二次代表大会上，列宁指明："你们面临着全世界共产党人所没有遇到过的一个任务，就是你们必须

---

① 《马克思恩格斯全集》第 22 卷，人民出版社 1965 年版，第 94 页。
② 《马克思恩格斯选集》第 1 卷，人民出版社 1995 年版，第 248 页。
③ 《马克思恩格斯选集》第 4 卷，人民出版社 1972 年版，第 680 页。
④ 同上书，第 688 页。

以共产主义的一般理论和实践为依据，适应欧洲各国所没有的特殊条件……解决办法无论在哪一部共产主义书本里都是找不到的。"① 意即没有现成的答案可以解决各民族共产党人的革命任务，必须在实践中促进马克思主义理论的民族化。随后 1923 年在《论我国革命》中又说："在东方那些人口无比众多、社会情况无比复杂的国家里，今后的革命无疑会比俄国的革命带有更多的特殊性。"② 显然，创新理论指导革命，探索适合特殊国情的特殊道路，这是马克思主义与各国实际相结合的具体任务，也是马克思主义民族化的最高境界。

上述表明，基于创新理论指导革命的具体任务，马克思、恩格斯、列宁认为，由于国情的迥异，在各民族国家中马克思主义民族化的任务也必然具有特殊性，因此，各国无产阶级政党必须运用马克思主义理论创造性地研究本国的具体实际，不断提升适合本国实际的理论认识，创新具有民族特色的马克思主义理论指导具体实践。

三 指明了马克思主义民族化的根本路径

一切从实际出发是马克思主义的一个重要原则，反对教条主义是其一贯的立场。早在 1842 年马克思就指出："正确的理论必须结合具体情况并根据现存条件加以阐明和发挥。"③ 表明理论来源于实践，科学理论对实践具有指导作用，只有掌握各民族国家的具体特征，才能充分反映事物真相，这本身也是马克思主义的科学本质要求。论及俄国公社问题，1894 年恩格斯在《〈人民国家报〉国际问题论文集（1871—1875）》序言总说："俄国国内外的一些俄国人，再三请求我发表对这个问题的看法。长期以来我都推辞了，因为我十分清楚，我对俄国经济状况的细节了解得很不够。" 在这里，他阐述了了解实际情况的重要性，蕴含着马克思主义民族化的根本路径，须在科学社会主义理论指导下，参加革命实践，在实践中不断总结正反两方面经验教训，加深对实

① 《列宁全集》第 39 卷，人民出版社 1986 年版，第 323、324 页。
② 《列宁选集》第 4 卷，人民出版社 1995 年版，第 778 页。
③ 《马克思恩格斯全集》第 27 卷，人民出版社 1972 年版，第 433 页。

际问题的理论思考，不断获得新的理论认识。随后恩格斯更是一针见血地指明："马克思的整个世界观不是教义，而是方法。它提供的不是现成的教条，而是进一步研究的出发点和供这种研究使用的方法。"① 意即马克思主义是无产阶级和广大被压迫民族寻求民族独立和人民解放的强大思想理论武器，它内在品质就要求人们把其立场、观点和方法与各民族国家具体实践相结合。

民族化是马克思主义发展的显著特征，俄国革命实践中经验的总结就是马克思主义民族化的特殊经验。列宁曾明确指出："马克思主义的精髓，马克思主义的活的灵魂：对具体情况作具体分析。"② 竭力反对把俄国革命经验神圣化的做法，阐明"共产主义是不能用暴力来灌输的……决不要从莫斯科发号施令"，必须要考虑各民族国家的自有特点，独立寻找革命发展道路的特殊性，促进他们"把苏维埃政权建立得比我们的好些"③。针对共产国际三大决议"完全是根据俄国条件写出来的"，"我们不懂得应该怎样把我们俄国的经验介绍给外国人"④ 的做法，列宁尖锐地批评把特殊经验加以绝对化的错误倾向，指明推进马克思主义民族化过程中必须准确地适应于各民族国家的差别。

显然，基于立足于本国实际、总结经验提升理论的根本路径，经典作家认为，把马克思主义与不同国家和民族的具体实际相结合，在社会主义运动的实践中发展马克思主义理论，深刻地揭示了马克思主义民族化具体"怎样化"的这一路径问题，即一切从实际出发，坚持理论联系实际，在实践中把马克思主义民族化的理论成果应用到各民族国家具体环境的斗争中去。

四　马克思主义民族化思想对当代中国的启示

"马克思主义民族化"是认识中国特色社会主义发展历程的"理论

---

① 《马克思恩格斯选集》第 4 卷，人民出版社 1995 年版，第 742 页。
② 《列宁选集》第 4 卷，人民出版社 1995 年版，第 290 页。
③ 《列宁全集》第 36 卷，人民出版社 1985 年版，第 147 页。
④ 《列宁全集》第 43 卷，人民出版社 1987 年版，第 286 页。

工具"。而在此历史进程中，对经典作家民族化思想的总结概括给我们当前深入推进中国特色社会主义现代化建设事业以深刻的启示。

（一）科学对待马克思主义，深刻领会马克思主义与时俱进的理论品质

科学对待马克思主义是推进马克思主义民族化的逻辑前提和立足点，是中国特色社会主义事业发展的客观要求，也是实现中国梦的必然要求。历经革命、建设和改革的伟大实践，中国共产党人深刻地认识到照搬照抄本本教条、因循守旧无益于我们事业的成功，唯有用发展着的、民族化了的马克思主义指导实践，才具有科学的理论和实际价值。可以说，马克思主义在中国的民族化进程中所创立的一系列理论成果，正是在不同时代下的中国共产党人深刻领悟了马克思主义与时俱进这一内在理论品质的基础上而实现的，这是我们事业能够不断推向胜利的重要经验总结。启示着我们在全面建设小康社会的新阶段，应深刻领会马克思主义的科学理论品质，以此与时俱进、开拓创新，不断推进马克思主义民族化。

（二）坚持实事求是的思想路线，大力推进实践和理论创新

注重实践和理论创新是马克思主义民族化的内在生命力，也是马克思主义永葆生机与活力的重要源泉。与道路、制度是在实践中形成和发展一样，马克思主义民族化的理论成果也是在实践中产生、发展和完善的。坚持实事求是的思想路线是我们党的思想方法和工作方法，是我们党领导的革命与建设事业不断前进的根本保证，是推动中国革命、建设和改革事业不断取得胜利的重要法宝。我国的社会主义实践形态是充满活力的进程，我们要在坚持实事求是、坚持实践第一的基础上不断推动中国特色社会主义理论形态体系的创新，从而解决回答好发展过程出现的许多新情况、新问题；同时坚持科学理论指导和理论创新的统一，在科学社会主义理论的指导下，促使中国特色社会主义在实践层面日益向广度和深度拓展，从而形成更加实用高效、更加合理完善的现实路径和政策制度。中国特色社会主义事业的发展要求我们必须毫不动摇地坚持实事求是思想路线，坚定不移地推进马克思主义与中国实际的结合，并

在不断总结实践经验的过程中推进理论创新，使之理论民族化。

（三）善于总结历史经验，坚定不移走自己的路

一切从实际出发是马克思主义认识论的根本要求和具体体现。任何科学的理论，都不是先验的，都是随实践发展并受实践检验。中国共产党人是善于总结历史经验、勇于开展批评与自我批评的光辉典范。马克思主义民族化进程中，中国特色革命和建设道路的开创都有很强的针对性。前者是对"俄国人的路"即"城市中心论"的一种反叛，而后者则是对"苏联模式"的间接批判，两条道路的开辟都体现了"走自己的道路"这一革命和建设的规律性认识。唯有走出自己的道路，才标志着马克思主义民族化的真正实现。对此，邓小平明确指出："中国革命的成功，是毛泽东同志把马克思列宁主义同中国的实际相结合，走自己的路。现在中国搞建设，也要把马克思列宁主义同中国的实际相结合，走自己的路……这是我们吃了苦头总结出来的经验。"[①] 深刻揭示了"走自己的路"这一马克思主义民族化的基本规律，对于我们当前推进中国特色社会主义事业有着深刻的启迪意义。

（四）准确把握国情，整合和弘扬民族优秀文化

准确把握基本国情是马克思主义民族化的前提要求和实现基础，也是进行革命与建设的客观要求。民主革命时期毛泽东曾指出："认清中国的国情，乃是认清一切革命问题的基本的根据。"[②] 马克思主义在中国的民族化进程中的两次结合都是在于科学把握了基本国情和时代特征，为此，在当代中国，必须立足于自身国情，彰显民族风格，注重从中国传统文化中汲取智慧和养分，从而使马克思主义更能体现中华民族精神、民族智慧、民族气派的特有优势。"中国有自己的特点，所以只能按中国的实际办事，别国的经验可以借鉴，但不能照搬。"[③] 中国优秀传统文化具有强大的兼容性和开放性，"以人为本"的科学发展观和"以和为贵"的和谐社会构建，渗透着传统文化的精华，体现出马克思

---

① 《邓小平文选》第3卷，人民出版社1993年版，第95页。
② 《毛泽东选集》第2卷，人民出版社1991年版，第663页。
③ 《邓小平文选》第3卷，人民出版社1993年版，第229页。

主义民族化的特色内涵。我们必须坚持以马克思主义为指导，融入民族传统，将中华民族的智慧和精神与当代社会主义的价值追求相互贯通，使之成为当代社会公民的行为准则和价值规范，以此推进马克思主义民族化。

（五）增强学习本领，坚持马克思主义民族化的正确方向

马克思主义民族化是马克思主义自身发展的内在要求，同时是解决当代中国实际问题的现实需要，也是推进中国特色社会主义伟大事业的重要指针和航标。马克思主义中国化是马克思主义民族化的形式之一，而对马克思主义在中国的民族化正确方向的把握，前提条件是必须深刻领会马克思主义的立场、观点和方法，要"认真学习马克思主义理论，这是我们做好一切工作的看家本领"[①]，加强学习型政党的建设，在某种意义上来说就是强调全党对马克思主义基本原理的深入理解，也只有通过不断学习和实践，才能增强我们前进道路上战胜一切困难、风险和挑战的能力。当前在全面建成小康社会的新阶段，我们要更加注重抓住经济社会发展重大问题，及时总结党领导人民创造的新鲜经验，解决时代提出的新课题，切实增强理论自觉和理论自信，通过作出新的理论概括来推进马克思主义民族化，从而不断谱写中国特色社会主义的新篇章，继续夺取中国特色社会主义事业的新胜利。

[①] 习近平：《在中央党校建校 80 周年庆祝大会暨 2013 年春季学期开学典礼上的讲话》（http：//cpc. people. com. cn/n/2013/0303/c64094-20656845. html）。

《德意志意识形态》中马克思需要理论在历史发展中的逻辑理路和现实意义

徐凤琴*

[摘　要] 需要范畴是马克思唯物史观的一个重要范畴。在《德意志意识形态》中，马恩着重从社会历史发展的角度谈需要，需要是社会发展的动力源泉。《德意志意识形态》标志着马克思需要理论的基本形成。需要与物质生产，需要与社会交往，需要与分工，需要与大工业及其所创造的世界市场和开创的世界历史等四个方面确证了"需要"这一唯物史观的重要范畴在促进社会历史发展过程中的逻辑理路。科学把握需要的结构和多层面性，深入分析我国需要的现实状况，协调和满足不同社会群体的利益和需要，构建和谐社会，共圆"中国梦"至关重要。马克思的需要理论对构建社会主义和谐社会和改善民生有着重要的现实意义。

[关键词] 德意志意识形态　需要　唯物史观　历史发展　逻辑理路　现实意义

个人需要的满足与发展推动着人类物质生产的不断发展，进而推动历史进步；个人对于生存需要和新的需要的持续需要之上的对社会交往的迫切需要的生产和满足，成为推动人类历史发展的根本动力。源于人的需要的有意识的物质劳动和精神劳动的分离，产生分工，社会分工的发展产生了私有制。而分工和利益的分化产生了阶级，从而导致了国家

---

*　徐凤琴，女，清华大学马克思主义学院博士研究生，研究方向为马克思主义与社会发展理论。

的出现。人类生产与交往方式的发展推动生产力的发展，产生了大工业，大工业创造了世界市场，开创了世界历史。在一定意义上讲，马恩正是通过人的需要与人类历史的互相阐释过程中来确证需要在人类社会历史发展过程的逻辑理路。社会主义社会和谐与否，取决于广大人民群众的基本需要能否得到满足。尤其在当前社会利益格局多元化、贫富差距进一步扩大、资源分配不均等问题凸显的背景下，如何协调与满足不同社会阶层和群体的需要，破解改革开放巨大成就背后民生改善的现实困境，实现最广大人民的根本利益，成为建设社会主义和谐社会，共圆"中国梦"的关键课题。

一 需要的满足与发展推动着人类物质生产的不断发展，进而推动历史进步

人作为一种对象性存在物，对外界对象始终存在着需要和欲求。需要是人为了满足自身的生存和发展而对外部存在的求索，人在有需要的时候，一定是有所指向的，会产生一种追求外部对象的强烈意向。人根据自身的需要进行生产。人的现实性是围绕其物质生活需要展开的生产活动。物质生产劳动是人的一切活动的基石和前提，是历史发展的出发点。物质生活资料的生产，这是一切人类生存的第一个前提，也就是一切历史的第一个前提。《德意志意识形态》中，马克思认为人的需要是人类历史的第一个前提。"全部人类历史的第一个前提无疑是有生命的个人的存在。因此第一个需要确认的事实就是这些个人的肉体组织以及由此产生的个人对其他自然的关系。"① "个人对其他自然的关系"也就是人们为了维持自己的生命存在和生存而必须与自然界进行的交换关系，即人们的需要。

"这个前提是：人们为了能够'创造历史'，必须能够生活。但是为了生活，首先就需要吃喝住穿以及其他一些东西。因此第一个历史活动就是生产满足这些需要的资料，即生产物质生活本身，而且，这是人们从几千年前直到今天但是为了维持生活就必须每日每时从事的历史活

---

① 《马克思恩格斯文集》第 1 卷，人民出版社 2009 年版，第 519 页。

动，是一切历史的基本条件。"① 可见，人的需要是人的生产活动的原始动力和内在目的，是人的生产活动的内在根据和归宿，由于人的需要导致的生产活动是人类历史发生发展的基本动力。不仅如此，需要还是人的一切活动的动力。"任何人如果不同时为了自己的某种需要和为了这种需要的器官而做事，他就什么也不能做。"② 因此，所谓历史活动的开始就是生产满足这些需要的资料，即生产物质生活本身，生产实践活动是满足人的需要的首要方式。物质生活的具体内容就是为了满足生活需要而进行的生产活动。从宏观看，人类历史的存在与发展离不开生产实践活动；从微观看，生产实践是满足个体需要进而生存和发展的常态。因此"任何历史观的第一件事情就是必须注意上述基本事实的全部意义和全部范围，并给予应有的重视"③。

人本身的存在与发展，总是体现和表征于人的需要，并且经由需要的出现和解决而得到相应的解决。只有满足了人的需要，人的生命活动才能得以延续和发展。要满足人的需要就得进行物质生产，而且一刻也不能停止，在批判费尔巴哈时，马恩指出，连续不断的生产活动"是整个现存的感性世界的基础，它哪怕只中断一年，费尔巴哈就会看到，不仅在自然界将发生巨大的变化，而且整个人类世界以及他自己的主观能力，甚至他本身的存在也会很快就没有了"④。无论在哪种社会形态下，人都不得不从事着这样的生产活动。

人的需要是一个由"第一需要"与"新的需要"循环往复，不断前进、上升的矛盾运动过程。人毕竟不是动物，不会仅仅满足于自然的本能需要，人正是通过自身创造性的活动来满足自身的需要同时，创造出人的新的需要的。"已经得到满足的第一个需要本身、满足需要的活动和已经获得为满足需要用的工具又引起新的需要。"⑤ 人的需要具有无限性、多样性和广泛性。人自己在他的生活中自己创造出来的新需要也构成了第一个历史活动。马克思把人的诸多需要中的衣、食、住、行

---

① 《马克思恩格斯文集》第 1 卷，人民出版社 2009 年版，第 531 页。
② 《马克思恩格斯全集》第 3 卷，人民出版社 1972 年版，第 286 页。
③ 《马克思恩格斯文集》第 1 卷，人民出版社 2009 年版，第 531 页。
④ 同上书，第 529 页。
⑤ 同上书，第 531 页。

的需要称为"第一需要",第一需要的满足必然引起"新的需要"产生,人类社会早已脱离了满足衣、食、住、行"第一需要"而进行生产的阶段了。"当然,物质生活的这样或那样的形式,每次都取决于已经发达的需求,而这些需求的产生,也像它们的满足一样,本身是一个历史过程,这种历史过程在羊或狗那里是没有的。"① 因而成为人类社会历史发展的前提。人的需要是动态发展的,是通过人自己的生命活动来满足的。新的需要的变化和发展本身就是一个历史过程,之前需要的满足总是蕴含着之后更多新的需要的出现和发展,由此新的生产活动也就开始了,如此反复以至无穷。因而建立在第一需要基础之上的新的需要,是推动人类社会发展进步的本质动力。新的需要以其多样性特征构建出人类历史和社会形态的多样性。

人根据自身的需要进行生产,所谓的人化自然和社会,其实也就是人根据自己的需要改造自然和社会的过程,因而也最终表现为人的需要和自然之间,人的需要和社会之间的联系。"这种联系是由需要和生产方式决定的,它和人本身有同样长久的历史;这种联系不断采取新的形式,因而就表现为'历史'。"②

人的需要的满足和发展的过程,也可以说是人的历史形成和发展的过程。"人的历史不能简单地视为是一个时间概念,历史不过是由人的需要和生产方式决定的社会联系不断'采取新的形式'的表现。"③ 也是人类历史的发展过程。因此,在唯物史观看来,人类的第一个具有历史意义的行动,是生产满足人类自身需要的"物质生活本身",而非意识或语言。

二 个人对社会交往的迫切需要的生产和满足,成为推动人类历史发展的根本动力

个人的第一需要和新的需要不断地被生产和满足,新的生产方式、新的物质生产条件也被生产出来,同时也生产建立起了新的人际关系和

① 《马克思恩格斯选集》第 1 卷,人民出版社 1995 年版,第 123 页。
② 《马克思恩格斯文集》第 1 卷,人民出版社 2009 年版,第 533 页。
③ 林剑:《马克思"新唯物主义"哲学革命的思与辩》,《哲学研究》2007 年第 5 期。

广泛的交往关系，甚至新的哲学、宗教、艺术等观念世界也被生产出来，而法、道德、宗教等的产生也来自于统治阶级的需要。其中家庭就是人类生产活动所创造出来的人与人之间的关系，是初始的社会关系的发展类型，"每日都在重新生产自己生命的人们开始生产另外一些人，即繁殖。这就是夫妻之间的关系，父母和子女之间的关系，也就是家庭。这种家庭起初是唯一的社会关系"①。

由个人的需要引起的交往活动和生产是互相作用的，《德意志意识形态》中，马恩批判费尔巴哈的"直观论"时指出："他没有看到，他周围的感性世界决不是某种开天辟地以来就直接存在的、始终如一的东西，而是工业和社会状况的产物，是历史的产物，是世世代代活动的结果，其中每一代都立足于前一代所达到的基础上，继续发展前一代的工业和交往，并随着需要的改变而改变它的社会制度。甚至连最简单的'感性确定性'的对象也只是由于社会发展、由于工业和商业交往才提供给他的。"②

随着需要的不断的动态发展和生产的社会化，由家庭发展而来的丰富多元的人际关系、社会交往关系也就产生和发展了。"后来，当需要的增长产生了新的社会关系而人口的增多又产生了新的需要的时候，这种家庭便成为从属的关系了。"③ 也就是说，个人持续需要物质生产生活资料，但也迫切需要人际和社会交往。人的全部活动的动因和依据来源于无法泯灭的个人的需要，个人的需要也是人们之间的社会联系和社会关系变化发展的根源。

个人对于家庭、社会人际交往的需要，从而把一个个个别的人关联成统一的整体，人类社会一切需要的生产和满足就成为推动人类历史发展的根本动力。或者说，超越了人的"第一需要"的需要，其产生、发展、满足方式都是在一定的社会交往形式的基础上进行，都不能绕开交往社会交往而单独进行。伴随着生产力的发展，需要不断促使人们扩大和改进交往方式，以适应现实的需要，从而推动历史不断向前发展。

---

① 《马克思恩格斯文集》第 1 卷，人民出版社 2009 年版，第 532 页。
② 同上书，第 528 页。
③ 同上书，第 532 页。

三 社会分工的发展产生了私有制，分工和利益的分化产生了阶级，导致国家出现

　　人的需要的产生和满足的过程，都是人的一种有意识的活动，与满足人的需要的实践活动密不可分。由于生产力的逐步提高，随着需要而产生的交往导致语言的需要，"语言也和意识一样只是由于需要，由于和他人交往的迫切需要才生产的"①，使人的思维能力得到极大发展，为人类需要的产生、发展和实现提供了主观条件。语言和意识既是社会交往的产物，也是其工具，二者在生产劳动过程中基于人的需要产生。尽管意识一开始就是社会的产物，但是意识"起初只是对直接的可感知的环境的一种意识，是对处于开始意识到自身的个人以外的其他人和其他物的狭隘联系的一种意识。同时，它也是对自然界的一种意识，自然界起初是作为一种完全异己的、有无限威力的和不可制服的力量与人们对立的，人们同自然界的关系完全象动物同自然界的关系一样，人们就象牲畜一样慑服于自然界，因而，这是对自然界的一种纯粹动物式的意识（自然宗教）"②。在这一时期，"这是纯粹畜群的意识，这里，人和绵羊不同的地方只是在于：他的意识代替了本能，或者说他的本能是被意识到了的本能。"③ 真正的人的自我意识的形成是由于分工。

　　"由于生产效率的提高，需要的增长以及作为二者基础的人口的增多（这种绵羊意识或部落意识获得了进一步的发展和提高）。与此同时分工也发展起来。分工起初只是性行为方面的分工，后来是由于天赋（例如体力）、需要、偶然性等等才自发地或'自然地'形成的分工。分工只是从物质劳动和精神劳动分离的时候起才真正成为分工。"④ 然而此时的真正的分工还是比较低级形式的分工。城市和乡村的分离是物质劳动和精神劳动的最大一次分工。"城乡之间的对立是随着野蛮向文明的过渡、部落制度向国家的过渡、地域局

---

① 《马克思恩格斯文集》第 1 卷，人民出版社 2009 年版，第 533 页。
② 同上书，第 533—534 页。
③ 同上书，第 534 页。
④ 同上。

限性向民族的过渡而开始的，它贯穿着文明的全部历史直至现在（反谷物法同盟）。——随着城市的出现，必然要有行政机关、警察、赋税等等，一句话，必然要有公共机构，从而也就必然要有一般政治。"①

不过，当分工一出现后，每个人都被限定在一定的特殊的活动范围内，"社会活动的这种固定化，我们本身的产物聚合为一种统治我们、不受我们控制、使我们的愿望不能实现并使我们的打算落空的物质力量，这是迄今为止历史发展中的主要因素之一"②。"受分工制约的不同个人的共同活动产生了一种社会力量，即成倍增长的生产力。"③ "一个民族的生产力发展的水平，最明显地表现于该民族分工的发展程度。任何新的生产力，只要它不是迄今已知的生产力的单纯的量的扩大（例如开垦土地），都会引起分工的进一步发展。"④ 因而，"分工是迄今为止历史的主要力量之一"⑤。

"与这种分工同时出现的还有分配，而且是劳动及其产品的不平等的分配（无论在数量上或质量上）；因而产生了所有制。"⑥ 在《德意志意识形态》中马克思和恩格斯考察了部落所有制、古典古代的公社所有制和国家所有制、封建的或等级的所有制等三种不同的所有制。马恩指出，不同所有制形式是生产力和分工发展的结果，与现实的社会需要密切相关。

社会分工的发展产生了私有制。"城乡之间的对立是个人屈从于分工、屈从于他被迫从事的某种活动的最鲜明的反映，这种屈从把一部分人变为受局限的城市动物，把另一部分人变为受局限的乡村动物，并且每天都重新产生二者利益之间的对立。在这里，劳动仍然是最主要的，是凌驾于个人之上的力量；只要这种力量还存在，私有制也就必然会存在下去。"⑦ 马克思、恩格斯指出，"分工和私有制是相等的表达方式，

<hr>

① 《马克思恩格斯文集》第 1 卷，人民出版社 2009 年版，第 556 页。
② 同上书，第 557 页。
③ 同上书，第 537—538 页。
④ 《马克思恩格斯选集》第 1 卷，人民出版社 1995 年版，第 68 页。
⑤ 《马克思恩格斯文集》第 1 卷，人民出版社 2009 年版，第 551 页。
⑥ 同上书，第 536 页。
⑦ 同上书，第 556—557 页。

对同一件事情，一个是就活动而言，另一个是就活动的产品而言"①。
"分工从最初起就包含着劳动条件——劳动工具和材料——的分配，也
包含着积累起来的资本在各个所有者之间的劈分，从而也包含着资本和
劳动之间的分裂以及所有制本身的各种不同的形式。分工越发达，积累
越增加，这种分裂也就发展得越尖锐。劳动本身只能在这种分裂的前提
下存在。"②

　　随着分工的发展，也"产生了单个人的利益或单个家庭的利益与
所有互相交往的个人的共同利益之间的矛盾"③，即产生了特殊利益与
共同利益的矛盾，正是由于有这种矛盾，"共同利益才采取国家这种与
实际的单个利益和共同利益相脱离的独立形式，同时采取虚幻的共同体
形式"④。分工的出现和利益的分化产生了不同的阶级，从而导致了国
家的出现。"在这里，居民第一次划分为两大阶级，这种划分直接以分
工和生产工具为基础。"⑤"虚幻的共同体的形式，而这始终是在每一个
家庭集团或部落集团中现有的骨肉联系、语言联系、较大规模的分工联
系以及其他利益的联系的现实基础上，特别是在我们以后将要阐明的已
经由分工决定的阶级的基础上产生的，这些阶级是通过每一个这样的人
群分离开来的，其中一个阶级统治着其他一切阶级。"国家实际上是分
工和私有制必然造成的社会现象。在共同利益与个人的特殊利益的矛盾
冲突中，"这些始终真正地同共同利益和虚幻的共同利益相对抗的特殊
利益所进行的实际斗争，使得通过国家这种虚幻的'普遍'利益来进
行实际的干涉和约束成为必要"⑥。

四　人类生产与交往导致大工业的产生，大工业创造了世界市场，开创了世界历史

　　随着生产力的发展，人类需要和社会交往的扩大，分工也随之出

---

①　《马克思恩格斯文集》第 1 卷，人民出版社 2009 年版，第 536 页。
②　同上书，第 579 页。
③　同上书，第 536 页。
④　同上。
⑤　同上。
⑥　同上书，第 537 页。

现。分工的进一步扩大是生产和交往的分离，商人随之形成，商人势必要同邻近地区以外的地区建立贸易联系，而这取决于"现有的交通工具的情况，取决于政治关系所决定的沿途社会治安状况（大家知道，整个中世纪，商人都是结成武装商队行动的）以及取决于交往所及地区内相应的文化水平所决定的比较粗陋或比较发达的需求"①。在前资本主义社会，由于地理条件和生产力的限制，人们之间的交往还不具备普遍性，人类还处于世界历史的前史阶段。"随着美洲和通往东印度的航线的发现，交往扩大了，工场手工业和整个生产运动有了巨大的发展……冒险者的远征，殖民地的开拓，首先是当时市场已经可能扩大为而且日益扩大为世界市场，——所有这一切产生了历史发展的一个新阶段。"② 新航路的开辟打破了各个文明区域间孤立、分散、隔绝的状态，各个地区和民族之间的交往和联系日益紧密，为世界市场的形成奠定了基础，"这种超过了生产力的需求正是引起中世纪以来私有制发展的第三个时期的动力，它产生了大工业——把自然力用于工业目的，采用机器生产以及实行最广泛的分工"③。"大工业创造了交通工具和现代的世界市场，控制了商业。"④

世界上越来越多的地方被纳入世界市场之中，资本主义世界市场进一步扩大。"单个人随着自己的活动扩大为世界历史性的活动，越来越受到对他们来说是异己的力量的支配（他们把这种压迫想象为所谓世界精神等等的圈套），受到日益扩大的、归根结底表现为世界市场的力量的支配，这种情况在迄今为止的历史中当然也是经验事实。"⑤ 世界市场进一步加强了世界各国各地区间的相互联系。大工业引发的世界市场所带来的完全不同于以往的颠覆性的巨大作用，极大地改变了世界格局和历史发展进程。世界市场形成后，人们需要的满足方式发生了根本性的变化，"大工业首次开创了世界历史，因为它使每个文明国家以及这些国家中的每一个人的需要的满足都依赖于整个世界，因为它消灭了

---

① 《马克思恩格斯文集》第 1 卷，人民出版社 2009 年版，第 559 页。
② 同上书，第 562 页。
③ 同上书，第 565 页。
④ 同上书，第 566 页。
⑤ 同上书，第 541 页。

各国以往自然形成的闭关自守的状态。……它还把自然形成的关系变成货币的关系。它建立了现代的大工业城市。……［它］造成了大量的生产力"①。世界交往也由此而使大工业发达的国家极大地影响着那些还是非工业性质的国家，"大工业产生的无产者领导着这个运动并且引导着所有的群众，还因为没有卷入大工业的工人，被大工业置于比在大工业做工的工人更糟的生活境遇。同样，大工业发达的国家也影响着那些或多或少是非工业性质的国家，因为那些国家由于世界交往而被卷入普遍竞争的斗争中"②。因此，可以说，"只有当交往成为世界交往并且以大工业为基础的时候，只有当一切民族都卷入竞争斗争的时候，保持已创造出来的生产力才有了保障"③。

可见，历史的发展，特别是世界历史的形成与发展并不是从来就有的，是人类生产与交往方式的发展所推动的，是人类社会交往的普遍发展的产物。"大工业到处造成了社会各阶级间相同的关系，从而消灭了各民族的特殊性。"④

"各个相互影响的活动范围在这个发展进程中越是扩大，各民族的原始闭关自守状态由于日益完善的生产方式、交往以及因交往而自然形成的不同民族之间的分工消灭得越是彻底，历史也就越是成为世界历史。"⑤ 然而这一过程并不是人的所谓意识或观念行动的结果，马克思指出："历史向世界历史的转变这一实际过程，不是'自我意识'、世界精神或者某个形而上学幽灵的某种纯粹的抽象行动，而是完全物质的、可以通过经验证明的行动，每一个过着实际生活的、需要吃、喝、穿的个人都可以证明这种行动。"⑥

马克思同时指出，大工业的发展造就了真正同整个旧世界脱离而又对立的无产阶级，"大工业却创造了这样一个阶级，这个阶级在所有的民族中都具有同样的利益，在它那里民族独特性已经消灭，这是一个真

---

① 《马克思恩格斯文集》第 1 卷，人民出版社 2009 年版，第 566 页。
② 同上书，第 567 页。
③ 同上书，第 560 页。
④ 同上书，第 566—567 页。
⑤ 同上书，第 540—541 页。
⑥ 同上书，第 541 页。

正同整个旧世界脱离而同时又与之对立的阶级。大工业不仅使工人对资本家的关系，而且使劳动本身都成为工人不堪忍受的东西"①。他们被剥夺了有限满足自己需要的可能性，从而限于绝境，这种状况的存在以世界市场的存在为前提，"无产阶级只有在世界历史意义上才能存在，就像共产主义——它的事业——只有作为'世界历史性的'存在才有可能实现一样。而各个人的世界历史性的存在，也就是与世界历史直接相联系的各个人的存在"②。由于无产阶级辛勤的劳动无法满足自己简单的需要，但又无法控制自身的生活条件即劳动条件以及社会的全部生存条件，而且在本阶级范围内也没有机会获得转为另一个阶级的各种条件，他们只能选择革命。"革命之所以必需，不仅是因为没有任何其他的办法能够推翻统治阶级，而且还因为推翻统治阶级的那个阶级，只有在革命中才能抛掉自己身上的一切陈旧的肮脏东西，才能胜任重建社会的工作。"③ 从而指明了无产阶级推翻资产阶级，建立新社会的途径。

马恩在《德意志意识形态》中，清晰地阐明了自己的完全不同于以往的唯心史观根本不同的历史观，"这种历史观就在于：从直接生活的物质生产出发阐述现实的生产过程，把同这种生产方式相联系的、它所产生的交往形式即各个不同阶段上的市民社会理解为整个历史的基础，从市民社会作为国家的活动描述市民社会，同时从市民社会出发阐明意识的所有各种不同的理论产物和形式，如宗教、哲学、道德等等，而且追溯它们产生的过程"④。这表明唯物史观有着鲜明的现实审视，这是一种全新的与以往唯心主义历史观根本不同的历史观，"它不是在每个时代中寻找某种范畴，而是始终站在现实历史的基础上，不是从观念出发来解释实践，而是从物质实践出发来解释各种观念形态"⑤。

综观《德意志意识形态》全文，马克思以人的需要为出发点，将自己的历史观奠基于人的需要以及由需要而引起的生产劳动是一切人类历史活动的前提和动力这一基本事实之上，从而创立了科学的唯物

① 《马克思恩格斯文集》第 1 卷，人民出版社 2009 年版，第 567 页。
② 同上书，第 539 页。
③ 同上书，第 543 页。
④ 同上书，第 544 页。
⑤ 同上。

史观，使得需要范畴在历史上的应有之义获得了最终的确认，逐层逐步确证了需要理论在人类社会历史发展中的逻辑理路，使之不耽于虚幻。正如恩格斯所指出的那样：“历史破天荒第一次被置于它的真正基础上；一个很明显的而以前完全被人忽略的事实，即人们首先必须吃、喝、住、穿，就是说首先必须劳动，然后才能争取统治，从事政治、宗教和哲学等等，——这一很明显的事实在历史上的应有之义此时终于获得了承认。”①

五　马克思需要理论的现实意义

马克思从现实的人的需要出发，在社会历史逻辑中把握了现实需要的多层面性，人的存在是一切活动的前提，因而必须从事物质资料的生产来满足人的生存需要，而已经得到满足的第一个生存需要的本身、活动和已经获得的工具又引起新的需要，生产力得到发展。而以人口的繁殖为基础的需要则是交往，此时，家庭关系退居次要和从属地位，因此人具备了自然人和社会人的双重角色，随之而来的个人与他人之间的和谐问题成为开始需要解决的问题。从马克思对需要理论的阐述中，人的需要是动态的，不断发展变化的，具有无限丰富性。人的需要是社会发展的源泉，正是这种需要与满足需要的物质生产过程推动了整个社会的发展。所以，只有最大限度地协调并满足和实现每个社会成员的需求，把握各阶层利益主体的需要，实现人的全面发展，这样的社会才是真正意义上的和谐社会，而马克思的需要理论为我们构建社会主义和谐社会，改善民生提供了科学的理论关照和指导。

满足广大人民群众的基本需要，是建设和谐社会的前提。需要表现为对利益的追求，是利益的前提和基础。“人们奋斗所争取的一切都同他们的利益有关。”② “利益和谐就是要满足人们在现实生活中的经济、政治、文化等各方面的合理需求。利益和谐是社会和谐的基础和根

---

① 《马克思恩格斯选集》第 3 卷，人民出版社 1995 年版，第 335—336 页。
② 《马克思恩格斯全集》第 1 卷，人民出版社 1972 年版，第 82 页。

本。"① 社会主义和谐社会，要求社会利益和个人利益的一致，确保现实的人的主体地位，否则，社会的和谐就失去了现实的根基。目前，转型社会中，各阶层的需要不尽相同，利益诉求也日趋多样化，严重影响了不同阶层主体利益的平衡。这种不平衡如果长期存在，不能合理地解决，人的需要或一个阶级、阶层的需要长期无法得到满足时，就会长期处于不满意和心理失衡状态，就会产生和激化社会矛盾，引发社会冲突，势必会影响社会的稳定与和谐。目前，我国群体性事件的数量和规模有所增长就说明了这个问题。

随着我国改革开放的深入和市场经济的发展，当前，地区经济发展失衡，城乡资源分配不均，社会利益格局多元化，贫富差距进一步扩大，各种社会冲突等新情况，为我们构建和谐社会带来了前所未有的复杂性。和谐还是冲突，在中国这一问题从来没有像今天这样现实和紧迫。② 而上述矛盾同时也包含着丰富的民生诉求。当改革步入"深水区"、"攻坚期"，百姓对民生的诉求也向着更高层次、更多元、更深刻和更全面的方向发展。民生问题说到底，就是最广大人民群众的根本需要问题。国家的强盛在于民生。党的十八大报告作出庄严承诺，"努力办好人民满意的教育，推动实现更高质量的就业，千方百计增加居民收入，统筹推进城乡社会保障体系建设，提高人民健康水平，确保到2020 年全面建成小康社会"。

"人民对美好生活的向往，就是我们的奋斗目标。"这是当前最响亮的政治宣言。实现中华民族伟大复兴的中国梦，是以习近平为总书记的新一届中央领导集体对全体人民的庄重承诺，是全党全国各族人民共同的奋斗目标。习近平说，中国梦，是国家梦，民族梦，归根到底是人民的梦。"实现中华民族伟大复兴的中国梦，就是要实现国家富强、民族振兴、人民幸福。"中国梦的出发点、落脚点是人民，是要实现好、维护好、发展好最广大人民的根本利益，进而提升全社会的幸福指数，体现了以人为本、执政为民的根本价值，从根本上讲，就是要进一步提

---

① 王家芬：《利益和谐是社会和谐的根本》，《求实》2008 年第 12 期。
② 刘长江：《马克思主义的需要理论与社会主义和谐社会》，《社会主义研究》2006 年第 2 期。

升社会和谐的水平。"中国梦"凝聚着亿万人民对美好生活的需求和期盼，对民族复兴的希望。而持续改善民生，不只要解决人民群众的基本需要问题，更是一个事关全局、科学发展的大问题，切实解决好人民群众最关心、最直接、最现实的利益问题，重点解决社会弱势群体的基本生存和发展问题等，"必须在经济发展的基础上，更加注重社会建设，着力保障和改善民生，推进社会体制改革，扩大公共服务，完善社会管理，促进社会公平正义，努力使全体人民学有所教、劳有所得、病有所医、老有所养、住有所居，推动建设和谐社会"，都彰显着党和政府浓浓的民生情怀。有了道路、理论、制度支撑的"中国梦"距离我们不再遥远，发展的成果一定能更好地惠及百姓，充分满足广大人民群众的多样化需求和利益，它是一定可以实现的美好未来。

二

马克思主义与社会主义核心价值观

以社会主义荣辱观为主线
加强大学生廉洁教育[*]

于　静^{**}

[摘　要] 道德的腐败是最大的腐败，是政治腐败、经济腐败、吏制腐败等一切腐败的根源。社会主义荣辱观是对社会主义思想道德体系全面系统、准确通俗的表达。社会主义荣辱观作为高校思想政治教育的重要内容，有助于培养大学生正确的价值观念和高尚的道德情操。以社会主义荣辱观为主线加强大学生廉洁教育，要坚持以人为本，走出"两个误区"，避免"四种错觉"。

[关键词] 社会主义核心价值体系　社会主义荣辱观　大学生廉洁教育

《教育部关于在大中小学全面开展廉洁教育的意见》（教思政〔2007〕4号）指出，大学生廉洁教育"要坚持以邓小平理论和'三个代表'重要思想为指导，全面落实科学发展观，切实贯彻《建立健全教育、制度、监督并重的惩治和预防腐败体系实施纲要》精神，以社会主义核心价值体系为根本，以社会主义荣辱观为主线，遵循学校教育教学规律和青少年学生成长成才规律，突出重点，整体推进，把廉洁教育作为实施素质教育的重要内容，促进青少年学生健康成长，努力培养中国特色

---
　　* 基金项目：江西省教育科学"十二五"规划重点课题（11ZD060）。
　　** 于静（1977—　）女，辽宁铁岭人，南昌航空大学马克思主义学院讲师，"毛泽东思想和中国特色社会主义理论体系概论"教研部副主任，武汉大学访问学者。研究方向：社会主义意识形态与大学生思想政治教育。

社会主义事业合格建设者和可靠接班人"①。分清是非荣辱，明辨善恶美丑，以社会主义荣辱观为主线，加强大学生廉洁教育是高校思想政治教育工作的一项重要内容，做好这一工作对于筑牢大学生思想道德防线，提高拒腐防变能力，具有十分重要的现实意义。

一   加强大学生廉洁教育的必要性

大学生是国家未来的建设者、党的事业的接班人，是社会公职人员的主要来源，其思想政治素质、廉洁意识与廉洁观念，直接关系到党和国家的前途命运，关系到我们党执政地位的巩固。"新加坡前总理李光耀先生曾说，中国在 21 世纪的发展变化取决于三个条件，一是中国的下一代有没有信仰，二是中国的下一代有没有责任感，三是中国的下一代能否实现廉政。"② 虽然目前我国大学生群体主流积极健康向上，但随着对外开放的进一步扩大，国际国内敌对势力利用各种途径加紧进行思想文化渗透，企图从思想上对大学生进行"西化"、"分化"，通过互联网等新兴媒体传播有害信息，腐蚀大学生的心灵，严重危害大学生的健康成长。同时随着物质生活水平的不断提高，来自社会各方面诱惑的增多，拜金主义、享乐主义、极端个人主义和以权谋私等消极腐败现象，给大学生的成长也带来不可忽视的负面影响。这就迫切要求我们在大学生思想政治教育工作中，大力加强高校的廉政建设和大学生廉洁教育工作，把培养大学生廉洁素质纳入大学生思想政治教育的全过程，使大学生建立正确的廉洁认知，培养健全的人格，从而形成"廉洁光荣、腐败可耻"的行为价值取向，树立正确的人生观、价值观。使大学生走上社会以后，面对权力、金钱以及其他各种利益诱惑时，能够自我约束，自我控制。

---

① 《教育部关于在大中小学全面开展廉洁教育的意见》（2007 年 3 月 27 日），2007 年 3 月 30 日（http://www.gov.cn/zwgk/2007-03/30/content_ 566681. html）。

② 王德芳、周仁华：《以廉洁教育推进廉政文化建设》，《学校党建与思想教育》2010 年第 36 期。

"大学阶段廉洁教育的目标和主要内容是：以社会主义核心价值体系为引领和主导，加强法制和诚信教育，加强社会公德、职业道德和家庭美德教育，组织学习党和国家关于党风廉政建设和反腐败方面的方针政策、法律法规等，引导大学生树立报效祖国、服务人民的信念，不断提高大学生的道德自律意识，增强拒腐防变的良好心理品质，逐步形成廉洁自律、爱岗敬业的职业观念。"① 社会主义荣辱观是对社会主义思想道德体系全面系统、准确通俗的表达。作为社会主义核心价值体系的基础，社会主义荣辱观解决的是人们行为规范的问题，它以基本行为规范的方式涵盖了社会主义核心价值体系其他三个方面的内容并使之具体化，让社会主义核心价值体系落到实处，有了依托，人们践行有了遵循。在高校培养大学生"以廉为荣，以贪为耻"的荣辱观念和廉洁自律的思想意识，使其树立正确的人生观、价值观、权力观，有利于从源头上预防腐败，从根本上铲除腐败，是巩固党的执政基础的关键。

二　以社会主义荣辱观为主线加强大学生廉洁教育

"荣辱观是一种最基本的伦理价值观念，是对人们是否履行一定社会义务和是否表现为应当的行为的道德价值认识和评价。"② 荣辱观是一个历史范畴。恩格斯曾明确指出："每个社会集团都有它自己的荣辱观。"③ 胡锦涛在 2006 年 3 月 4 日看望出席全国政协十届四次会议的委员时提出了社会主义荣辱观，即以热爱祖国为荣，以危害祖国为耻；以服务人民为荣，以背离人民为耻；以崇尚科学为荣，以愚昧无知为耻；以辛勤劳动为荣，以好逸恶劳为耻；以团结互助为荣，以损人利己为耻；以诚实守信为荣，以见利忘义为耻；以遵纪守法为荣，以违法乱纪为耻；以艰苦奋斗为荣，以骄奢淫逸为耻。树立正确的荣辱观，是形成

---

① 《教育部关于在大中小学全面开展廉洁教育的意见》（2007 年 3 月 27 日），2007 年 3 月 30 日（http://www.gov.cn/zwgk/2007-03/30/content_566681.html）。
② 《树立社会主义荣辱观学习问答》，人民出版社 2006 年版，第 2 页。
③ 《马克思恩格斯全集》第 39 卷，人民出版社 1974 年版，第 251 页。

良好社会风气的重要基础。只有分清是非荣辱，明辨善恶美丑，一个人才能形成正确的价值判断，一个社会才能形成良好的道德风尚。以社会主义荣辱观为主线加强大学生廉洁教育侧重于从"知"到"信"的教育，侧重于传授廉政知识，澄清是非观念，树立敬廉崇洁意识，增强敬廉崇洁信念，培养健全的人格，从而使大学生走上工作岗位以后面对金钱、权利和各种诱惑能够自我约束、自我控制，达到知与行的统一。

（一）"以热爱祖国为荣、以危害祖国为耻"，加强大学生爱国敬业教育

在当今中国，热爱祖国是首要的、基本的道德要求，是与集体主义、社会主义相一致，并且贯穿于家庭、社会、职业公民责任意识中的共同价值取向。《爱国主义教育实施纲要》指出："爱国主义历来是动员和鼓舞中国人民团结奋斗的一面旗帜，是推动我国社会历史前进的巨大力量，是全国各族人民共同的精神支柱。"① 爱国主义教育会使大学生摆正"国"与"家"的关系，树立以国家利益为重，以热爱祖国为荣、以危害祖国为耻的荣辱观念。对学生进行爱国主义教育的实践要求是敬业。大学生的敬业精神，在校期间表现为热爱专业，刻苦学好知识，打好基础。毕业后表现为在工作岗位上勤勤恳恳、兢兢业业，做一名有益于人民、有益于国家的劳动者。

（二）"以服务人民为荣、以背离人民为耻"，加强大学生服务意识的培养

为人民服务是马克思主义的基本思想，是中国共产党立党建党的宗旨。高校讲廉政、讲职业道德，教师必须做到为人师表，以身作则。今天的大学生，明天即将投身于改革和建设之中，能否全心全意为人民服务，很大程度上取决于服务意识的培养。加强大学生服务意识的培养要以正面教育为主，理直气壮地宣传党的路线、方针政策，对那些廉洁奉公、始终坚持为人民服务的人和事要敢于或善于宣传，对不正之风要敢

---

① 《中共中央关于印发〈爱国主义教育实施纲要〉的通知》（1994 年 8 月 22 日），2012年 1 月 1 日（http://news. xinhuanet. com/ziliao/2005-03/16/content_ 2705546. html）。

于揭露。要把服务人民与服务社会的责任感教育结合起来，把个人价值实现与对国家责任统一起来，把个人理想信念实现与对社会责任统一起来，使当代大学生肩负起反腐倡廉的责任，树立起廉洁信念。把当家做主精神与当代民本精神教育结合起来，培育当代大学生一切依靠人民、一切为了人民、一切服务于人民的民本精神。

（三）"以崇尚科学为荣、以愚昧无知为耻"，加强大学生理想信念教育

崇尚科学就是尊重客观规律，用科学的思想观察和认识问题，用科学的方法处理和解决问题。崇尚科学要求大学生树立科学的世界观和历史观，坚定社会主义和共产主义理想信念，远离迷信和无知。理想信念是个人奋斗的动力，科学的理想信念是正确行为的先导，错误的理想目标会导致人走向犯罪的深渊。"以崇尚科学为荣、以愚昧无知为耻"对大学生进行廉洁教育主要是帮助大学生把科学理念与科学世界观统一起来，按科学规律办事，学会并坚持用科学态度、科学方法来看待社会主义事业、自身职责和人生价值，使他们牢固树立科学的地位观、金钱观和权利观，从而在未来的工作中能够牢记自身职责，踏踏实实工作，能够经得起金钱、权利和各种诱惑。

（四）"以团结互助为荣、以损人利己为耻"，加强大学生集体主义教育

"以团结互助为荣、以损人利己为耻"高度概括了社会主义社会人际关系的基本特征和要求，其核心是大力倡扬"团结互助"的集体主义精神。在大学生廉洁教育中推崇集体主义教育表现在公私关系上，强调个人对集体的义务和责任，不损公肥私；表现在义利关系上，强调以义为上，不见利忘义。改革开放的今天，中国的成就世界瞩目，中华民族正走在和平崛起的道路上。然而，物质洪流冲决了有些人的道德堤防，拜金主义、享乐主义，为个人私欲损害他人、国家利益，因贪污腐败、自甘堕落而自毁前程的实例并不鲜见。当代大学生坚持以团结互助为荣、以损人利己为耻，必须以现实为鉴，以他人为鉴，明是非、知荣耻，公心为上，以集体利益为重。

（五）"以辛勤劳动为荣、以好逸恶劳为耻"，加强大学生劳动观教育

辛勤劳动是中华民族的传统美德。劳动观在不同的社会历史条件下有着不同的内涵，不同的阶级对劳动有着不同的态度。在私有制社会里，劳动产生了异化。广大劳动人民以自己的劳动发展了社会生产力，创造了巨大的社会财富，却不能摆脱贫困命运，因而也就不能充分表现出对劳动的热爱，使作为劳动者本性的道德品质受到压抑。劳动成为光荣的道德活动，是在社会复归公有制经济社会以后。生产资料公有制的建立，消灭了劳动异化现象，社会成员以主人翁姿态自觉参加劳动，使劳动成为衡量个人品质完善程度的重要尺度。改革开放以来，多种经济成分并存的状况决定了分配方式的多样性，公有制经济的主体地位使劳动成为光荣的事业。加强大学生劳动观教育要求大学生热爱劳动，尊重劳动，牢固树立以辛勤劳动为荣、以好逸恶劳为耻的荣辱观念，反对歧视劳动、反对好逸恶劳、反对不劳而获等行为。

（六）"以艰苦奋斗为荣、以骄奢淫逸为耻"，加强大学生艰苦奋斗教育

艰难困苦，玉汝于成。中国特色社会主义事业取得令人瞩目的成就是与我党始终保持和发扬艰苦奋斗的光荣传统分不开的。然而，随着改革开放的进一步深入，物质财富的不断积累，加上外来各种腐朽思想的侵蚀，一些人艰苦奋斗、艰苦朴素的观念逐渐淡薄，滋生了安于现状、不思进取、追求享乐的消极思想，甚至挥霍浪费、骄奢淫逸，败坏党风政风和社会风气。加强大学生艰苦奋斗教育，并不是主张清心寡欲，当"苦行僧"，而是希望我们的青年一代牢记"两个务必"，吃苦在前、享受在后，时刻注意保持和发扬艰苦奋斗的优良作风，抵制自私自利、骄奢淫逸的行为，自觉与拜金主义、享乐主义等腐朽思想划清界限，旗帜鲜明地树立和坚持"以艰苦奋斗为荣、以骄奢淫逸为耻"的荣辱观。

（七）"以诚实守信为荣、以见利忘义为耻"，加强大学生诚信教育

诚实守信是人之为人的最重要的品德，也是全体公民应该遵循的基本道德规范。党的十七届六中全会《中共中央关于深化文化体制改革，推动社会主义文化大发展大繁荣若干重大问题的决定》指出："把诚信建设摆在突出位置，大力推进政务诚信、商务诚信、社会诚信和司法公信建设，抓紧建立健全覆盖全社会的征信系统，加大对失信行为惩戒力度，在全社会广泛形成守信光荣、失信可耻的氛围。"① 加强大学生诚信教育要求大学生从思想理论上划清诚实守信与见利忘义的界限，牢固树立"以诚实守信为荣、以见利忘义为耻"的荣辱观，养成诚实守信的思想道德素质，说老实话、办老实事、做老实人。表现在政治立场上，要坚定信仰，保持对党、国家和人民的忠诚；在待人处世上，要言行一致、表里如一、襟怀坦荡、光明磊落；在思想作风上，要求真务实，反对弄虚作假，反对急功近利，不说假话、大话、空话；在实际行动上，反对以谋取私利为目的的功利化取向，反对拿原则做交易的见利忘义行为。

（八）"以遵纪守法为荣、以违法乱纪为耻"，加强大学生遵纪守法教育

"以遵纪守法为荣，以违法乱纪为耻"是建设社会主义法治国家和市场经济发展在道德层面的客观要求。深入开展"以遵纪守法为荣，以违法乱纪为耻"的社会主义荣辱观教育，必须进一步建立健全社会主义法制，并持久深入地开展普法教育活动，全面提高整个社会的法制观念和法律意识，唤醒人们的道德良知。把"遵纪守法"作为对国家道德责任和义务的"底线"，使全社会树立法律至高无上和在法律面前人人平等的观念，摆正个人与法的关系，做到人人知法明法，守法护法，以遵纪守法并敢于同一切违法乱纪行为做斗争为荣耀。加强大学生遵纪守法教育要把社会主义民主法治精神与当代反腐倡廉精神教育结合起来，培育当代大学生公平正义的法治精神。这对于学生走上工作岗位后，自觉遵守党纪国法无疑会奠定良好的基础。

---

① 《中共中央关于深化文化体制改革，推动社会主义文化大发展大繁荣若干重大问题的决定》（2011 年 10 月 18 日），2011 年 10 月 25 日（http：//news. xinhuanet. com/politics/2011-10/25/c_ 122197737. html）。

三　大学生廉洁教育要走出"两个误区"，
避免"四种错觉"，坚持以人为本

（一）大学生廉洁教育要走出"两个误区"，增强反腐信心

走出"大学生廉洁教育无用论"的误区。一方面，有些人不能正确认识教育对人的影响是潜移默化、渐进的长期过程，看到教育工作一时难以见效，就否定廉洁教育的作用。另一方面，缺乏对反腐败斗争复杂性、艰巨性的理解，也是产生大学生廉洁教育无用论的重要原因。此外，对教育与法制的辩证关系认识不清，认为现在强调依法治国，教育已经过时，从而否认廉政教育在治腐工作中的基础性作用。事实上"文化建设，教育先行。加强廉政文化建设，离不开廉政教育的深入开展。教育，本来就是文化的应有之义。在端正人心、陶冶人性方面，教育所起到的作用是法律和制度无法替代的。外在的规范、制度和刑罚能够制约人的外在行为，却无法塑造人内在的精神信仰。从某种意义上说，文化教育就是精神意义上的刑律，它与现实制度层面的法律规范一起发挥着社会秩序的管理功能。其所起到的社会约束作用，有时甚至超过了刑律与法制"①。对大学生进行廉洁教育是将全社会反腐倡廉的预防教育的"关口"前移，是一项具有前瞻性的从源头上遏制腐败现象的重要举措。学生不是终身职业，而是各种职业的预备队，学生时期的道德状况、综合素质直接关系他们以后走上各种职业岗位的职业道德面貌。在高校开展以社会主义荣辱观为主线的大学生廉洁教育关系到一代又一代年轻人能否健康成长，关系到我国能否培养出千百万合格的社会主义现代化事业的建设者和接班人。

走出"大学生廉洁教育万能论"的误区。人是可以教育的，通过人的主观努力，事物的发展是可以得到一定程度的控制的。但教育绝不是万能的，它只有同制度和监督结合在一起时才能真正发挥作用。教育、制度、监督始终是党风廉政建设和反腐败工作的重要手段，在三者

---

① 曹文泽：《世界主要国家和地区的教育廉政建设及其借鉴》，《中国高等教育》2011年第18期。

关系中，教育是基础，制度是保障，监督是关键。那种过高地估计教育的作用和功能，孤立地强调廉政教育的重要性，而与其他方面的工作相脱节，特别是忽视了制度这一关键性环节的重要作用的观点，在理论上是不对的，在实践上是有害的。

（二）大学生廉洁教育要避免"四种错觉"，增强教育实效

在以社会主义荣辱观为主线，加强大学生廉洁教育宣传的过程中，要尽量避免以下"四种错觉"。一是防止过度宣传古代廉政，厚古薄今，以免使大学生产生"今不如古"的错觉。中国传统文化中富含大量廉政教育资源。在大学生廉洁教育中适当介绍引用是必要的，我们坚持古为今用的科学态度，吸取古人廉政经验有利于今天的廉政建设。但不要人为地拔高，毕竟社会主义是取代旧社会的新社会，尽管我们党政机关中存在某些腐败现象，但其主流是好的，要引导学生树立反腐败的信心。二是要避免过分宣传西方的廉政措施，防止大学生产生"中不如西"的错觉。我们坚持洋为中用的科学态度，吸收和借鉴国外廉政文化的优秀成果，丰富廉政教育的思想文化资源，增强大学生廉洁教育的效果。但是国情不同，产生腐败现象的根源和制止腐败现象的措施也不同，绝对不能照搬照抄西方，这一点是需要在大学生廉洁教育过程中正确引导教育的。三是要避免夸大腐败现象，防止产生"病入膏肓"的错觉。从整个社会来看腐败现象只能是局部的，非本质，非主流的，不能一叶障目，把腐败现象任意夸大。大学生廉洁教育既要坚持用全面的、发展的、辩证的观点看待腐败现象，又要揭露某些腐败现象，以引起人们的警觉，并主动与之斗争。四是认清产生腐败现象的根本原因，避免产生"腐败现象是改革带来"的错觉。产生腐败现象的原因很多，认为腐败现象的产生是改革带来的，甚至把"账"算在社会主义制度头上，从而否定社会主义道路，那是完全错误的。因此，必须把坚持"一个中心，两个基本点"始终贯穿到大学生廉洁教育中去。

抓教育、重学习、善引导，以社会主义荣辱观为主线增强大学生廉洁教育实效，一是利用日常性思想教育和班团活动使大学生系统地了解高校廉洁教育及校园廉政文化建设的目的、意义、任务，及社会主义荣辱观的内容和基本要求，抓学习，重普及，使大学生树立正确荣辱观

念，提高廉政知识水平。二是狠抓师德师风建设，规范学校管理，加强廉洁示范教育。让大学生从教职员工们"教书育人、管理育人、服务育人"的实际行动中得到熏陶，受到激励，从而明辨善恶美丑，分清是非荣辱，培养廉洁的自觉意识。三是依托校园文化和网络阵地，加强廉洁渗透教育。把大学生廉洁教育融入校园文化建设，为大学生廉洁教育搭建新平台，通过多种形式和载体陶冶大学生情操，潜移默化中促进廉洁观念的养成。四是加强大学生廉洁全程教育。将廉洁教育与大学生的入学教育、专业思想教育、就业指导与毕业教育相结合，鞭策和激励大学生在校刻苦学习、廉洁做人，将来勤奋工作、廉洁从政。将做人与做学问、遵守校纪校规与专业学习、理想与成才结合起来，将廉洁自律教育融入大学全过程。

（三）大学生廉洁教育要坚持以人为本，不曲高和寡

我国的廉政教育一定程度上沿袭着古代的圣贤教育思维，是一种相对理想化的模式。例如，我们提倡的"毫不利己、专门利人"，"大公无私"的社会主义道德教育就不具有普适性。这种道德教育标准能造就出像焦裕禄、孔繁森、任长霞这类少数的模范典型，但对于大多数领导干部来说很难达到，更不用说还未跨出校门的大学生群体了。对于即将步入社会的大学生和一般人而言，做到"利己不损人"、"先公后私"或"大公小私"就已经不错了。把教育诉之于一种理想状态而并非从现实的人出发，用极端高尚的道德情操来要求普通的、现实的人，结果只能是曲高和寡。因此，廉政教育"面对宣传教育受众的广泛性，要以'分类分层次教育'为原则，针对不同类型、不同层次的党员干部和社会群众，区别不同情况，提出教育的不同侧重点，采取更易于为教育对象所接受的方法"①。努力做到把先进性的要求与广泛性的要求、基础性的要求与超越性的要求、普遍性的要求与特殊性的要求结合起来，努力做到使善者更善，恶者弃恶从善，一般人趋善避恶。大学生廉洁教育要从大学生群体自身特点着手，从现实的人出发，坚持以人为本，推行具有普适性的"公民人格教育"。社会主义荣辱观作为对社会

---

① 陈勇：《反腐倡廉宣传教育科学化的制度路径》，《廉政文化研究》2012 年第 1 期。

主义思想道德体系全面系统、准确通俗的表达，以青年人容易接受的表述方式旗帜鲜明地指出了在社会主义条件下，应当坚持和提倡什么、反对和抵制什么，为大学生判断行为得失、做出道德选择、确定价值取向，提供了基本的价值准则和行为规范，有利于大学生良好公民道德人格的形成。以社会主义荣辱观为主线是坚持以人为本加强大学生廉洁教育的有效途径。

社会主义核心价值观社会认同
实现路径探析

付安玲　张耀灿[*]

[摘　要] 本文从国家、社会、个人三个层面分析社会主义核心价值观社会认同的价值境遇，梳理社会主义核心价值观取得社会认同的作用机理，探索社会认同实现的合理路径：倡导先行，达成对社会主义核心价值观的广泛共识；宣传推动，形成对社会主义核心价值观的正确认知；教育促进，确保社会主义核心价值观内化于心；实践养成，实现社会主义核心价值观外化于行；制度保障，形成社会主义核心价值观社会认同的长效机制。

[关键词] 社会主义核心价值观　社会认同　机理　实现路径

重视价值观建设一直是我们党的优良传统，2006 年 10 月党的十六届六中全会首次提出"建设社会主义核心价值体系"的重大战略任务。2012 年 11 月，党的十八大报告首次以"三个倡导"概括了社会主义核心价值观，并认为"在今后很长一段时期内，思想道德建设领域的工作方向是培育和践行社会主义核心价值观"[①]。2013 年 12 月 23 日，中共中央办公厅印发了《关于培育和践行社会主义核心价值观的意见》，进一步明确了培育和践行社会主义核心价值观的重要意义和指导思想，

---

* 付安玲，淄博师范高等专科学校讲师、中国社会科学院马克思主义学院博士生。张耀灿，华中师范大学教授、博士生导师。

① 陈剑：《对社会主义核心价值观的思考——兼论培育和践行社会主义核心价值观的对策》，《探索》2013 年第 2 期。

为加强社会主义核心价值观教育实践指明了方向，提供了重要遵循。

目前来看，国家层面对社会主义核心价值观的认同已不容置疑，然而多数社会成员的认识仍然停留在无意识顺应或有意识疏离的"虚假状态"，社会主义核心价值观还未取得普遍的社会认同。人民群众是社会主义核心价值观认同和践行的主体，只有实现社会主义核心价值观的社会认同并获得广泛的群众基础，才能内化于心、外化于行，转化成强大的物质力量。

一　社会主义核心价值观社会认同的科学内涵阐释

马克思认为"'价值'这个普遍的概念是从人们对待满足他们需要的外界物的关系中产生的"①。从哲学意义上讲，价值体现的是人的需要与事物属性之间的一种关系。"价值观是指人们在对周围事物能否满足个人或社会某种需要进行评判时所持的观点。"② 因此，社会主义核心价值观就是广大人民群众对社会主义的本质属性能否满足个人和社会的需要进行评判时所持的核心观点，理论上属于社会主义的客观属性与人民群众的主观需要之间满足关系的范畴。③ 价值观一旦形成并得到确立，便具有相对稳定性。

"认同"这一术语最早出现于 20 世纪 60 年代美国的心理学领域，由著名的精神病学家爱利克·埃里克森（Erik H. Erikson）首次使用，后被人们所了解和熟知，逐渐应用于诸多社会科学研究领域。埃里克森认为：认同是指"一种熟悉自身的感觉，一种知道个人未来目标的感觉，一种从他信赖的人们中获得所期待、认可的内在自信"④。普遍认为认同既是人们对自身所处的地位和角色以及与他人关系的一种定位，又是一个包括"认"、"同"两方面同时存在的动态过程。"认"是指

① 《马克思恩格斯全集》第 19 卷，人民出版社 1963 年版，第 406 页。
② 邱伟光、张耀灿：《思想政治教育学原理》，高等教育出版社 2008 年版，第 197 页。
③ 刘新庚、刘峥：《社会主义核心价值观认同的动态过程与内化机制探索》，《高教探索》2011 年第 5 期。
④ 周晓红：《中国中产阶级调查》，中国社会科学出版社 2007 年版，第 32 页。

对自我、各种社会现象的认识；"同"即求同、自我归类（self-catego-rization），寻求与他者共有的素质或者状态。① 因此"认同"是指个体对群体和国家的心理归属感以及由此生发的强烈主体意识、责任意识。"认同"包括两个层面："个人认同"（self-identity）和"社会认同"（social-identity）。"个人认同"是指自己对自我现况、生理特征、社会期待、以往经验、现实情境、未来希望、工作状态等各层面的觉知，统合而成为一个完整、和谐的结构。② "社会认同"是指个体拥有关于其所从属的群体，以及这个群体身份所伴随而来在情感上与价值观上的重要认知，其强调的是自我价值与社会共同价值观念上的一致性。③ 如果说个人认同是个体自身与其他个体相比较，从而获得自我概念，那么社会认同就是个体在社会群体关系中获得自我概念。

社会主义核心价值观的社会认同，即社会主义核心价值观能够获得大多数社会成员的熟知和认可。从本质上来讲，是"要求形成全社会的主流价值观，认同的主体是全体社会成员，认同的内容是社会主义核心价值观，认同的目标在于凝聚社会共识，引领社会思潮，形成强大的国家和民族凝聚力"④。

二　社会主义核心价值观社会认同的价值境遇

从社会主义核心价值观社会认同的必要性方面来讲。

首先，增强社会主义核心价值观的社会认同，能巩固意识形态主阵地，增强民族凝聚力和向心力，从根本上捍卫国家主权和人民利益。我国正处于大发展、大变革、大调整的时期，各种价值观纷繁复杂，国际敌对势力对我国西化、分化的手段更加隐蔽，社会主义主流意识形态面临严峻挑战。马克思主义经典作家在对资本主义批判的过程中，依据唯

---

① 石德生：《社会心理学视域中的"社会认同"》，《攀登》2010 年第 1 期。

② 百度百科（http://baike.baidu.com/view/367750.html）。

③ 同上。

④ 李小玲：《加强社会主义核心价值观社会认同研究》，《上海商学院学报》2012 年第6 期。

物史观的原理，深刻地指出由于所有制关系的差异，两种社会制度在社会意识形态领域斗争的必然性，而实行社会主义制度的中国，不可避免地成为意识形态斗争的重要阵地和焦点。在这场斗争中，唯有坚持主流意识形态的一元而不是多元、唯有强化而不是淡化社会主义核心价值观，对于巩固和增强马克思主义在意识形态领域的指导地位，捍卫全体社会成员凝心聚力的思想基础和团结奋斗的胜利果实，构建和培育我们的精神家园，增强民族凝聚力和向心力从而捍卫国家主权和人民权益都至关重要。

其次，促进社会主义核心价值观的社会认同，能深切关照国家、社会、个人三个层面的价值诉求。在国家层面，"富强、民主、文明、和谐"立足于中国特色社会主义的价值追求，体现了社会主义核心价值观的主题。"富强、民主、文明、和谐"一直是近代以来中国社会梦寐以求的价值目标，是我国社会主义初级阶段建设中国特色社会主义的价值追求，也是实现中华民族伟大复兴、国家富强和人民幸福的重要指向，是我们党三个自信的重要体现。促进全体社会成员对社会主义核心价值观的普遍认同，是社会主义核心价值观引领社会思潮，坚定人们的社会主义和共产主义理想信念，凝心聚力构建社会主义和谐社会和实现中华民族伟大复兴的重要保障。

在社会层面，"自由、平等、公正、法治"立足于中国特色社会主义的价值取向，体现了社会主义核心价值观的灵魂。马克思主义把实现人的自由而全面的发展作为社会发展的终极目标，同样，社会主义社会追求的是真正意义上的"自由、平等、公正、法治"，同资产阶级的"自由、平等、博爱"等所谓的"普世价值"有着本质区别。资产阶级提倡的民主和平等只是有产者的民主和平等，他们提倡的自由和公正也仅限于政治解放层面，远非广大人民的经济解放、社会解放。社会主义核心价值观所提倡的自由、平等、公正是立足于无产者的政治、经济、思想的有机统一，体现了最广大人民群众的根本利益。实现社会主义社会的公正和法治，促进全体社会成员的自由和平等，是促进社会文明进步的核心价值追求。真正意义上的"自由、平等、公正、法治"只有取得社会成员的普遍认同，社会主义核心价值观才能够整合社会思想，形成绝大多数社会成员共同认可的理想信念，凝聚绝大多数的社会力量，保障稳定有序的社会秩序，维护社会系统的正常运转。

在个人层面，"爱国、敬业、诚信、友善"立足于社会主义国家中公民个人的价值准则，体现了社会主义核心价值观的精髓。"爱国、敬业、诚信、友善"既是对公民个人的价值期许，也是道德准则，是在社会公德、职业道德、家庭美德、个人道德四个层面对现代公民提出的新要求，是中国传统美德、革命精神和新时期道德的完美结合，体现了公民个人和社会之间的辩证统一关系。促进社会主义核心价值观社会认同，能够在广大人民群众中形成符合社会发展主旋律的价值观，形成尚德向善的雄厚根基，树立公民基本道德标准和价值准则。

在社会主义核心价值观社会认同的可能性方面。社会主义核心价值观是科学的理论，在社会主义核心价值体系中处于核心地位，是对后者的高度抽象和凝练，集中体现了广大人民群众的根本利益，对社会其他价值观起主导作用，是衡量和引领其他价值观的主导价值观。党的十八大报告把社会主义核心价值观表述为"三个倡导"，体现了最大的开放性，有利于最大限度地统一社会思想，凝聚社会共识，为推进社会主义核心价值观社会认同创造了重要前提。同时，"三个倡导"又充分结合时代特征和中国国情，为社会主义核心价值观在实践层面的践行提供了充足空间，使社会主义核心价值观的社会认同具有可能性和可操作性。另外，社会主义核心价值观的内容体现了中华民族的优秀传统文化特色，表达了广大人民的心声以及对理想社会和美好生活的向往，容易为广大人民群众理解和接受，使社会主义核心价值观的社会认同具有坚实的群众基础。

三　社会主义核心价值观社会认同的内在机理

社会主义核心价值观社会认同的内在机理，主要有以下三种。

（一）信息传播机理

传播是信息在不同主体间运动的一种现象。社会主义核心价值观社会认同首先要在信息传播中进行，这种传播，实质上就是价值观的共享与互动。按照信息传播的原理，在传播的过程中，当社会主义核心价值观的信息与社会成员的个体价值取向趋同时，二者便进入共享状态，进而互相影响和互相促进。在相反的情况下，当社会主义核心价值观所传递的信息和社会成员的个体信息不对等时，就不宜简单或过多地采取直接传播的方式，而需要善于多采取恰当的手段和技巧，运用报纸、电视、网络、户外广告等对社会成员进行体现社会主义核心价值观内容生动事例的信息传播，营造便于接受的传播氛围。这种优良氛围营造的方式，诉诸人们的情感，符合由感性到理性发展的认识规律和受众心理，为社会主义核心价值观的传播和接受创造了相对宽松的环境，采取渗透和渐进方式，化有形于无形之中。例如，把"爱国"融入到社会重大事件或突发事件中，如奥运、汶川地震等，传播弘扬广大志愿者的大爱无疆、无私奉献精神等。社会舆论和新闻媒体在传播信息的过程中注重正能量的传递，把社会成员观看此类新闻报道作为培育和践行社会主义核心价值观的内容和途径，并予以适当的启发和引导，让社会成员感动、震撼，在参与和感受重大事件的环境氛围中，不断积累与社会主义核心价值观所倡导的"爱国"精神相一致的价值观，逐步达成共识，走向认同。

（二）需要满足机理

生活在一定社会中的人们为了获得生存与发展，必然产生不同层次和不同方面的需要，包括物质层面的需要、精神层面的需要、心理层面的需要，也包括自我实现的需要。当人的基本需要被满足时就会产生更高层次的需要，对自身和社会提出更高的要求和期待，正所谓"仓廪实而知礼节，衣食足而知荣辱"，因此，满足社会成员追求幸福生活的合理需要是获得社会成员认同的重要前提和基础。毛泽东在谈到满足群众需要的重要性时指出："一切群众的实际生活问题，都是我们应当注意的问题。……满足了群众的需要……群众就会真正围绕在我们的周围，热烈地拥护我们。"[1] 实现社会主义核心价值观社会认同必须以满足社会成员的需要为切入点。一个国家只有为社会成员提供不同层面和

---

[1]　《毛泽东选集》第 1 卷，人民出版社 1991 年版，第 137 页。

不同方面的条件和保障，满足他们的个性化和共性化需要，才能取得社会成员的认可和支持。因此，必须充分认识和尊重社会成员的各种需要，满足他们在物质文化和精神文化层面、社会心理疏导层面，参与社会管理和行使社会舆论监督等层面的需要，使社会成员对社会主义核心价值观所倡导的价值理念感同身受，他们才能以主人翁的姿态，在日常生活中积极倡导并付诸行动。

（三）利益实现机理

马克斯·韦伯在《儒教与道教》一书中写道："利益（物质的与理念的），而不是理念，直接控制着人的行动。"① 社会成员对社会主义核心价值观的认同，不是脱离实际、超脱于物质利益之外的纯精神的"理想国"，而是以物质利益的满足为基础和前提。因此，社会主义核心价值观的社会认同不应该仅仅是教育传播的"务虚"工作，更应该是践行落实的"务实"工作。随着改革的深入，社会成员的权利意识逐渐增强，利益诉求日益明显，如果社会成员的基本利益诉求和权利保障不能实现，他们对这个国家及其所倡导的主流价值观的认同就不会牢固和持久。相反，如果我们努力做到了公共服务均等化，不是有权就有资源、无权就无资源，那么，人们就会从切身体验中认同"平等"、"公正"、"法治"的价值观。因此，要始终坚持以人为本的科学发展观，满足社会成员最关切的利益诉求，建立利益保障机制，让社会成员从根本上认同社会主义核心价值观。社会主义核心价值观社会认同要想取得实效，就必须以改善民生、维护和实现好社会成员的利益为突破口和切入点。

四　社会主义核心价值观实现社会认同的路径探析

基于以上作用机理的分析，社会主义核心价值观社会认同主要从以

---

① ［美］马克斯·韦伯：《儒教与道教》，王蓉译，商务印书馆2002年版，第19—20页。

下五个路径展开。这五个路径按照从理论到实践、由内化而外显的逻辑循序依次递进。

（一）倡导先行，达成对社会主义核心价值观的广泛共识

不论哪种社会形态，不论哪种社会制度，在社会主流价值观的倡导过程中，政府倡导起着至关重要的作用。

首先，建章立制倡导。政府机关在制定政策法规、法律制度时，应充分考虑现实条件和社会成员的利益，将社会主义核心价值观融入其中。使社会主义核心价值观不仅体现在政策制定、政策实施和制度维护中，更体现在政策支持和法律保障中，对社会成员起到潜移默化的影响，发挥其养成教育的作用，不仅消除了社会成员可能存在的抵触心理，而且能从根本上有效地促使社会成员普遍接受社会主义核心价值观。

其次，干部带头倡导。打铁还需自身硬。领导干部发挥正面导向作用，争优创先、积极示范，在社会管理中积极倡导核心价值观，把公正、法治、平等、服务等意识融入到日常管理中，各级干部只有真正树立"为人民服务"的公仆意识和"立党为公、执政为民"的理念，真正让政策方针发挥实效，为人民办实事，才能取得社会成员的普遍认可，为社会主义核心价值观社会认同打下坚实的群众基础。

再次，政府服务倡导。各级政府发挥表率作用，积极打造服务品牌。推动国家治理体系和治理能力现代化。建设精干高效的服务型政府，依法行政，以为民、务实、清廉的形象，推动政务诚信、商务诚信、社会诚信、司法诚信，切实维护社会成员的利益，最大限度地促进社会公平、正义、和谐，以政府的公信力和健全的利益机制回应社会成员的价值认同，达成对社会主义核心价值观的普遍共识。

（二）宣传推动，形成对社会主义核心价值观的正确认知

"认同"的前提是"认知"，首要工作就是通过宣传教育，让广大社会成员形成对社会主义核心价值观的普遍和正确认知。

首先，大众文化宣传推动。"坚守我们的价值体系，坚守我们的核

心价值观，必须发挥文化的作用。"① 第一，充分利用大众文化被社会成员充分接纳的优势，将社会主义核心价值观以群众喜闻乐见的方式与大众文化相结合，从心理上拉近社会主义核心价值观与广大群众的距离。第二，与传统文化相结合，"中华传统美德是中华文化精髓，蕴含着丰富的思想道德资源"②。将优秀传统文化中的奉献精神、孝老爱亲精神、诚信品质等融入到大众文化中，古为今用、推陈出新，实现传统美德的现代转化，赋予当代价值，以文育人。第三，尊重人们的自主意识和创造精神，发掘"草根"文化的正能量，寓教于乐、潜移默化地影响人们的思想、观念和价值认同，让人们在娱乐活动和文化熏陶和自主创造中受到教育和启发，发自内心地认同形成社会主义核心价值观。

其次，现代传媒宣传推动。将社会主义核心价值观作为现代传媒宣传的重点和主线，利用电视、广播、网络和公益广告等现代媒体将社会主义核心价值观体现在日常生活中，关注人的精神世界，引领人们自觉践行。比如，中央电视台曾经集中报道过一批先进科学家的人生奋斗经历，揭示核心价值观三个层面的内在联系，社会反响强烈。依托现代互联网平台，如网站、微博、微信、微视频等对学雷锋、志愿服务活动等典型人物和先进事迹大力弘扬。加强网际交流，比如，利用"粉丝群"、"朋友圈"等客户端实现网际互动，发挥"意见领袖"的积极作用，更加具体、形象和生动地影响社会成员，加深他们对社会主义核心价值观内涵的理解，形成对社会主义核心价值观普遍正确的认知。

在对社会成员进行宣传教育时，应注意培养社会责任感。促使社会成员参与社会管理和监督、关注民生，发挥社会主义核心价值观的吸引力和凝聚力，使社会成员的社会参与和政治参与同国家前途和民族命运紧密结合，使主体意识和责任意识不断强化，形成对社会主义核心价值观的正确认知，在自觉接受的前提下，践行社会主义核心价值观。

---

① 习近平：《在省部级主要领导干部学习贯彻十八届三中全会精神全面深化改革专题研讨班开班式上的讲话》，《人民日报》2014年2月18日。
② 习近平：《在中央政治局第十三次集体学习时的讲话》，《人民日报》2014年2月26日。

（三）教育促进，确保社会主义核心价值观内化于心

促进社会主义核心价值观的社会认同，教育充当着关键角色，是重要的手段支撑。

首先，在理论教育下促进。在全社会范围内，坚持以马克思主义理论引领社会成员的思想意识，积极阐释马克思主义的自由、平等、民主等观念与资本主义自由、平等、民主观念的本质区别，帮助社会成员树立正确的自由观、民主观和平等观；坚持以中国特色社会主义共同理想凝聚社会成员的思想意志，以新时期的中国精神激励社会成员的进取意识。学校、企业、社会组织等协同合作，广泛开展各种形式的理想信念教育，如知识竞赛、演讲、观看纪录片等，帮助人们认识我国"发展社会主义市场经济、民主政治、先进文化、和谐社会、生态文明的深刻内涵和重大意义，引导人们坚定道路自信、理论自信、制度自信，把个人理想融入国家富强、民族振兴、人民幸福的伟大事业之中"[1]。

其次，在教育实践中促进。从娃娃抓起，分层推进，在国民教育的各个环节和领域中坚持和贯穿社会主义核心价值观。从受教育者的身心特点出发进行顶层设计，将"三进"落实到教育的每个环节中，覆盖到所有教育平台。采用启发式、参与式等各种方式进行教育，正确理解核心价值观对于自身和社会发展的意义和价值。运用多种教学手段和载体，遵循教育规律，坚持教育与社会生活相结合，立德树人，帮助人民群众认识到社会主义核心价值观的价值所在，能够做出正确和公正的价值判断，有效引导价值认知，促进社会主义核心价值观内化于心。

（四）实践养成，实现社会主义核心价值观外化于行

首先，在日常生活中养成。社会主义核心价值观的培育要想取得实效，就必须融入到人们的日常生活和生产实践，做到"日用而不知，体认而不察"，转化为人们的自觉行为。比如，四川省合江县以孝德文化为基础，首创新式成人礼、婚礼、寿礼、葬礼的新"四礼"，把社会

---

[1]　刘奇葆：《在全社会大力培育和践行社会主义核心价值观》，《人民日报》2014年3月5日。

主义核心价值观融入日常生活，促进道德自觉。社会主义核心价值观只有扎根于现实生活，才会真正被广大社会成员所认可，在内转化为内心信念，在外转化为自觉行为，并最终走向日常化和常态化。

其次，在制度守则下养成。"要充分发挥政策、法规的导向和约束作用，使正确行为得到鼓励、错误行为受到制约，强化人们践行社会主义核心价值观的行动自觉。"[1] 比如，将社会主义核心价值观转化为"四德"，转化为政府机关相关准则、企业规章制度、社区居民公约、学校制度和学生守则，等等，渗透到社会生活的方方面面。让人们在执行制度中，逐渐养成道德行为习惯。

再次，在文化娱乐中养成。以社会成员的实践活动和文体活动等多种形式为载体，鼓励他们积极参与和体验，逐步达到家喻户晓，发自内心的认同并最终变成信仰。在这方面，应当弘扬中华民族优秀传统文化，将其实现现代转换：如将积淀深厚的校训、家训、乡贤族规等渗透到文化建设、娱乐活动中，大力继承弘扬，把以文化人渗透到社会生活全部领域。只有结合传统文化，社会主义核心价值观才能体现其本土化的特点，落地生根，焕发持久生命力。

最后，在环境熏陶中养成。在社会主义核心价值观实践养成路径的设计中，有意识地设计一些生活环境和文化氛围，借助语言、文学、艺术、体育等形式，建设和传播先进的企业文化、校园文化、乡镇文化、社区文化等，开展形式多样的活动，使社会成员在不知不觉中接受教育，达到"润物无声"的功效。

（五）制度保障，形成社会主义核心价值观社会认同的长效机制

价值的认同，从本质上讲，就是利益的认同。所以制度要体现社会成员的根本利益，以规范约束干部群众的行为，为社会主义核心价值观社会认同提供完备的制度保障。

首先，基本权利保障。公民基本权利的实现是其主人翁地位的重要体现。加强法制建设、完善法律制度，依法保障社会成员的生命权、财

---

[1] 刘奇葆：《在全社会大力培育和践行社会主义核心价值观》，《人民日报》2014 年 3 月 5 日。

产权、平等权、政治参与权、知情权和监督权等基本权利。树立权力机关的权威，约束行政机关行为，让政府合法运作，规范作为，从公民基本权利的"侵害者"，变成"守护者"，让民主不再是一句空话。人们在基本权利实现基础上，积极参与到法治中国建设中，增强主人翁意识，积极监督、出谋划策，从而增强对国家的认同感。

其次，利益分配保障。推进合理的利益分配机制，调整利益分配格局，防止利益冲突。通过制定公正的利益分配制度，提高腐败成本，遏制制度性腐败的产生。消除利益不平等的隐性壁垒，打破体制保护，实现人民群众的权利平等、机会平等、规则平等，让"公平"、"正义"、"法治"等理念深入人心。

再次，社会福利保障。完善社会保障制度，为社会成员的基本生活提供救助和补贴，积极保障和提高弱势群体在保险、救济、优抚、互助等方面的权利和待遇，及时解决社会成员遇到的生活困难问题，理顺不良情绪、消除社会不安定因素，增强社会成员对社会主义核心价值观的认同和对社会主义制度的信心。

最后，推进道德规范法律化、制度化，加强制度调节力，促进社会主义核心价值观与制度、法律的融合。让社会主义核心价值观所倡导的价值理念能够在制度设计、政策规范和社会管理中得到充分体现。制度形成以后，会把社会主义核心价值观的基本理念制度化，成为广大人民群众达成价值观共识的基础，以制度规约人们的行为，从而为社会主义核心价值观社会认同的实现提供基本的制度保障，形成长效机制。

社会主义核心价值观视阈下的公务员廉政道德治理对策选择[*]

帅全锋^{**}

[摘　要] 社会主义核心价值观是开展公务员廉政道德建设的基石，也是保持党的纯洁性和增强其执政能力的保证。针对当前公务员队伍中存在的廉政道德失范乱象及危害影响，提出新时期公务员廉政道德治理的方向和路径，即加强对社会主义核心价值观的体验认同；确立符合社会主义核心价值观要求的行为规范；适用社会主义核心价值观语境下的考评方法。

[关键词] 社会主义核心价值观　廉政道德　考评方法

一　引言

腐败与反腐败是任何阶级社会无法回避的命题。从柏拉图说"如果没有道德和法律的约束，权力会把年轻英明的统治者变成暴君"①，到孟德斯鸠讲的"有权力的人们使用权力一直到遇到界限的地方才休止"②，再到阿克顿勋爵提出的至理名言"绝对权力导致绝对腐败"③，人类社会似乎从未停止对权力滥用和政治腐败所作的艰苦斗争。马克思

---

*　基金项目：全国教育科学"十二五"规划 2014 年度教育部青年课题"高等教育与京津冀区域协同发展的路径优化及效能提升研究"。

**　帅全锋（1979—　），男，江西临川人，河北大学副教授，在读博士研究生，主要研究方向：马克思主义理论和思想政治教育。
① 柏拉图：《理想国》，商务印书馆 1986 年版，第 48 页。
② 孟德斯鸠：《论法的精神》，商务印书馆 1978 年版，第 154 页。
③ 阿克顿：《自由与权力》，商务印书馆 2001 年版，第 342 页。

也曾经说过，"不可收买是最高的政治美德，是抽象的美德"①。作为履行国家和社会事务管理与服务职能的公职人员，其最起码的道德底线就在于"不可收买"，这是任何政党或团体在行使权力时所应遵循的价值追求。反对腐败，建设高效廉洁的执政骨干队伍，不仅是中国共产党人始终坚持的基本宗旨，而且是回应人民群众关切的重大政治问题。这个问题处理不好，将直接影响到我们党治国理政方略的有效实施，严重威胁党的肌体健康，甚至会亡党亡国。因此，党的十八大强调要加强反腐倡廉教育和廉政文化建设，十八届三中全会明确提出"建设廉洁政治，努力实现干部清正、政府清廉、政治清明"②。唯有如此，才能真正把"权力关进制度笼子里"③，更加科学有效地防治腐败。

　　关于廉政道德的概念界定，学界有着不同的表述，至今还没有一个统一的认识。如张辉认为廉政道德就是促成廉政行为的道德指令④；李明辉提出廉政道德是导致廉政行为发生的道德意识或道德动机⑤；马原生等指出廉政道德是党和政府机关工作人员保持廉洁所遵守的职业道德⑥。从这一点来看，廉政道德属于公务员职业道德范畴，它实际上是体现公职人员在职业道德方面的伦理诉求。可以说，廉政道德的内涵必然会随着时代变迁和主体实践活动而不断丰富与拓展。就当前而言，公务员廉政道德应是指通过社会主义核心价值观来导引、调整并规范公务人员职务行为的道德规范的总和。在全面提升党风廉政建设科学化水平的进程中，廉政道德与廉政制度二者相互依存，互为补充，犹如车之两轮，鸟之两翼，共同发挥着不可替代的作用。廉政道德作为反腐倡廉教育的重要环节，是廉政文化建设的主要内容，也是一种软约束的行为规范。廉政制度包括法律法规、党纪条例等在内的一系列具有硬约束的监督机制及具体措施，使公务员能在法律制度规定的范围内廉洁执法，预

---

① 《马克思恩格斯选集》第 3 卷，人民出版社 2002 年版，第 129 页。

② 《中共中央关于全面深化改革若干重大问题的决定》，人民出版社 2013 年版，第 35 页。

③ 《习近平总书记系列重要讲话读本》，学习出版社 2014 年版，第 85 页。

④ 张辉：《党政干部廉政道德论纲》，《理论学刊》1990 年第 6 期。

⑤ 李明辉：《通向善政之途——论廉政道德建设》，博士学位论文，湖南师范大学，2007 年。

⑥ 马原生、安计芳：《论加强社会主义廉政道德建设》，《党政论坛》1989 年第 11 期。

防腐败。反腐不仅要靠严格的法律制度建设，而且还有赖于廉政道德的规制。十八届四中全会就鲜明提出，"大力弘扬社会主义核心价值观，实现法律和道德相辅相成、法治和德治相得益彰"①。

然而，社会主义核心价值观同廉政道德之间却有着不可分割的内在联系。一方面，社会主义核心价值观是社会主义核心价值体系的内核，其倡导的"爱国、敬业、诚信、友善"是公民树立社会主义荣辱观的高度凝练，是社会主义公民道德建设的灵魂和灯塔，也是引领公务员廉政道德建设的价值取向和根本要求。同时，核心价值观本身蕴含了社会道德伦理规范体系，涵盖了社会主义公民道德建设的基本内容，是公务员廉政道德实践活动赖以形成和发展的理论原点和价值依归。将社会主义核心价值观纳入到公务员廉政道德建设的全过程，不仅是人民群众的热切期盼，也是依法治国、依法行政的迫切需要。

另一方面，廉政道德是公务员履职尽责的基本要求，是社会主义核心价值观得以彰显的重要内容。概括地讲，它的内涵逻辑从本质上集中体现了社会主义核心价值观的主旨要义，是新形势下加强公务员教育培训的关键要素。它为公务员群体在培育和践行社会主义核心价值观方面提供了路径依赖，直接影响着社会主义核心价值观的建构。确立符合社会主义核心价值观要求的廉政道德规范，有利于教育引导广大公务员知荣辱、讲党性、重品行、做表率，积极发挥社会主义公民道德的示范作用，使之成为廉政教育的引领者、勤政务实的先行者、公平正义的守护者。正所谓，"为政以德，譬如北辰，居其所而众星共之"②。当前，加强廉政道德建设，就是要将社会主义核心价值观内化为公务员的德行伦理和理论自觉，筑牢公务人员的理想信念，增强公务员拒腐防变的意识，廉以养德，率先垂范，更好地为人民服务。

总之，公务员廉政道德同社会主义核心价值观相互影响，互为依托，在推进社会主义道德实践基础上实现有机统一。社会主义核心价值观是我们开展公务员廉政道德建设的基石，也是我们永葆党的纯洁性和增强其执政能力的保证。

---

① 《党的十八届四中全会〈决定〉学习辅导百问》，学习出版社 2014 年版，第 5 页。
② 张燕婴：《论语——中华经典藏书》，中华书局 2006 年版，第 6、64 页。

二　廉政道德的失范

（一）　内涵界定

关于道德失范，学界对此都有不同的见解。有的学者单纯从概念界定入手，对其进行了阐释。如高兆明认为"道德失范"是指"社会生活中的道德价值及其规范要求的缺失，直接体现为社会行为的混乱"[①]。朱蕴丽等学者则认为"道德失范"是指"社会成员的行为不符合最基本的道德规范或价值取向"[②]。还有的学者侧重从描述性的角度对道德失范的内涵进行界定，如汪应曼认为，道德失范实质上是指社会转型时期的一种道德状态，因社会原有的价值观念和行为模式遭到否定或严重破坏，而新的价值观念及行为模式又尚未形成，或未被人们普遍接受，从而使得社会成员的行为缺乏明确的社会规范约束力，呈现出某种紊乱与无序。[③] 此外，雷结斌博士还对学界研究道德失范的侧重点进行了梳理，大致分为行政道德失范、职业道德失范和家庭伦理道德失范，但其中并未包含对某一群体的道德失范研究。因此，在上述研究成果的基础上，本文重点探讨公务员廉政道德失范问题。公务员廉政道德失范，实质上就是指公务员在廉洁从政的过程中丧失了其应固有的价值观念和行为方式，或者存在没有可遵循的并能符合时代要求的伦理规范，从而导致公务员群众中一部分人不惜损害国家或公众利益，以权谋私，贪污腐化，道德败坏等行为状态。

（二）　主要表征

公务员廉政道德失范揭示的是一种行为现象，直接呈现的是公务员

① 高兆明：《制度公正论：变革时期道德失范研究》，上海文艺出版社 2001 年版，第 106—109 页。

② 朱蕴丽：《试论当前社会道德失落的原因及其应对策略》，《江西师范大学学报》（哲学社会科学版）2011 年第 5 期。

③ 转引自雷结斌《我国社会转型期道德失范问题研究》，博士学位论文，南昌大学，2013 年，第 8 页。

廉洁价值的缺失及行为混乱无序的状态。在现实社会生活中，主要表现为以下几种乱象。

1. 利用权力寻租

这是最为常见的廉政道德失范现象。它是指公务员在行政执法或司法的过程中，利用行政审批、行政强制等权力做交换，向企业或个人索取不当或高额利益。这样的例子不胜枚举，典型案例如郑筱萸在药品、医疗器械等监管审批中受贿案，北京市交通局副局长毕玉玺案等，他们都利用职权或职务影响为自己、亲属及身边工作人员牟取不正当利益。

2. 利用公款报销个人费用

一种是利用自己主管、管理、经手公共财物的权力或便利，用公款直接报销或者支付应由个人负担费用的行为，如人社部办公厅原副主任曹淑杰报销美容费案。另有一种是利用职务上的便利，为他人牟取利益，由他人用公款报销或者支付应由个人负担的费用的行为，如北京市财政局原处长杨苹在一些有利害关系的单位报销美容费案等。这些行为不仅构成贪污或受贿罪，而且严重违背了公务员廉政行为规范。

3. 借助公款行贿

一些地方党政机关的公务人员特别是领导干部为了个人私利，以单位的名义用公款公物堂而皇之地行贿。如中央组织部"12380"举报网站于2014年2月28日公开通报的甘肃省平凉市人大原副主任任增禄案中有关人员行贿买官案和江西省政府原副秘书长吴志明案中有关人员行贿买官案①。这些案件均表明某些公职人员早已丧失了其所应具备的清正廉洁的道德价值。

4. 接受性贿赂

它是指国家公务人员接受一些想牟取不正当的经济和政治利益的人所提供的性服务，从而迫使其走向腐化堕落的深渊。最为典型的有铁道部部长刘志军案、江西省副省长胡长清案、重庆市北碚区委书记雷政富不雅视频案等。这些案件不仅涉及违纪违法，而且严重破坏了公务员个人道德形象，严重危害了家庭和社会公德利益。

---

① 《中央组织部公开通报3起行贿买官案件》，2014年2月28日（http://sews.12380.gov.cn/n/2014/0228/c214680-24496317.html）。

5. 渎职侵权

它是指国家机关工作人员滥用职权、玩忽职守、徇私舞弊的行为使公共财产、国家和人民利益遭受重大损失。如某些公务人员违反保守国家秘密法的规定，故意或者过失泄露国家秘密。还有的如司法工作人员徇私枉法、徇情枉法、徇私舞弊等行为。近年来，危害民生的安全生产、食品卫生、房屋拆迁、社保资金、医疗医药、教育管理、企业改革改制等领域渎职侵权案件日益增多。

6. 违反中央八项规定精神

2012 年底，中央出台了关于改进工作作风、密切联系群众的八项规定，其中要求公职人员尤其是领导干部要厉行勤俭节约，严格遵守廉洁从政有关规定，严格执行公务用车、办公用房、住房调配等有关工作和生活待遇的规定。据中纪委监察部发布消息，仅 2014 年 4 月 21 日至 25 日，各级纪检监察机关就查处 174 件违反中央八项规定精神典型案件[1]，其中大部分涉及公车私用、公款旅游、利用公款大吃大喝、大操大办婚丧喜庆事宜等等。

（三）后果影响

公务员廉政道德失范将极大地损害党和国家工作人员的职务廉洁性，威胁经济安全，败坏社会风气，具有严重的危害性。

首先，损害的是党和政府的公信力。公务员的执法权是人民赋予的，人民基于信赖利益将权利让渡给党和政府，使其成为国家和社会事务的管理者。倘若其公职人员都丧失廉政道德，必然会损害党和政府在人民心目中的威信。孔子说："其身正，不令而行；其身不正，虽令不从。"[2] 因此，党的十八大报告强调指出，要深入开展道德领域突出问题专项教育和治理，切实加强政务诚信和司法公信建设。

其次，威胁的是经济安全。公务员廉政道德失范除直接侵蚀公共财产安全之外，还将威胁经济安全，如信贷贿赂导致金融风险加大，预付卡被用来行贿受贿严重违反财经纪律和法规。同时，它还会增加地方项

---

① 《各级纪检监察机关查处 174 件违反中央八项规定精神典型案件》，2014 年 4 月 28 日（http：//sews，xinhuanet．com/lianzheng/2014-04/28/c-1110433622．html）。

② 张燕婴：《论语——中华经典藏书》，中华书局 2006 年版，第 6、64 页。

目投资的成本，加大投资风险，严重影响地方经济的良性发展。

最后，败坏的是社会风尚。美国著名法官路易斯·D. 布兰迪斯曾指出："政府是一个感染力极强的以身示教的教师，不论教好教坏，它是在以自己的楷模行为教育整个民族。"① 如果公务员队伍中都把个人利益放在首位，奉行利己主义的观念，任意践踏法律，缺乏道德耻感，那么必然会导致整个社会的道德滑坡。

三　廉政道德的治理

面对公务员廉政道德失范的种种乱象，加强其廉政道德建设，已成为党和政府全面提高公民道德素质的一项十分重要而紧迫的任务，这对于我们引领社会主义道德方向，扎实推进社会主义文化强国建设来讲，意义重大而又影响深远。当前，我国公务员廉政道德治理路径主要是加强对社会主义核心价值观的体验认同；确立符合社会主义核心价值观要求的行为规范；适用社会主义核心价值观语境下的考评方法。

（一）加强对社会主义核心价值观的体验认同

加强公务员廉政道德建设，其本质反映和体现了社会核心价值观的诉求，是社会主义核心价值观在公务员群体中的生动实践。对此，我们应坚持运用社会主义核心价值观来凝聚职业共识，夯实思想基础，不断以社会主义核心价值观来教育和引领公务员廉政道德建设。

一是建立完善理想信念体系和社会主义核心价值观教育体系。习近平说过，理想信念就是共产党人精神上的"钙"，没有理想信念或理想信念不坚定，精神上就会"缺钙"，就会得"软骨病"。② 因此，应把理想信念和社会主义核心价值观教育灌注在公务员录用、考核、使用、任免等各个环节，融入公务员教育全过程，形成全员育人、全程育人、全方位育人的格局。

---

① 杰克·道格拉斯、弗兰西斯·瓦克斯勒：《越轨社会学概论》，张宁、朱新民译，河北人民出版社 1987 年版，第 387—388 页。
② 习近平：《习近平谈治国理政》，外文出版社 2014 年版，第 15 页。

二是通过深入开展党的群众路线教育实践活动、社会调查、交流研讨等活动，深刻领会"为民务实清廉"精神实质，让公务员在参与中接受教育，强化对社会主义核心价值观的体验认同。充分利用好高校、党校、干部学院、廉政教育实训基地等方面力量，注重实践教学在理想信念和核心价值观教育过程中的重要作用，真正让社会主义核心价值观内植于心，外见于行。

三是不断创新理想信念和社会主义核心价值观教育的新手段、新路径、新载体。坚持以社会主义核心价值观为引领，建设体现社会主义特点、时代特征、机关特色的良性健康的官场生态。用好党报党刊、广播电视、纪念馆、图书馆、博物馆以及官方微博、微信等阵地，进一步拓宽理想信念教育的平台和手段，以主流价值和中华优秀传统文化引领廉政道德新风尚。

（二）确立符合社会主义核心价值观要求的行为规范

古语有云，没有规矩，不成方圆。苏联教育家马卡连柯也说过，"遵守纪律的风气的培养，只有领导者本身在这方面以身作则才能收到成效"①。对照社会主义核心价值观内容，只有明确廉政道德的基本规范，才能促使公务员队伍模范遵守廉洁奉公的行为准则。新时期公务员廉政道德行为规范可以概括为十个字，即诚信、清正、勤俭、公正、亲民。

1. 诚信

人无信不立，诚信是公务员履职的先决条件。秦时商鞅以"徙木为信"在人们心中树立了令出必信、法出必行的威信，才使得改革得以顺利推进。现在公务员队伍中还存在着一些弄虚作假获取私利的现象，甚至利用职权或职务上的影响为亲属或身边工作人员牟取利益，其根源就在于他们缺乏诚信道德意识。特别是政务诚信和司法公信力的削弱，严重影响了商务诚信和社会诚信建设。因此，加强公务员廉政道德建设，首要的是完善其诚信伦理规范体系，按照人民赋予的权力依法办事，而不是按照等价交换的原则大搞权力寻租。

---

① 吴式颖：《马卡连柯教育文集》上卷，人民教育出版社 2005 年版，第 273 页。

2. 清正

清正是公务员最基本的道德底线。在河北直隶总督府"公生明"牌坊背面刻制的《御制戒石铭》上就有这么几句话，叫作"尔俸尔禄，民脂民膏，下民易虐，上天难欺"，很值得令人警醒。因此，作为国家公职人员，必须为政以廉，严于律己，正确处理义利关系，把握公私关系，守住原则底线，慎用权、慎交友、慎贪欲。坚决防止出现类似公款报销个人费用、利用公款行贿、接收性贿赂等违法犯罪行为的发生。

3. 勤俭

"历览前贤国与家，成由勤俭破由奢。"① 勤俭是公务员应该具备的主要美德。新时期公务员应做到恪尽职守，敢于担当，求真务实、勇于任事，兢兢业业做好本职工作。应艰苦奋斗、淡泊名利，不搞奢靡之风，不奢侈浪费，严格遵守国家关于住房、办公用房、公务用车、公务接待、出国培训等各项规定，不带头违反中央八项规定要求。

4. 公正

《礼记·礼运》："大道之行也，天下为公，选贤与能，讲信修睦。"公正是公务员必须具备的核心素质。因而他们在实际履职过程中，应时刻崇尚公平理念，事事出于公心，努力维护和促进社会公平正义；应做到为人正派、办事公道，不徇私情，不渎职侵权，不枉法裁判；培养、选拔和任用干部注重坚持德才兼备、以德为先；不插手或干预任何市场经济活动或重大经营性活动。

5. 亲民

亲民就是友善百姓，服务人民。为人民服务，这是公务员的本质属性，也是公务员必须坚守的价值追求。它的基本要求主要表现为：始终坚持群众路线，保持同人民群众的血肉联系；积极回应人民群众关切，切实改善民生；真正关心人民疾苦，不搞劳民伤财的形象工程和沽名钓誉的政绩工程；不与民争利，努力为人民谋福祉。

（三）适用社会主义核心价值观语境下的考评方法

廉政道德评价是基于一定的廉政道德观念和规范，对公务员的职务

---

① 《李商隐全集》上，华雅士书店 2002 年版，第 25 页。

行为所作出的一种价值评判。有效构建社会主义核心价值观语境下的廉政道德评价体系，应该遵循以下评价方法。

1. 动态跟踪与目标测评相结合方法

评价是一种手段，也是对评价对象进行动态考察以达到自我建设的过程。当前，要加强公务员廉政道德建设，应以是否践行社会主义核心价值观来贯穿公务员考录与提拔使用的全过程。如在公务员录用中融入廉政道德考查内容，在公务员任职考核和日常考核过程中引入廉政道德评价的内容，尤其是在公务员提拔任用过程中应加大廉政道德考察的权重。通过一系列严格而有效的测评手段，能清晰了解受考核对象在廉政道德方面存在的优势与不足，进而提出有参考价值的意见和建议。特别是针对那些在廉政道德方面存在突出问题的公务员，在提拔使用中可以采取"一票否决"制，从而真正达到以评促改的目的。总之，利用动态跟踪与目标测评相结合的办法，能促使公务员自觉主动地加强学习，积极培养健全的职业伦理，倡导慎独、慎思、自省、自重意识，帮助他们有效提升自身道德修养。

2. 自主评价与他方评判相结合方法

任何事物的评价目的都是为了能更好地促进被评对象的进步与完善，公务员廉政道德考评也不例外。它不仅需要自主评价，更有赖于他方评判，而这两种评价方式都应以践行社会主义核心价值观为参考坐标。自主评价就是对照社会主义核心价值观的要求，依据上述廉政道德行为规范，通过自我认知、自我诊断、自我修正、自我完善的过程来促使公务员提高自身道德修养，合理给出自己的评价分数。而他方评判则是指与公务员有隶属关系、亲友关系或其他利害关系的主体对其在遵守廉政道德行为规范方面所作出的评价，并相应地打出评判分数。通过两个分数的对比，大致能反映出该公务员在自身价值观念和行为模式上是否真正符合廉政道德的具体要求。总之，利用这两种评价方法，发挥其导引功能和诊断作用，最终使被评对象由他方评判逐渐转变为自主评价，从而完成公务员廉政道德建设的理论自觉和行动自信。

3. 定性评价与定量分析相结合方法

在具体设计公务员廉政道德评价指标体系中，对那些模糊的、不确定的特征、属性需要做定性评价，而对那些特征、属性都比较明确的条目内容，应尽可能做定量分析。定性评价要求筛选出廉政道德中最关键的主要因素或影响因子，能准确反映公务员廉政道德的内涵，科学确立评价权重。如围绕廉政道德行为规范具体内容，可从诚信、清正、勤俭、公正、亲民这五个一级指标来加以设计，而且每个一级指标可通过专家咨询等办法设定相应的权重。当然，一级指标下面还可以细分为二级、三级甚至更多级指标，但这并不忽略对公务员廉政道德所做的定量分析。定量分析则是指运用一定的计算公式对相应的评价指标条目做出评估，测算出公务员在该指标条目上所得的分数或比重，应充分利用领导点评、服务对象测评、纪检监察审计、媒体调查等多种角度来反映公务员廉政道德的实践效果。诚然，从单个角度去做定量分析难免会有误差，只有综合考量方能作出科学的定性判断。总之，党政机关应确立公务员廉政道德方面的主要元素，并确定合理的评价指标权重，构建较为全面规范的廉政道德评价指标体系，从而为新时期公务员队伍建设提供可具操作性的考评办法。

理论自觉与实践情怀：大学生社会主义核心价值体系教育研究的两个维度

储德峰*

[摘 要] 大学生社会主义核心价值体系教育研究正面临着理论品性不足、实践情怀空乏的困境。走向理论自觉的大学生社会主义核心价值体系教育研究，需要正确理解其本身所具有的意识形态教育品性，自觉强化基础理论研究，把生活世界作为研究的现实之域和问题之源，增强问题意识。此外，大学生社会主义核心价值体系教育研究还应具有实践情怀，这种实践情怀的本质是人文情怀，是基于大学生社会主义核心价值体系教育实践现状的理想情怀、真诚关切，具有超功利关怀的性质。

[关键词] 大学生社会主义核心价值体系教育 理论自觉 实践情怀

党的十六届六中全会从思想道德建设的高度首次旗帜鲜明地提出并系统阐述了"建设社会主义核心价值体系"这一重大命题。党的十七大报告又明确指出要"切实把社会主义核心价值体系融入国民教育和精神文明建设全过程，转化为人民的自觉追求"①。党的十八大报告则

---

* 储德峰，男（1972— ），安徽安庆市人，现为上海政法学院副研究员、上海政法学院继续教育学院副院长、上海政法学院高教研究所兼职研究员、上海大学马克思主义学院博士研究生。主要研究领域：马克思主义哲学和伦理学。近年来，出版专著 1 本，在《中国高等教育》、《江苏高教》、《现代大学教育》、《高教探索》等国内外刊物上发表德育类论文二十余篇。

① 《十七大以来重要文献选编》（上），中央文献出版社 2009 年版，第 26 页。

再次强调"要深入开展社会主义核心价值体系学习教育，用社会主义核心价值体系引领社会思潮、凝聚社会共识"①，并把"加强社会主义核心价值体系建设"纳入新修订通过的总纲之中。党的这一系列举措充分表明，我们党对社会主义在中国发展应当秉承并坚持的核心价值理念，有着足够的自觉和清醒的认识。教育是"无形的精神力量"② 变成"现实力量"的重要实现途径，而教育研究则为教育实践提供理论指导和实践指引。有鉴于此，本文拟就大学生社会主义核心价值体系教育研究这一问题略作探讨，当具意义。

一　当前大学生社会主义核心价值体系教育研究的现状：理论品性不足、实践情怀空乏

理论品性和实践情怀之于理论研究的重要性，不言而喻。这点对于大学生社会主义核心价值体系教育研究而言，自然也不例外。诚然，自党的十六届六中全会首次提出"建设社会主义核心价值体系"这一重要命题以来，高校就一直把"社会主义核心价值体系教育"作为思想政治理论课和大学生思想政治教育的重要内容。当前学界也对大学生社会主义核心价值体系教育从不同的视角进行了深入的研究，为社会主义核心价值体系教育研究和实践的进一步深入奠定了较为坚实的理论基础。但是，随着研究的日渐深入，理论品性不足、实践情怀空乏等问题也日益凸显。

（一）研究的理论品性不足

研究的理论品性是理论研究的价值指标，因为它不仅代表着研究自身的理论水平的高低，而且还直接影响理论研究能否为社会实践提供有价值的帮助和指导。缘于这种判断，笔者以为，当前我国大学生社会主义核心价值体系教育研究之所以陷入"理论成果众多而用之指导下的教育实践实效性低下"的困境，究其根底，和当前大学生社会主义核

---

① 胡锦涛：《坚定不移沿着中国特色社会主义道路前进　为全面建成小康社会而奋斗——在中国共产党第十八次全国代表大会上的报告》，人民出版社 2012 年版，第 31 页。

② 韦伯：《新教伦理与资本主义精神》，陕西师范大学出版社 2007 年版，第 76 页。

心价值体系教育研究的理论品性不足有着某种内在关联。当然，造就研究理论品性不足的原因是多方面的。具体到当前大学生社会主义核心价值体系教育研究，主要缘于对于意识形态教育的曲解和问题意识的缺失。

1. 研究者对于意识形态教育的曲解

毋庸置疑，也无须讳言，社会主义核心价值体系具有意识形态品性，意识形态教育功能是大学生社会主义核心价值体系教育的首要功能。但是，一些学者因对意识形态教育的特殊性有着天然的漠视甚至是抵触心理，以至于在他们的潜意识之中，始终认为大学生社会主义核心价值体系教育乃至整个意识形态教育根本不是一个学理性问题，对此问题的研究既无须也无法进行学理性探究，只需要按照官方文件进行解读即可。这种"抵触"和"曲解"情绪的蔓延势必会影响研究的理论品性，而理论品性不足的研究成果不但不能给予实践任何有价值的指引，甚至会严重影响大学生社会主义核心价值体系教育实践的正常实施。

客观地说，当前学界对于大学生社会主义核心价值体系教育的研究相当热烈，研究成果层出不穷，虽不敢说达到了汗牛充栋的地步，却也无愧于用"海量"来形容。但综而观之，大多研究层次不高、理论水平不足，与其说是"理论研究"，不如说是"官方式解读"或"经验式总结"，毫无自主性和创新性，而且重复研究现象比较严重。这些所谓的"理论成果"在某种意义上可以归功于研究者对于意识形态教育的"抵触"和"曲解"。

2. 研究者的问题意识的缺失

问题意识是每一位研究者所应该具有的重要素质。如果研究者没有问题意识或者问题意识淡薄，那么其研究的理论品性必然会受到影响。因为"科学和知识的增长永远只能始于问题，终于问题——愈来愈深化的问题，愈来愈能启发大量新问题的问题"①。对此，马克思也曾说过"一个时代的迫切问题，有着和任何在内容上有根据的因而也是合理的问题共同的命运：主要的困难不是答案，而是问题"②。爱因斯坦

①　波普尔：《科学知识进化论》，生活·读书·新知三联书店 1987 年版，第 184 页。
②　《马克思恩格斯全集》第 1 卷，人民出版社 1995 年版，第 203 页。

也认为"提出一个问题往往比解决一个问题更重要，因为解决一个问题也许仅是一个数学上的或试验上的技能而已。而提出新的问题，新的可能性，从新的角度去看待问题，却需要有创造性的想像力，而且标志着科学的真正进步"[①]。

当然，问题意识的淡漠和缺失，客观地说，不是大学生社会主义核心价值体系教育独自面临的问题，而是我国人文社会科学研究中普遍存在的现象。对照现实，我们不可否认缺乏问题意识或问题意识不强正是我们理论研究难以取得突破性进展的重要因素之一。我们甚至可以在某种意义认为，正是"问题意识的缺失"造成了"理论工作行为的短期化"和"在看似愈来愈规范的学术研究中，理论与现实渐行渐远"[②] 的现象。问题意识的缺乏直接导致大学生社会主义核心价值体系教育研究无法找到自己的"问题域"。当前的大学生社会主义核心价值体系教育，由于没有了问题自然无法进行深入的理论探求，只能对社会主义核心价值体系理论本身，进行"形式各异"但"本质雷同"的解读。于是，当前的大学生社会主义核心价值体系教育就日渐陷入只能"照着讲"而不能"接着讲"[③] 的尴尬境地。众所周知，"理论最基本的品性是说理和论证，说清楚某一事物或事情的道理并加以论证"[④]。没有问题指向的研究如何能指导实践，如何引导大学生对社会主义核心价值体系的认识顺利完成由"感性认知"到"理性认知"到"情感认同"到"内化于心"再到"外化于行"的过程？

（二）研究的实践情怀空乏

与"理论品性不足"一样，"实践情怀空乏"也是当前理论研究普

---

① 爱因斯坦、英费尔德：《物理学的进化》，周肇威译，上海科技出版社 1962 年版，第 59 页。

② 吴晓明：《理论自觉：从基础问题出发（专题讨论）——论中国学术的理论自觉》，《江海学刊》2012 年第 5 期。

③ 哲学家冯友兰曾经说过：对于中国哲学，有两步工作要做：先是"照着讲"，然后是"接着讲"。"照着讲"是指研究刚开始时，要能够按照哲学的本意进行阐述而不走样；"接着讲"，则是指在这个基础上，把哲学的一般概念与自己所要研究的具体内容相联系、相印证，强调的是百尺竿头更进一步。

④ 辛继湘：《教学论研究：理论自觉与实践情怀》，《课程·教材·教法》2012 年第 9 期。

遍存在且始终无法根治的问题之一。当前大学生社会主义核心价值体系教育研究的实践情怀空乏，主要表现在：理论研究缺乏实践意识和人文关怀以及理论研究的功利性等方面。

　1. 理论研究缺乏实践意识

　　其实，理论研究的实践意识是指理论研究必须根植于实践，这是每一位研究者心中最为明了的原则。但在对当前大学生社会主义核心价值体系教育研究的反思中，却很少有人真正触及这个"真问题"。时代在飞速发展，当代大学生所融身于其中的社会的复杂性在不断增强和加深，高校的课堂教学和课外教育本身的生成性、丰富性和不确定性也在不断增进，这些都使得针对大学生所展开的社会主义核心价值体系教育实践会遭遇到很多新的问题和矛盾。理论研究者原本应该对教学实践中出现的这些新问题、新矛盾予以关切，了解教育实践的实际情况和迫切需要，真诚面对教育实践的现实问题与矛盾；但在现实之中，许多理论研究者或热衷于追求从观念世界到观念世界的逻辑推理中寻求问题的答案，或热衷于对社会主义核心价值体系做"宣传式"、"注脚式"的解读，或热衷于对前人的研究成果进行归纳总结、改头换面，或热衷于构建所谓新的解读范式和理论体系，对大学生社会主义核心价值体系教育中所遭遇到的"真问题"却视而不见、听而不闻，反应迟钝。对此，也有学者把这种现象归因于研究者的知识经验、学识功底、思维能力，但归根结底，其主要原因在于研究者对教育理论研究必须根植于教育实践缺乏足够的理解和足够的自觉意识。

　2. 理论研究缺乏人文意蕴

　　事实上，除了理论研究缺乏实践意识，对教育活动本身未能予以足够的人文关怀，也是造就理论研究实践情怀的空乏的重要原因之一。研究者基于"主客二分"的思维定式，习惯于把教育实践活动视为单纯的、孤立的、外在于人的研究客体，习惯于根据研究的需要把教学实践活动分解成一个个孤立的环节和片段，而对教育实践活动缺乏整体性和关联性理解，习惯于站在解释者的立场对生动多样、充满不确定性的教育实践做出朝向既定目标的解释，而不懂得教育实践对于理论所具有的检验、修正和补充功能正是理论与时俱进品质的具体体现。更有甚者，为了追求数据或结论的精确性，而用看起来直观、明了、清晰的数量关系代替教育活动的生动性和复杂性，无视教学实践中的人，大大淡化了教育实践的人文意蕴。但是，社会主义核心价值体系教育的本真目的，归根到底，也是为了培养人、成就人。尽管研究的直接对象是大学生社会主义核心价值体系教育实践活动本身，但人是研究的最终目的，这点无可争议。大学生社会主义核心价值体系研究是为了让当代大学生真正做到理解、接受、认同和践行社会主义核心价值体系，从而在为社会做出应有贡献的同时成就自己。

　　3. 理论研究的功利性

　　当然，除上述原因之外，研究者过于功利的态度和做法也是理论研究缺乏人文情怀的原因之一。通过研究问题和实践过程揭示规律、探讨之于人生的意义，这是研究的"应然目的"。但在实然之中，研究的功利性是大量客观存在的，特别是在当前这样一个数量化的考核机制备受推崇的时代。追求利益的最大化成为了推动研究实现所谓超级量变的最大原因。研究者的眼中只有诸如科研工作量、职称晋升、成果获奖等外在利益，而无视研究之于人自身的意义。这样为满足量化考核指标而进行的研究又怎能不出现实践情怀空乏的现象呢？

二　走向理论自觉的大学生社会主义核心价值体系教育研究

　　大学生社会主义核心价值体系教育，实践性很强。走向理论自觉的大学生社会主义核心价值体系教育研究必须正确理解意识形态教育品性，自觉强化基础理论研究，对教育实践过程中可能出现的各种复杂现象和问题有着足够、全面、清醒的认识，"这种认识不是肤浅而是深刻的，不是局部而是整体的，不是零散而是有着逻辑关联的，不是囿于教学现实而是既出乎其中又跃乎其上的"[1]。而且这种认识还必须"由'自在'的环节进展到'自为'的阶段"[2]。

---

　　① 辛继湘：《教学论研究：理论自觉与实践情怀》，《课程·教材·教法》2012年第9期。
　　② 吴晓明：《理论自觉：从基础问题出发（专题讨论）——论中国学术的理论自觉》，《江海学刊》2012年第5期。

（一）正确理解意识形态教育品性，自觉强化基础理论研究

对于核心价值体系教育，有些学者一直对其意识形态教育品性心存偏见。这种心态已经严重影响了当前大学生社会主义核心价值体系教育研究的理论品性。其实，无论是何种教育，其本质都是一个关涉人的成长成才和人生幸福的问题。这也是教育所承载的本质使命和最终目的。在此意义上，任何教育最终都会殊途同归，引导人们追求向善的生活，当然也应该包括具有意识形态教育性质的大学生社会主义核心价值体系教育。无可否认，大学生社会主义核心价值体系教育，首先是一个学术问题，而理论则是学术的坚实内核。因此，大学生社会主义核心价值体系教育研究的理论自觉问题，首当其冲的应是正确理解社会主义核心价值体系教育的意识形态教育品性，从而实现对基础问题研究的自觉，即需要自觉研究大学生对社会主义核心价值体系的"感性认知"、"理性认知"，以及由"感性认知"上升到"理性认知"的实现路径和方法；自觉研究使大学生对社会主义核心价值体系的理解实现由"认知理解"向"情感认同"跨越的教育路径和方法；自觉研究大学生对社会主义核心价值体系的理解由"内化于心"到"外化于行"的教育机制；等等。当然，这些环节都是大学生社会主义核心价值体系教育实践的关键环节，这些问题则是对大学生社会主义核心价值体系教育进行研究的基础问题，能否自觉把握、深入研究，对教育活动的开展效果而言，至关重要。

理论上，当代大学生对于社会主义核心价值体系的理解不构成问题，因为大学生是时代的精英。但是"理性认知"并不等于"情感认同"，"情感认同"也并不意味着一定能形成"共识"，"思想上的共识"也未必能真正的"内化于心"，"内化于心"也未必能"外化于行"。表面看来，这些环节的递进似乎都顺理成章、理所当然。而事实上，每一步的跨越都是相当艰难的。仅以"理性认知"到"情感认同"环节为例。社会主义核心价值体系的真理性已被中国近代以来的历史特别是改革开放以来的中国巨大变迁所证明，当代大学生寓身于变迁之中，感同身受，不证自明。但是"认同"是指向个体自身的，认同遵循"自愿原则"，因为"我们不知道有任何一种力量能够强制处在健康

清醒状态的每一个人接受某种思想"①。此外，认同还遵循"利益原则"，因为在人类的一切历史中，"人们为之奋斗的一切，都同他们的利益有关"②。所以，研究"理性认知"到"情感认同"环节，认同的自愿原则和利益原则自然应成为题中应有之义。所以，理论自觉，首先要深入问题本身，对那些"似是而非"的问题要有高度自觉，强化基础理论研究。

（二）回归生活世界，增强问题意识

"生活世界"③ 始见于现象学大师胡塞尔的论著《欧洲科学的危机与超越论的现象学》一书，后经维特根斯坦的"生活形式"、海德格尔的"日常共在世界"以及哈贝马斯的建立在交往基础上的"生活世界观"的相继阐发，已经被赋予本体论意义——"现实生活是其他一切活动的价值与意义之源，社会生活的其他问题应到生活世界中寻找答案"④。所以，大学生社会主义核心价值体系教育研究向生活世界的回归，是提升研究理论品性的必要前提。

生活，毫无疑问一定是人的生活。生活世界，也一定是人融身于其中、生活于其中并证明其自身存在的世界。马克思也认为，"人们的存在就是他们的现实生活过程"⑤。"生活世界是其他一切活动的前提和基础，其他活动只是对现实感性活动的符号化、观念化。"⑥ "无论思想或者语言都不能独自组成特殊的王国，它们只是现实生活的表现。"⑦ 由此可见，社会生活对于观念和意识而言，具有优先性和根本性，"物质生活的生产方式制约着整个社会生活、政治生活和精神生活的过程。不

---

① 《马克思恩格斯选集》第 3 卷，人民出版社 1995 年版，第 426—427 页。

② 《马克思恩格斯选集》第 1 卷，人民出版社 1995 年版，第 157 页。

③ 在胡塞尔那里，"生活世界"是与"自在的真的世界"即"科学世界"对立的世界，是一个通往其超越论现象学的路径和基础。

④ 曾艳：《社会主义核心价值体系教育认同的生活世界视角》，《理论探索》2013 年第1 期。

⑤ 《马克思恩格斯选集》第 1 卷，人民出版社 1995 年版，第 72 页。

⑥ 曾艳：《社会主义核心价值体系教育认同的生活世界视角》，《理论探索》2013 年第1 期。

⑦ 《马克思恩格斯全集》第 5 卷，人民出版社 1995 年版，第 525 页。

是人们的意识决定人们的存在，相反，是社会存在决定人们的意识"①。所以，"一切有关意识和观念的问题都应该到现实生活中去寻求答案"②。现实生活既是理论研究的问题之源，同时也是答案之所。因而，大学生社会主义核心价值体系教育研究必须回归当代大学生的生活世界，在生活世界之中寻求社会主义核心价值体系教育实践中的"原发性问题"，以增强问题意识；在生活世界之中寻求大学生对社会主义核心价值体系的理解认同路径，以实现理论自觉。

三　走向实践情怀的大学生社会主义核心价值体系教育研究

如果说自觉提升研究的理论品性是理论研究的内在要求，那么走向实践情怀则是理论研究的对外指向。大学生社会主义核心价值体系教育研究的实践情怀，是指研究者对于大学生社会主义核心价值体系教育实践的自觉意识和人文关怀，其实质就是人们通常所说的人文情怀。

（一）基于实践现状的理想情怀和真诚关切

理论研究的理想性就是理论研究追寻研究成果的理想状态的意愿和品质。正是这种理想性才使得理论研究既能超然于实践又能与实践相通相融，从而能够引领实践取得理想性结果。但是，追寻理想不是无视实践的问题和需求的玄思妙想。因为理想无论如何美妙，都得有现实实践的根基。当前一些关于大学生社会主义核心价值体系教育研究的理论研究成果之所以让教育实践者敬而远之，甚至不屑一顾，究其根底，缺乏实践意识，脱离实际、自言自语是其最根本的原因。当然，强调大学生社会主义核心价值体系教育研究要具有实践情怀，并不是要我们的理论研究去刻意迎合实践，那样的话，理论研究也会因其失去理论品性而无法为实践提供有益指导。事实上，理论研究需要和实践保持一定的距

---

① 《马克思恩格斯选集》第 2 卷，人民出版社 1995 年版，第 3 页。

② 曾艳：《社会主义核心价值体系教育认同的生活世界视角》，《理论探索》2013 年第 1 期。

离，因为这样更有益于研究者看清大学生社会主义核心价值体系教育实践的"庐山真面目"，从而准确把握大学生社会主义核心价值体系教育的所应遵循规律和采用的方法，将大学生社会主义核心价值体系教育实践活动引向合理发展方向。

除此之外，大学生社会主义核心价值体系教育研究的实践情怀，还在于理论研究能时刻对大学生社会主义核心价值体系教育实践现状予以真诚关切。虽然大多理论研究者身处书斋，但必须心系实践，努力将自己的生命情怀和理想性追求融入大学生社会主义核心价值体系教育实践之中，力争做到"确认思想与经验的一致，并达到自觉的理性与存在于事物中的理性的和解，亦即达到理性与现实的和解"[①]。唯有如此，大学生社会主义核心价值体系教育实践方能在真正遇到实际难题或陷入困境时，得到理论研究的真正而有效的指导。

（二）人文情怀的本质

大学生社会主义核心价值体系教育，从根本上说，是大学生思想政治教育的重要内容。思想政治教育，毫无疑问，是以解决人的意义生存为目的，但它所面对的是人体现其存在的生命世界，所指向的是人证明其自身存在的活动。所以，大学生社会主义核心价值体系教育研究所应具有的实践情怀，究其本质而言，是以实现人更好生存状态为目的的人文情怀。大学生社会主义核心价值体系教育研究的首要前提就是要讲清楚为什么要对大学生进行社会主义核心价值体系教育的道理，所以，追求客观性和科学性自然是其题中应有之义。但教育活动的最基本的属性是人文性——教育对象的鲜活具体、各个迥异，教学过程的开放性、情境性以及创生性等。因此，大学生社会主义核心价值体系教育研究需要把充满人文气息的教学活动"从抽象理念的裁剪下挣脱出来，恢复其丰富具体的个性，显示其内蕴的异质性、矛盾、裂缝和不协调支出，避免将生命创造的脉络僵化为思辨逻辑的构架"[②]，避免将教育过程中人的过度抽象，避免用精确的数量关系去衡量和评价教育的效果，才能保

---

① 黑格尔：《小逻辑》，商务印书馆 1996 年版，第 43 页。
② 孙正聿、杨晓：《哲学研究的理论自觉》，《哲学研究》2011 年第 3 期。

证大学生社会主义核心价值研究的人文情怀和终极关切。

（三）超功利关怀的性质

大学生社会主义核心价值体系教育研究的根本目的，是为了更好地指导大学生社会主义核心价值体系教育实践，确保当代大学生能对社会主义核心价值体系产生正确的认知、理解、认同并达成共识，继而内化于心、外化于行，促进当代大学生的人生幸福与完满。这就是大学生社会主义核心价值体系教育研究实践情怀的超功利性。因为"人的本质不是单个人所固有的抽象物，在其现实性上，它是一切社会关系的总和"①，所以，在数量化考核指标盛行的时代，研究者的研究行为难免会带有功利性。但是，功利性太强带来的直接效应必然是"理论品性和实践情怀"的双重缺失，且用之指导下的大学生社会主义核心价值体系教育实效性低下，并最终会导致"三无论"倾向，即认为社会主义核心价值体系是新瓶装旧酒、解决不了实际问题的"无用论"；认为社会主义核心价值体系的学习是与普通老百姓和大学生无关的"无关论"；认为社会主义核心价值体系是原则要求、一般号召，不好具体实施，难以有所作为的"无为论"②。所以，大学生社会主义核心价值体系教育研究要想走出当前困境，有所作为，实现对教育实践的关怀，迫切需要的就是研究者的超功利的态度，摒弃数量化考核的诱惑，坚守学术研究的信念，保持对学术研究的敬畏之心，心系实践，关心人、理解人、尊重人，在理论研究之中实现自己的生命价值和人生意义。

---

① 《马克思恩格斯选集》第 1 卷，人民出版社 1995 年版，第 60 页。
② 马可、朱承贵：《社会主义核心价值体系的实践困境与破解方式》，《探索》2013 年第 4 期。

体面劳动的价值旨趣及当代省思[*]

杜德省^{**}

[摘　要] 劳动创造价值，创造人类历史。在资本主义制度下，劳动成为"异己的力量"，劳动者无法自由、体面地劳动。扬弃异化劳动，实现自由劳动，是马克思主义的本真精神。在社会主义阶段，体面劳动是由异化劳动走向自由劳动的关键环节。社会主义的本质，要求尊重劳动、劳动者，让劳动者实现体面劳动。当代语境下，让劳动者实现体面劳动，就意味着让劳动者能够更多更公平地分享经济社会发展的成果，使他们的生活质量和生活水平都得到较大提高，过上更加幸福美好的生活。现阶段，从更深层次上关注和改善民生，充分的就业机会、公正的制度安排、完善的保障机制是必然与应然之选择。

[关键词] 体面劳动　价值旨趣　当代省思　民生关怀

"体面劳动"（Decent Work），是国际劳工组织总干事胡安·索马维亚首次提出的，目的是通过促进劳动者的就业、社会保障、基本权益、协商对话，来保证广大劳动者能够体面地、有尊严地劳动。让劳动者体面地劳动，得到了包括中国在内的世界各国政府的积极响应。因为"体面劳动作为一种社会稳定性机制，通过该机制可以将冲突变为对话

---

　　* 　基金项目：上海市哲学社会科学规划项目"马克思主义民生思想及其当代实践意义研究"（2012BKS001）阶段性成果。
　　** 　杜德省（1977— ），男，山东莒县人，华东师范大学马克思主义与当代发展研究中心博士研究生，烟台大学讲师，主要从事马克思主义理论与当代社会发展问题研究。

和社会共识。……体面劳动是一个真正的全球目标"①。在中国语境，"努力让劳动者实现体面劳动"，既是对马克思劳动价值论的积极确证，也是对现阶段社会民生的深层关切，更是全面建成小康社会、实现中华民族伟大复兴中国梦的内在要求。

一

　　按照马克思的观点，劳动是人类社会生存和发展的根本条件，是人区别于一般动物的本质特征。劳动创造了人，也促使人类自身的发展；劳动创造了物质产品和精神产品，创造了社会财富和人类文明。马克思以劳动（实践）为逻辑起点，站在古典经济学家的臂膀上，建构了科学的劳动价值论。马克思劳动价值论认为，劳动是价值的唯一源泉，但是"劳动并不是它所生产的使用价值即物质财富的唯一源泉"②。价值"只是无差别的人类劳动的单纯凝结，即不管以哪种形式进行的人类劳动力耗费的单纯凝结"③，"含有等量劳动或能在同样劳动时间内生产出来的商品，具有同样的价值量"④。也就是说，一般的、无差别的人类劳动，即抽象劳动才是价值的唯一源泉。那么，价值与劳动是一致的，价值量与劳动量成正比，有劳动就有价值，无劳动就无价值，有多少劳动就有多少相应的价值，不存在无劳动的价值，也不存在无价值的劳动。然而"价值表现的秘密，即一切劳动由于而且只是由于都是一般人类劳动而具有的等同性和同等意义，只有在人类平等概念已经成为国民的牢固的成见的时候，才能揭示出来"⑤。可见，马克思的劳动价值论蕴含这样的道理：劳动面前，人人平等！也可以这样认为，追求人的平等、提升劳动的尊严是劳动价值论的本真精神。

---

　　①　《国际劳工组织总干事索马维亚在中国就业论坛上的讲话》（http：//news. xinhuanet. com/newscenter/2004-04/28/content_ 1445411. html）。

　　②　《马克思恩格斯全集》第 23 卷，人民出版社 1972 年版，第 57 页。

　　③　同上书，第 51 页。

　　④　同上书，第 52—53 页。

　　⑤　同上书，第 74—75 页。

　　马克思向来尊重劳动和劳动者。他认为："劳动作为使用价值的创造者，作为有用劳动，是不以一切社会形式为转移的人类生存条件，是人和自然之间的物质变换即人类生活得以实现的永恒的自然必然性。"①但是，在资本主义制度下，"货币占有者要把货币转化为资本，就必须在商品市场上找到自由的工人。……他没有别的商品可以出卖，自由得一无所有，没有任何实现自己的劳动力所必需的东西"②。资本奴役着劳动，劳动成为"异己的力量"，劳动力被迫成为商品，劳动力创造的成果，即剩余价值被资本家无偿占有。一方面，由于资本主义生产的牟利本质，资本家贪婪地追求剩余价值，把工人看作是一种特殊的资本，甚或是会赚钱的"活机器"。工人只能得到继续生存所需要的、最低限度的生活资料，一旦"生活资料的价格稍稍上涨一点，或者一旦无工可做，或者生病，都会加深工人的贫困，使他完全毁灭"③，工人普遍处于贫困边缘。资本家却还经常采取延长劳动时间、提高劳动强度等办法榨取超额剩余价值。工人和资本家的生活状况之间的鸿沟越来越深，资本家根本没有给工人提供能够体面劳动的条件。另一方面，虽然科学技术出现了一定程度的发展，但是社会生产力水平总体上还比较低，劳动还主要是以体力劳动为主。而且由于客观历史条件的局限，生产工具相对落后，工人的科学文化素质又普遍不高，脑力劳动发挥的作用也就极其有限，劳动主要不是一种享受，而且仅仅是一种谋生的手段，因此工人自身无法创造体面劳动的条件。

　　马克思非常同情工人劳动的不体面，崇尚没有剥削和压迫的社会。资本家对工人阶级的残酷无情的压榨，使他看清了资产阶级经济世界的虚假与颠倒。马克思从现实的经济事实出发，从工人与产品的关系进入劳动的过程中，揭示了资本主义制度下的劳动是一种异化的、外化的劳动，为之服务的"国民经济学由于不考察工人（劳动）同产品的直接关系而掩盖劳动本质的异化"④。马克思在对异化劳动的考察中，看到了他那个时代现实的人的境况，并对那种惨淡表象下的邪恶本质给予了

①　《马克思恩格斯全集》第 23 卷，人民出版社 1972 年版，第 56 页。
②　《马克思恩格斯选集》第 2 卷，人民出版社 1995 年版，第 172 页。
③　《马克思恩格斯全集》第 23 卷，人民出版社 1972 年版，第 737 页。
④　马克思：《1844 年经济学哲学手稿》，人民出版社 2000 年版，第 54 页。

深刻分析和无情揭露。他写道："异化既表现为我的生活资料属于别人，我所希望的东西是我不能得到的、别人的占有物；也表现为每个事物本身都是不同于它本身的另一个东西，我的活动是另一个东西，而最后，——这也适用于资本家，——则表现为一种非人的力量统治一切。"① 异化劳动使人与自己的产品、自己的生命活动、自己的类本质相异化，也必然导致人与他人（也就是资本家）的对立和异化。异化劳动使人的"自由自觉的活动"畸变为"仅仅维持自己生存的手段"，遏制了人性的自由，阻碍了人的全面发展，因而它必将被扬弃。扬弃异化劳动，意味着人从劳动中获得解放，劳动成为彰显自我意识和主体能动的自由自觉的活动，即自由劳动。

自由劳动是对劳动和劳动者自身的肯定。人的自由劳动是人的自我异化的积极扬弃，是人对人主体自身的本质的真正占有，"是人向自身、向社会的即合乎人性的人的复归"②。这种复归是在以往发展的全部基础上生成的。马克思认为，资本主义社会的异化劳动已经"自在地"为个人生产力的全面的、普遍的发展创造和建立了充分的物质条件。这种建立在以往发展的全部物质条件之上的自由劳动，一方面使得劳动者能够依照自己的个性来做这样或那样的选择，另一方面也使得劳动者由此获得自由、充分、全面的发展。依照马克思的观点，"只有在共同体中，个人才能获得全面发展其才能的手段"③，换言之，只有在"共同体"中才可能使个人实现真正的自由。这个"共同体"就是"自由人联合体"的社会，即共产主义社会。在共产主义社会，任何人都没有特殊的活动范围，每个人都可以在自己想要干的部门里工作，整个生产过程由社会统一调节，因而人人都"有可能随自己的兴趣今天干这事，明天干那事，上午打猎，下午捕鱼，傍晚从事畜牧，晚饭后从事批判"④，体面而自由地生活。

马克思认为，是资本主义的贪婪造成了工人生活的贫困，使得工人无法也不可能自由地劳动、体面地生活。工人阶级要实现自由劳动和体

---

① 马克思：《1844 年经济学哲学手稿》，人民出版社 2000 年版，第 130 页。
② 同上书，第 81 页。
③ 《马克思恩格斯选集》第 1 卷，人民出版社 1995 年版，第 119 页。
④ 同上书，第 85 页。

面生活，只有联合起来，与资产阶级抗争，去剥夺那些剥夺者，建立"自由人联合体"。因此，从某种意义上讲，马克思主义就是克服异化劳动、实现自由劳动。诚然，推翻资本主义，扬弃异化劳动，实现共产主义和自由劳动，并不是一蹴而就的，而是一个渐进的、漫长的历史进程。这包括资本主义过渡阶段、社会主义阶段和共产主义高级阶段。在漫长的历史进程中，每一个摆脱资本主义发展阶段的劳动，我们都可以叫作"自由劳动"，但是劳动的自由程度是不同的，是有差异的。现在，资本主义生产力高度发展，社会主义还处于初级发展阶段，在两种社会形态并存的现实境况下，马克思所描绘的自由劳动有着特殊的表现形式，那就是一种介于异化劳动和自由劳动之间的、较为有尊严的劳动，即体面劳动。这种有尊严的体面劳动的实现，是由异化劳动走向自由劳动的关键环节。

二

社会主义是由资本主义迈向共产主义的一个重要发展阶段。依照马克思的设想，在社会主义社会里，社会成员共同占有生产资料，劳动力和生产资料可以直接结合，不再存在商品经济，交换失去了意义，价值规律也不再起作用。可是，我国社会主义社会现在正处于并将长期处于社会主义初级阶段，生产力落后和发展不平衡的现实，要求我们必须对传统社会主义政治经济学进行根本性突破，由此建立了社会主义市场经济体制。市场经济条件下，各种非公有制经济实体大量存在，外国资本也直接或间接参与经济生产，而且国有资产的保值增值也都是以国有资本的形态存在，"资本"仍然在经济运行中发挥着巨大作用。另外，由于市场在资源配置中起决定性作用，劳动力的流动也不得不通过市场来完成。劳动者与生产资料的结合，绝大多数仍然还是要通过"雇佣"的形式。也就是说，社会主义社会的劳动在劳动形态上，还保留了交换劳动的特征，劳动价值主要是以商品价值为外在表现形态。所以，社会主义市场经济要求劳动者交换劳动，进而体现劳动的价值之存在。但是，社会主义社会的本质，要求劳动者自主劳动、自由劳动。这是我国社会主义社会的基本现实，与马克思原来的设想有所不同。

马克思一直强调，劳动是创造商品价值的源泉。我们如果从传统的政治经济学观点来看，那么创造价值的只有物质生产部门里那些以体力为主的劳动。然而，随着经济社会的发展，现代经营管理和信息技术正深刻地改变着人们的生产和生活方式，开始成为除劳动力、资本、土地之外的另两项重要的生产要素。面对当代社会劳动形式的新变化，我们有必要对马克思的劳动价值论进一步审视和澄清。其一，从内涵上看，应进一步明确，不仅体力劳动能创造价值，脑力劳动也能创造价值，而且能够创造更大的价值。那些从事部件组装的"蓝领"们的劳动，那些从事技术革新、知识承传、经营管理的"白领"们的劳动，以及那些私营企业主经营管理企业付出的劳动，都应该是创造价值的劳动。当然，马克思并没有否认它们在价值创造中的作用，只是由于所在时代的局限，当时没有做出详细的分析和阐述罢了。其二，从外延上看，也要明确，创造价值的劳动不仅包括从事物质生产的劳动，也应该包括从事第三产业的劳动。其实，马克思当时已经意识到了这一点，他是利用"总体工人"的概念来指认参与"直接生产"与"间接生产"的工人总和，由此高度概括了物质生产劳动与非物质生产劳动的统一。

生产劳动的主体是具体的、现实的人。人是价值创造的主导因素。所有的生产要素，包括机器、知识都是人创造出来的。没有人去创造，机器、知识不会产生更不会更新；没有人去使用，机器、知识也不能创造任何价值。人的劳动是价值创造的决定因素。没有"活劳动"的创造，任何价值都无法形成。创造价值的劳动，既包括直接劳动也包括间接劳动（含服务性劳动），是作为一个整体而存在的。如马克思所说："生产劳动就是一切加入商品生产的劳动（这里所说的生产，包括商品从首要生产者到消费者所必须经过的一切行为），不管这个劳动是体力劳动还是非体力劳动（科学方面的劳动）。"[①] 在新的历史条件下，我们更深入地辨析与厘定劳动的内涵与外延，不仅起于学理探求的情怀，更是解决问题现实的追溯，根本目的在于重新发现劳动的价值，激发人们

---

① 《马克思恩格斯全集》第26卷第三册，人民出版社1974年版，第476页。

尊重劳动、劳动者，促使劳动、知识、技术、管理和资本的一切活力都
竞相迸发，为社会创造更多财富，造福于人民。尊重劳动、劳动者，其
终极目的在于解放劳动和劳动者，在于解放和发展生产力。换言之，生
产力的解放，第一位的是劳动和劳动者的不断解放；生产力的发展，第
一位的是劳动者素质和劳动效率的不断发展。

　　社会主义是对资本主义的扬弃，是对劳动和劳动者的解放。马克思
通过对资本主义本质的深刻批判，创造性地提出了对社会主义的预见。
他描述的是这样的"自由人联合体"：在那里已经消除了人剥削人、人
压迫人，没有任何人能够无偿地占有他人的劳动成果，一种在社会占有
生产资料基础上的"联合劳动"取代了雇佣劳动，劳动和劳动者获得
了自由解放。"解放生产力，发展生产力，消灭剥削，消除两极分化，
最终达到共同富裕"①，这是社会主义的本质。社会主义的本质，规定
了劳动者成为占有主体，即不仅占有劳动的主观条件（劳动力），而且
同时占有劳动的客观条件（生产资料）。以公有制为主体的社会主义基
本经济制度，也决定了劳动者是财产所有者或占有主体，即劳动者不仅
成为生产资料和生产要素的所有者，而且也成为自己劳动及劳动成果的
支配者。劳动者成为占有主体，是社会主义生产关系的本质要求。社会
主义生产关系反映着社会生产关系进步的逻辑，这在扬弃资本主义异化
劳动、迈向社会主义自由劳动的过程转变中，得以充分的展现和确证。
异化劳动向自由劳动转变的过程，是劳动者从不体面向体面转变的过
程，一定意义上，就是劳动和劳动者不断解放的过程，也是生产力解放
和发展的过程。

　　在马克思主义者看来，劳动者作为劳动的主体，是生产力发展的决
定因素。离开了劳动、劳动者，整个经济活动无法进行，社会生产力也
不能发展。劳动推动着经济社会发展和进步，劳动者的智慧和能力决定
着社会生产力的发展。如列宁所讲："全人类的首要的生产力就是工
人，劳动者。"② 劳动者是生产力中最活跃、最革命的因素，是历史的
创造者。在中国的社会主义实践中，毛泽东认识到："人民，只有人

---

① 《邓小平文选》第 3 卷，人民出版社 1993 年版，第 373 页。
② 《列宁选集》第 3 卷，人民出版社 1995 年版，第 821 页。

民，才是创造世界历史的动力。"① 邓小平强调："历史是人民群众创造的。"② 人民群众创造历史，推进社会进步，劳动者的地位至高无上。尊重劳动、劳动者，是社会主义社会的内在要求。党的十六大突出强调了劳动与劳动者的地位和作用，把"尊重劳动"确定为党和国家的重大方针，明确指出："要尊重和保护一切有益于人民和社会的劳动。不论是体力劳动还是脑力劳动，不论是简单劳动还是复杂劳动，一切为我国社会主义现代化建设作出贡献的劳动，都是光荣的，都应该得到承认和尊重。"③ 党的十七大把"以人为本"确立为科学发展观的核心，充分表达了党和国家对劳动者的尊重。2008 年《劳动合同法》的颁布实施，也凸显了党和国家对劳动者主体地位的重视。2010 年胡锦涛提出"让广大劳动群众实现体面劳动"，更是对"尊重劳动"方针的最新目标阐释，体现了党和国家对劳动者主体身份的尊重与认同。党的十八大之后，习近平也指出："要坚持社会公平正义，排除阻碍劳动者参与发展、分享发展成果的障碍，努力让劳动者实现体面劳动、全面发展。"④可见，"尊重劳动"、"让劳动者实现体面劳动"，这不仅是对社会主义初级阶段的科学判断，也是对社会主义本质要求的积极回应。

三

　　改革开放以来，随着社会生产力的大力发展，人民物质生活水平逐渐提高，广大劳动者获得了越来越多的尊重。但是，在赶超型发展思维的主导下，我们过多地关注劳动创造的物质财富，以及随之而来的综合国力增强和国际地位提高，而对劳动者的劳动条件、劳动报酬、劳动感受关注得不够。先后出现的"用工荒"、"短工荒"、"集体散步"、"十二连跳"等现象不得不令我们深思。这不仅是劳动者在用脚投票维护

---

① 《毛泽东选集》第 3 卷，人民出版社 1991 年版，第 1031 页。
② 《邓小平文选》第 1 卷，人民出版社 1994 年版，第 217 页。
③ 《江泽民文选》第 3 卷，人民出版社 2006 年版，第 540 页。
④ 习近平：《在同全国劳动模范代表座谈时的讲话》，《人民日报》2013 年 4 月 29 日第 2 版。

自身权益，无疑更是对挑战劳动价值的愤怒抗议。中国社会科学院发布的 2013 年《社会蓝皮书》显示，近年来我国劳动者报酬占 GDP 的比重偏低，并且呈现出逐年下降的趋势，劳动者报酬占 GDP 的比重由 2004 年的 50.7%下降到 2011 年的 44.9%。如此等等，根本原因是对劳动、劳动者的不够尊重。尊重劳动、劳动者，让劳动者体面劳动，需要更多地关注社会财富分配的公平而不只是财富数量的增长，更多地关注劳动者的劳动过程和生活过程，更多地关注劳动者的个人发展和幸福感受。一句话，"让劳动者实现体面劳动"，就是要对长期以来形成的赶超型发展观进行超越，切实做到以劳动者为本，尊重劳动、劳动者，从更深层次上关注和改善民生，努力让广大劳动者过上更幸福、更美好的生活。

首先，实现体面劳动需要充分的就业机会为前提。马克思说："我的劳动是自由的生命表现，因此是生活的乐趣。""我在劳动中肯定了自己的个人生命，从而也就肯定了我的个性的特点。"① 在马克思看来，劳动是对劳动者自身的肯定。劳动本身成就了人类。劳动是劳动者的基本生存方式，也是其人格、尊严或荣耀的自我表达与社会认可方式。剥夺劳动者的劳动权，实质上就是剥夺了其内在人格尊严的道德"自证"机会，这自然是不体面的。劳动者有劳动才体面。劳动者无劳动无法生存，至少是不能够体面的生存。马克思曾对资本主义制度下的劳动者无劳动不体面的人生状况，进行过这样的概括：沦为难民，打短工，变卖家产，偷盗或卖淫。可见，有劳动是劳动者体面生活的前提。现代社会，一个人的体面生活同样离不开劳动，离不开工作。就绝大多数劳动者而言，生存条件只有通过参加劳动、工作才能获得。工作给劳动者体面生活、获得成功的机会。社会主义的本质，要求"为每一个有劳动能力并在社会承诺年龄线内的公民，保证提供满意的工作"②。但是，由于目前我国经济社会发展的不平衡、不协调问题还比较突出，由劳动力供求关系失衡造成的就业矛盾依然将长期存在，如何解决好就业问题仍然是一大难题。依笔者之见，现阶段政府应充分利用好公权力，在以

---

① 《马克思恩格斯全集》第 42 卷，人民出版社 1979 年版，第 38 页。
② ［美］大卫·施韦卡特：《超越资本主义》，宋萌荣译，社会科学文献出版社 2006 年版，第 142 页。

下方面积极作为：一是合理统筹，扎实做好农村剩余劳动力的转移就业；二是消除就业障碍和就业歧视，建立公平合理的就业秩序；三是加强就业创业培训，拓展失业人员再就业有效途径；四是完善就业服务体系，提供数量合理的失业保险；五是构建就业监控协调机制，营造良好的就业环境。

其次，实现体面劳动需要公正的制度安排为基础。劳动是人的本质活动，是人之为人的根本。"一个种的整体特性、种的类特性就在于生命活动的性质，而自由的有意识的活动恰恰就是人的类特性。"① 依照马克思的观点，只有体现自由意志的劳动才是合乎人性的。这种合乎人性的劳动，使劳动者从卑微走向高尚、从蒙昧生活走向体面生活。但是在资本主义制度下，"资产阶级抹去了一切向来受人尊崇和令人敬畏的职业的神圣光环"②，除了少数资本家能够自由体面地劳动，绝大多数劳动者都无法实现。马克思认为，只有在生产资料公有制下才能真正实现体面的劳动。因为生产资料的公有制使得没有任何人能够以生产资料的占有而损害他人的人格尊严。也就是说，劳动者能够体面劳动应是社会主义制度的本质要求。但是，现在我国还处于社会主义初级阶段，生产力水平还比较低下，以公有制为主体、多种所有制经济共同发展是必然选择。有私有制的产权安排，必然会导致劳动者劳动的不体面，这也就是为什么私营企业劳动者的劳动不体面较为突出的根源所在。当然，行业垄断、利益集团也使得一部分人可以坐享其成、不劳而获，有些国有企业、地方部门也有发生无视职工合法权益乃至侵害职工权利的事件。凡此种种，都与现阶段我国的具体制度不完善有着紧密的关联。制度在每个社会都是"带有根本性、全局性、稳定性和长期性"③ 的问题，规范或维护着人们的社会关系，直接赋予人本质规定。体面劳动的实现离不开制度的规范。当下最为紧要的，一是进一步完善产权制度，确保劳动者的主体地位；二是深化收入分配制度改革，提高劳动报酬在初次分配中的比重；三是推行企业工资集体协商制度，切实保护劳动所得；四是构建收入分配调节制度，增加低收入者收入；五是健全劳动标

---

① 马克思：《1844 年经济学哲学手稿》，人民出版社 2000 年版，第 57 页。
② 《马克思恩格斯选集》第 1 卷，人民出版社 1995 年版，第 275 页。
③ 《邓小平文选》第 2 卷，人民出版社 1994 年版，第 333 页。

准和争议调解仲裁制度，构建和谐劳动关系。

　　最后，实现体面劳动需要完善的保障机制为支撑。马克思认为，在生产力还未高度发达的情况下，劳动主要还是一种谋生的手段，"劳动力只是作为活的个体的能力而存在。因此，劳动力的生产要以活的个体的存在为前提"①。这表明，劳动者如果失去基本的物质基础，其生存就会变得困难，体面的劳动和生活也就无从谈起，换言之，只有能劳动的劳动者才能够体面地劳动、体面地生活。马克思曾举过这样一个例子："一个普通工人，如果他的工资高，他就能……雇个仆人，或者有时去看看喜剧或木偶戏。"② 在资本主义制度下，劳动者的劳动条件差、劳动强度大、劳动时间长，劳动工资少得可怜，连基本的权利和权益都得不到保障，"看看喜剧或木偶戏"只是一种不切实际的幻想。保障劳动者的权利和权益，改善其劳动条件、劳动收入和生活质量，是社会主义社会的内在要求。当然，不能否认，我国目前的劳动保障水平还比较低也不够完善，特别是城乡发展不平衡、差距大，农民和进城务工人员的社会保障远远滞后于城市居民。而今后一个时期，我国又将面临经济发展方式转变、老龄化、城镇化带来的巨大挑战，社会保障体系建设的任务十分艰巨。因此，新的历史条件下，政府应该切实关注劳动者的劳动现状、内在需要和利益诉求，尊重劳动者作为劳动主体的合法权益，打破城乡二元结构造成的种种不平等，努力构建完善"全覆盖、保基本、多层次、可持续"的城乡居民社会保障体系。一是改革和完善社会保险制度，实现企业和机关事业单位各项社会保险制度的有效连接；二是整合城乡居民基本养老保险和基本医疗保险制度，实现城乡统筹和平等共享；三是建立社会保障待遇确定和正常调整机制，实现社会保障待遇与经济社会发展水平相适应；四是完善和健全社会救助体系和社会福利制度，做好优抚安置工作；五是建立完善保障性住房制度，满足困难家庭基本需求。

---

① 《马克思恩格斯全集》第 23 卷，人民出版社 1972 年版，第 193—194 页。
② 《马克思恩格斯全集》第 33 卷，人民出版社 2004 年版，第 319 页。

社会转型期大学生价值观
教育的有效途径[*]

李辰亮　崔赞梅　朱明霞^{**}

[摘　要] 大学生价值观变化的原因有社会转型的折射和影响，还与学校价值观教育机制的不健全、校园文化体系发展的不完善、当代大学生自身存在的弱点以及家庭教育的缺乏有关。引导当代大学生树立正确价值观，既要加强社会主义精神文明建设，提供良好的社会环境，还要充分发挥学校教育在大学生价值观教育中的主渠道作用，同时注重优化家庭教育，提供良好的家庭氛围。

[关键词] 社会转型期　大学生　价值观

在人类社会发展过程中，价值观念是人类生活的精神动力，决定着人类行为的取向，决定着人们以何种心态和旨意去开创自己的新生活，因而对人类的生活具有根本性的指导意义。"人们的观念、人们的意识，随着人们的生活条件、人们的社会关系、人们的社会存在的改变而改变。"[①] 这就是马克思所说的社会存在决定社会意识。随着中国发展进入经济转轨和社会转型期，大学生的人生价值观也发生了多方面的变化。作为大学生思想政治教育的主要承担者，高校必须及时掌握现时期

---

* 此文为河北科技大学学生处资助课题研究成果，课题编号为201008。

** 李辰亮（1963— ），男，河北科技大学环境科学与工程学院高级政工师，研究方向：教育管理；崔赞梅（1981— ），女，硕士，河北科技大学信息学院，研究方向：思想政治教育；朱明霞（1981— ），女，硕士，河北科技大学环境科学与工程学院讲师。

① 李琳、邓飞：《社会转型时期大学生价值观的现状及其对策》，《湖南科技大学学报》（社会科学版）2009年第11期。

大学生价值观念的变化，进行正确的引导，帮助他们树立科学的价值观。

一　社会转型期含义及特征

关于"社会转型"的含义，在我国社会学学者的论述中，主要有三方面的理解：一是指体制转型，即从计划经济体制向市场经济体制的转变。二是指社会结构变动，持这一观点的学者认为："社会转型的主体是社会结构，它是指一种整体的和全面的结构状态过渡，而不仅仅是某些单项发展指标的实现。社会转型的具体内容是结构转换、机制转轨、利益调整和观念转变。在社会转型时期，人们的行为方式、生活方式、价值体系都会发生明显的变化。"[1] 三是指社会形态变迁，即"指中国社会从传统社会向现代社会、从农业社会向工业社会、从封闭性社会向开放性社会的社会变迁和发展"。[2]

中国社会转型有以下四种主要趋势：一是从计划社会向市场社会转变。在计划经济体制下形成的各种社会体制已经发生了重大变化，并且正在继续发生变化。人们的思想观念、社会政策走向、社会规范与制度都以市场化为轴心发生转变。市场社会的特征日益显著，主要表现为社会竞争机制逐步替代少数人决定机制、审批型政府逐步转变为服务型政府。二是从农村社会向城市社会转变。也就是从农民社会转向市民社会。越来越多的农民变为市民，人口的城市化水平不断提高，是这一趋势的主要潮流。三是从工业社会向信息社会转变。四是从贫困社会向富裕社会转变。其中，第一种趋势是社会体制转型的主要向度；第二种趋势是社会结构转型的主要向度；第三、四种趋势是社会发展转型的主要向度。这四大趋势不仅是中国社会转型的向度，也是中国社会转型的效果。

---

[1]　韩云：《当代大学生价值取向及其价值观念重构》，《山西高等学校社会科学学报》2009 年第 9 期。

[2]　林诗锋：《关于当代大学生价值观现状的几点思考》，《长春理工大学学报》（高教版）2009 年第 11 期。

二　社会转型期大学生的价值观特点

当代大学生价值观的主流是正确的、健康的、积极的，但也存在着一定的偏差。

（一）当代大学生价值观的主流是正确的、健康的、积极的

国家舆论导向、政治决策对大学生价值观产生了良好的引导和示范作用，使绝大多数大学生能够以正确的、实事求是的唯物主义观点指导自己的思想，并以之作为判断一切的标准，确立了明确的是非观念，使他们清楚地意识到作为青年一代应有更高的精神追求。经济全球化和市场经济发展所强调的竞争性，也极大地激发了大学生的奋斗进取精神，形成了较强的社会责任感和历史责任感，坚持德智体全面发展。

（二）当代大学生价值观存在的偏差

1. 经济结构的变化对大学生的人生价值观产生的深入影响。改革开放后经济体制发生了根本的变化，多种经济成分共同存在和发展，利益主体的多元化、分配格局的多元化、社会阶层的多元化、价值取向的多元化最终使大学生产生了多元化的价值观认同感。

经济全球化和社会主义市场经济的发展，一方面激发了大学生的奋斗进取精神，另一方面使大学生在一定程度上忽视了精神追求，从而导致了大学生价值判断的多重标准。有人以"含金量"多少为标准，有人以职权大小为标准，有人以个人幸福为标准。这些都反映了当代大学生在对客观事物或自己行为有无价值及价值大小的判断中存在着"价值判断偏差"。

随着改革开放的深入，外来文化已深入到社会各个层面。社会文化、社会观念多元化，西方文化强调物质利益追求，加上媒体多样化和平民化宣传，极易在大学生中滋生个人主义、拜金主义和享乐主义等消极的人生价值观。

2. 传统价值观念逐渐向自我价值、注重实用、偏求功利的价值观

念转变。随着对外开放的扩大，中西方文化交融日渐显现，必然引起人们特别是青年大学生人生价值观的巨大变化。市场经济条件下，主体的独立性不断增大，个人利益得到越来越充分的肯定，人们越来越关注自我的价值，这一切必然会在高校学生思想中表现出来。

大学生对个性发展有较大的纵容性，不愿委屈自己，强调个性独立、发展，在实现人生价值的选择中更倾向于自我价值的实现。在对吉首大学 2008 级新生价值观抽样调查中发现，被调查的 200 名学生中，个人理想多与个人发展和家庭生活相关，其中 146 人认为人的一生主要为创造个人和家庭的物质基础而努力，应尽量享受生活。但是，在调查中我们甚至发现有 36.3% 的学生赞成和有点赞成"我最崇尚我自己"的观点，51% 的学生认为"无私奉献已经不适合现实"。据调查，一半以上的学生认为"个人主义有合理性"；62% 的大学生在处理实际问题时首先注重的是个人的利益和实惠；40.5% 的学生信奉"主观为自己，客观为别人"的价值观；在"个人利益和集体利益发生矛盾时"，选择以个人为出发点的占 78%。

新时期各种思潮、观念交错，面对各种思潮的影响，大学生理想、信念出现了偏差、困惑、迷茫。周德芹等人的调查表明："大多数人的思想追求是利己主义、功利主义、拜金主义，36% 的人认为是'主观为自己，客观为别人'，32% 的人认为有价值的人生是'赚到了大钱'。"[1]经济的市场化变革在未走出校门的大学生中间培育出了更加务实的态度，开始倾心于"重功利、讲实惠"的价值观念。市场经济的发展激发了人们对金钱的欲望，这一变化有利于促进物质生产，但也很容易使人过分地追求物质利益。就整体而言，其价值取向已逐步向利益倾斜，不少大学生过多强调功利，过分追求物质利益。

三　当代大学生价值观变化的原因分析

当代大学生价值观变化的主要原因除了受到社会转型不可避免的折

---

[1]　周德芹：《当代大学生价值观现状调查报告》，《辽宁师专学报》2008 年第 6 期。

射和影响外，还有其他一些方面的原因。

（一） 校园文化体系发展的不完善

开放的社会形成的多元文化格局在高校校园中汇聚一堂，相互碰撞，其中不良文化也渗透进大学的各个角落。此外，大学生群体中，学生之间的价值观也是互相影响的。而此时，校园的文化建设制度并没有形成一个严密的系统，宏大而严密的筛选网并未完全建立，不能起到汲取精华、弃其糟粕的作用，对校园网络的管理力度也不够大。

（二） 家庭教育的缺乏

家庭教育对大学生价值观的形成具有长期、深刻的影响。目前的家庭教育非常缺乏，尽管多数家长在主观上也认同社会主导价值观，但出于对子女适应现实社会的担忧和对其眼前利益的维护，往往在具体问题处理上又采用实用主义的做法，在价值观教育上倾向于个人本位和"金钱"本位，这种倾向直接影响了大学生正确价值观的形成。

（三） 当代大学生自身存在的弱点

当前大学生缺乏对国情民情的切身感受和具体了解，缺乏生活实际的磨炼和对社会制度、社会规范、社会思想意识的思考，这样很容易在价值观的选择上产生偏差。从心理学角度看，大学生心理发育尚未成熟，他们的思维、情感处于变化发展之中，他们在各方面的心理特点上充满矛盾，处于极不稳定的变化中，观念的多元和多变又使他们无所适从。

四　引导当代大学生树立科学价值观的有效途径

（一） 加强社会主义精神文明建设，提供良好的社会环境

1. 宣传、理论、新闻、文艺、出版等方面要坚决弘扬主旋律，以正面宣传为主，树立先进典型，抓好示范教育，为大学生价值观建设营造良好的社会舆论氛围；各类网站要把握好正确的导向，主动承担

社会责任，积极开展形式多样的网络教育活动；依法加强对高校周围的文化、娱乐、商业活动的管理，坚决打击侵害学生合法权益和身心健康的事件，坚决抵制各种有害文化和腐朽生活方式对大学生的侵蚀和影响。

2. 加强法制建设，规范价值观的形成。在市场经济条件下建立当代大学生的价值观体系，就必须把价值观体系的建设与法制建设结合起来，使一些基本的社会价值观法制化，通过法律手段来弘扬某些价值精神，使当代大学生的价值观建设走上规范化、制度化、法律化的途径。

（二）充分发挥学校教育在大学生价值观教育中的主渠道作用

1. 加强理论引导，构建社会主义核心价值体系。用马克思主义基本原理、毛泽东思想和中国特色社会主义理论体系武装当代大学生，帮助大学生正确认识社会转型期的各种问题，使当代大学生牢固树立社会主义价值观，构建社会主义核心价值体系。我们应当以社会主义核心价值体系作为影响大学生价值观的主要内容和主导因素，并结合大学生思想和生活实际，更新教育模式，以科学的教育内容和方式方法，利用各种教育阵地，通过多种渠道，全方位地开展教育，将其内化为大学生的价值观。

2. 学校教育作为大学生价值观教育的主渠道，要注重价值观教育的方法手段。第一，注重价值观教育的方式方法，多渠道、多途径、多层面地进行价值观教育。加强高校"两课"的改革，注重发挥教师的主导性，调动学生的积极性，加强学生在教学中的参与环节。教师应当多采取启发式教学，让学生的头脑始终处于思维的活跃状态，应当尽可能地采取现代化的教学手段，提升学生的学习兴趣。加强高校辅导员队伍建设，辅导员要身先士卒，不断提升政治素养。要从学生的角度出发，引导他们树立正确的价值观。价值观教育应该注重学生的个体差异，价值观在每个人身上有不同的认知，它来源于个人的生活体验，在不同体验中反映出不同的情绪，有理解、支持，也有不屑甚至反感。对不同的情绪要有不同的引导，强制灌输只能适得其反。只有从个人思想上产生认同感，才能形成自觉意识，才能以认同的价值观来影响思想和指导行为。

第二，大力加强校园文化建设。校园文化历来是高校精神文明、思想政治工作的重要载体，作为一种非强制教育手段，主要通过创造一种特殊的文化环境来实现课堂以外的教育目的和教育效果，使学生在不知不觉中内化了教育要求。要发挥校园文化的熏陶作用，运用理论、文化、宣传等手段对大学生的人生价值取向加以正确的舆论引导，通过科学的管理、完善的制度、健康活泼的集体活动来营造一种明朗、健康、活泼、有序的文化氛围，形成正确的舆论导向和有凝聚力的校园文化，给学生以积极的影响。大学生价值观是校园文化的高层次精神体现，大学校园文化氛围形成的历史性及其时代性在一定程度上影响着每个大学生深层次的价值观的形成，乃至于影响他们的思想品德、行为规范和生活方式，这是一种潜移默化的熏陶作用。

第三，重视社会实践在价值观形成中的作用。要形成正确的价值观，必须使社会的要求内化为个体内在的需要，这样才能使大学生主动、自觉地去创造社会所需要的行为，并从中体验到自己对社会所做的贡献，理解人生的真正价值与意义。其一，社会实践活动是促进教育影响转化为大学生内在价值观的基础。要加强实践的环节，开展各种活动让大学生承担一定的社会任务，使大学生进一步认识社会、认识自我，在社会动态的发展中寻找大学生个人价值观与社会主流价值观的有机结合点。其二，大学生只有在实践中才能真正理解道德规范的内涵，然后将其内化为自己的情感和意志，再外化为行为和习惯，最终形成稳定的价值观。他们在进行社会交往与协作的过程中，一方面实践社会、集体或教师提出的思想道德规范与要求，另一方面自身也会产生评价和调节人际关系及他人行为的需要。

（三）优化家庭教育，提供良好的家庭氛围

家庭是学生的第一课堂，家庭对学生的价值观的形成具有长期、深刻的影响。父母与子女朝夕相伴，对子女的情况最熟悉，教育也最具有针对性和及时性。家庭教育是生命和心灵的教育，必须遵循它的客观规律，掌握教育原则。当今社会已经进入"少子时代"，人们的子女观也由过去单纯追求子女的数量转变为追求子女的质量，"争做合格家长，培养合格子女"，提高家长自身素质是时代发展的需要。家长要认识到

孩子是民族的未来，把"为国教子"和"为家教子"很好地结合起来。作为家长，首先要做到"爱国守法，明礼诚信，团结友善，勤俭自强，敬业奉献"，这是对公民的基本要求，也是对合格家长的基本要求。只有这样，才能更好地发挥家长的身教示范作用。

卢卡奇《历史与阶级意识》中现代性批判思想的价值与局限[*]

唐晓燕^{**}

[摘 要] 在《历史与阶级意识》中，卢卡奇以马克思的商品拜物教批判思想为基础，提出了以"物化"为核心范畴的物化理论。物化理论是卢卡奇最重要、最有影响力的理论创建，也是其现代性批判思想的支柱，并开启了西方人道主义马克思主义现代性批判的特殊路径。虽然《历史与阶级意识》中的现代性批判触及了现代性批判的实质，但基于其存在论根基依然是黑格尔主义的，这种批判必然落入浪漫主义窠臼。

[关键词] 现代性 物化 异化 批判 浪漫主义

卢卡奇（György Lukács，1885—1971），是匈牙利著名哲学家、马克思主义评论家。他青年时期所著《历史与阶级意识》奠定了其作为"西方马克思主义"学派奠基者的地位。正如马丁·杰伊所指出的，如果没有这本"开山之作"，则此后西方马克思主义的众多文本不可能被统合起来。① 在这本西方马克思主义的"圣经"中，卢卡奇从主客体统一的总体性辩证法出发，提出了"物化"（reification）的核心范畴，展开了对资本主义社会物化现实的批判。物化理论是卢卡奇最重要、最有

＊ 唐晓燕：《卢卡奇〈历史与阶级意识〉中现代性批判思想的价值与局限》，《观察与思考》2015 年第 1 期。

＊＊ 唐晓燕，复旦大学马克思主义学院博士生，浙江省社会科学院政治学研究所、浙江省中国特色社会主义理论研究中心副研究员。

① ［美］马丁·杰伊：《法兰克福学派史》，单世联译，广东人民出版社 1996 年版，第 201 页。

影响力的理论创建，也是其现代性批判思想的支柱。

一　卢卡奇《历史与阶级意识》中的现代性批判思想

正如 1967 年卢卡奇在为《历史与阶级意识》所作的新版序言中所揭示的，"在估价这本书在当时的影响以及今天可能具有的意义时，我们必须考虑一个比任何细节都更为重要的问题。这就是异化问题"①。在《历史与阶级意识》一书中，卢卡奇以马克思的商品拜物教批判思想为基础，提出了以"物化"为核心范畴的物化理论，对资本主义社会的物化现象做了详尽描绘，对资本主义的社会关系和本质特征进行了深入批判。

（一）劳动过程的物化：抽象劳动成为现实原则

在《物化和无产阶级意识》的开篇，卢卡奇指出"商品形式向整个社会的真正统治形式的这种发展只有在现代资本主义中才出现了"②，由于商品的这种支配地位，对商品结构之谜的理解是把握资本主义社会生活各方面结构性问题的核心。作为控制人类社会新陈代谢诸多要素之一的商品，与作为普遍结构原则发挥作用的商品存在本质区别，"一个商品形式占支配地位、对所有生活形式都有决定性影响的社会和一个商品形式只是短暂出现的社会之间的区别是一种质的区别"③。卢卡奇认同马克思的唯有在商品成为整个社会存在普遍范畴时才能被合理理解的观点，认为马克思在《资本论》中所描述的商品拜物教现象正是现代人的物化现象。在《资本论》中，马克思使用"商品拜物教"范畴揭示发达商品经济结构所具有的以物的关系掩盖人的关系的本性。"商品形式的奥秘不过在于：商品形式在人们面前把人们本身劳动的社会性质反映成劳动产品本身的物的性质，反映成这些物的天然的社会属性，从而把生产者同总劳动的社会关系反映成存在于生产者之外

① ［匈］卢卡奇：《历史与阶级意识》，杜智章等译，商务印书馆 1999 年版，第 151 页。
② 同上。
③ 同上书，第 149—150 页。

的物与物之间的社会关系。"① 在卢卡奇看来，商品结构本质的基础在于人与人之间的关系获得物的性质，并从而获得一种"幽灵般的对象性"，这种对象性以其严格的、仿佛十全十美和合理性的自律性掩盖着它的基本本质即人与人之间关系的所有痕迹，② 商品拜物教现象正是人的物化现象。

在揭示商品拜物教本质特征的基础上，卢卡奇给"物化"下了明确定义，即"人自己的活动，人自己的劳动，作为某种客观的东西，某种不依赖于人的东西，某种通过异于人的自律性来控制人的东西，同人相对立"③。继而从客观方面和主观方面阐释物化的基本规定性，客观方面是"产生出一个由现成的物以及物与物之间关系构成的世界（即商品及其在市场上的运动的世界）……作为无法制服的、由自身发生作用的力量同人们相对立"；主观方面是"人的活动同人本身相对立地被客体化，变成一种商品，这种商品服从社会的自然规律的异于人的客观性……必然不依赖于人而进行自己的运动"。④ 普遍的商品关系带来对人类劳动的抽象，客观方面质上不同的对象被理解为形式相同的、可交换的商品，主观方面人类劳动被抽取掉具体特征成为形式相同的抽象人类劳动。具体劳动被抽象化，不仅仅表现为商品生产中不同对象所归结为的共同因素，卢卡奇尤其强调它已经"成为支配商品实际生产过程的现实原则"。为说明人类劳动日益被抽象化的历史过程和资本主义社会中这种抽象的极端发展，卢卡奇通过回溯从手工业、简单协作、工场手工业到机器大工业的人类劳动分工的历史过程，说明劳动被日益抽象化的历史沿革具体表现为劳动合理化程度的不断提升，伴随生产效率提高、社会财富增长的是工人质的特性即个体的特性日益被消除。而在资本主义劳动过程中，出现了双重"物化"，不仅人的劳动成为日益离开人的抽象的客观性过程，而且劳动者本身蜕变成物质生产过程的附属物，物化成一种被动的物的因素。

---

① 《马克思恩格斯文集》第 5 卷，人民出版社 2009 年版，第 89 页。
② ［匈］卢卡奇：《历史与阶级意识》，杜智章等译，商务印书馆 1999 年版，第 149 页。
③ 同上书，第 152—153 页。
④ 同上书，第 153 页。

（二）劳动主体意识的物化：时间空间化与物化意识的形成

随着劳动对象专门性、劳动过程可计算性以及劳动主体被分割愈演愈烈，劳动过程的异化带来劳动主体意识的物化。在卢卡奇看来，随着资本主义制度在越来越高的经济层次上生产和再生产自身，物化结构越来越深刻地侵入人的意识。伴随劳动合理化过程的是工人对这一过程态度的改变，主动积极的态度日益为被动直观的态度所取代，"这种态度把空间和时间看成是共同的东西，把时间降到空间的水平上"①。由此，"时间失去了它的质的、可变的、流动的性质：它凝固成一个精确划定界限的、在量上可测定的一些'物'充满的连续统一体，即凝固成一个空间"②。这种意识的物化"反过来又强化着对于劳动对象、劳动产品和劳动力的商品化，成为推动物化现象进一步展开的内在动力"③。可见，物化意识不仅是物化现象的结果，也是物化现象的内在组成部分，并强化着资本主义条件下物化的境况。

物化意识的基本特征是直接性。"这种合理的客体化首先掩盖了一切物的——质的和物质的——直接物性。当各种使用价值都毫无例外地表现为商品时，它们就获得一种新的客观性，即一种新的物性——它仅仅在它们偶然进行交换的时代才不具有，它消灭了它们原来的、真正的物性。"④ 换言之，合理化的过程使得对象失去了原来的"物性"，获得一种新的对象性，即可计算性。物化意识的特性就在于停留于这种新的物性，将它视为对象的唯一的性质。

卢卡奇认为，在资本主义发展过程中，物化结构将越来越深入地、决定性地侵入人的意识，整个社会的统一的意识结构随同整个社会统一的经济结构的产生而形成。不仅工人的意识被物化，而且整个统治阶级的意识同样被物化；不仅工人，而且统治阶级对待世界的态度同样是直观的。物化意识不仅渗透在资本主义生活的方方面面，资产阶级理论

---

① ［匈］卢卡奇：《历史与阶级意识》，杜智章等译，商务印书馆1999年版，第156页。
② 同上书，第157页。
③ 陈学明主编：《20世纪西方马克思主义哲学历程》第1卷，天津人民出版社2013年版，第187页。
④ ［匈］卢卡奇：《历史与阶级意识》，杜智章等译，商务印书馆1999年版，第160页。

（经济学、法学、哲学等）本身也是一种物化意识，停留于对资本主义社会的抽象的、直接的知识，不仅未克服，更在强化着对世界的直观态度。

（三）物化现象的解决之道：唤醒无产阶级的总体性

物化一方面导致了人不能控制的物的世界，另一方面导致人自己的活动变成了独立于他的物的商品系统反过来控制劳动者。物化作为一种高度概括，又具体表现为人和社会生活的碎片化、现实生活的机械化以及无产阶级在这一关系中的客体化。对于物化现象，卢卡奇给出的解决之道是唤醒无产阶级的总体性，从而克服物化意识、改造资本主义社会。根据他的物化理论，"社会存在的客观现实，就其直接性而言，对无产阶级和资产阶级都是'同样的'"①。那为何是无产阶级而不是资产阶级自身可以实现这种超越和改造？卢卡奇一再强调，"由于阶级利益的推动，这同一个存在使资产阶级被禁锢在这种直接性中，却迫使无产阶级超越这种直接性"②。资本主义社会中的工人处于被物化的境地，但他们合在一起并不就是无产阶级。在从工人上升到无产阶级的过程中，有一个至关重要的环节，就是无产阶级意识。无产阶级意识如何形成？它又如何使工人上升为普遍的阶级并成为创造历史的主体？为了解答这些问题，卢卡奇特别强调了三点：其一，虽然资本主义社会中资产阶级和工人的社会存在基本相同，但工人的实际存在中还留有一些尚未被彻底物化的他者性的内容，这些他者性的内容正是无产阶级意识得以形成的出发点。其二，无产阶级意识始于工人对自己的商品地位的认识，这种认识已经是一种自我意识。在自我意识中，无产阶级通过中介范畴达到了对于历史总体的把握，上升为历史的同一的主体—客体。其三，无产阶级意识作为自我意识不是对对象的被动直观，而是意味着参与历史的生成与对象结构的改变。③ 在卢卡奇那里，总体性原则和主客体统一的辩证法本身就是一种革命理论和实践理论，无产阶级便是实现

---

① ［匈］卢卡奇：《历史与阶级意识》，杜智章等译，商务印书馆 1999 年版，第 237 页。
② 同上书，第 256 页。
③ 陈学明主编：《20 世纪西方马克思主义哲学历程》第 1 卷，天津人民出版社 2013 年版，第 191—192 页。

总体性、达至同一的主体与客体的现实承载者。但无产阶级并非与生俱来地具有对自身作为同一的历史主体与客体的自觉认识，因此物化的扬弃和总体性的生成有赖于无产阶级阶级意识的觉醒。

二　卢卡奇《历史与阶级意识》中现代性批判思想的价值

仅一个事实的存在足以确证卢卡奇《历史与阶级意识》中物化思想的价值：《历史与阶级意识》的出版早于马克思《1844年经济学哲学手稿》（以下简称《手稿》）全文发表近十年，但其中所揭示的物化思想却与马克思的异化劳动理论极为相似。"异化劳动"是马克思现代性批判思想的核心范畴之一。深入对比二者的异同，不仅可以揭示卢卡奇《历史与阶级意识》中现代性批判思想的重要价值，也可以从马克思现代性批判思想的原则高度确证卢卡奇现代性批判思想的浪漫主义实质。

（一）《历史与阶级意识》中的物化思想开启了西方人道主义马克思主义现代性批判的特殊路径

就理论本身而言，卢卡奇的物化理论与马克思的异化劳动理论具有理论定向上的一致性，即都是对现代人生存困境的批判，表明物化和异化范畴在现代人类理性演进中的重要地位。马克思在《手稿》中指出，在资本主义商品经济条件下，"劳动所生产的对象，即劳动的产品，作为一种异己的存在物，作为不依赖于生产者的力量，同劳动相对立。劳动的产品是固定在某个对象中、物化的劳动，这就是劳动的对象化。劳动的现实化就是劳动的对象化。在国民经济的实际状况中，劳动的这种现实化表现为工人的非现实化，对象化表现为对象的丧失和被对象奴役，占有表现为异化、外化"[①]。因此，马克思所使用的"异化"和"对象化"是两个意义相对的范畴。"对象化"意味着劳动中对人本质力量的确证，"异化"则意味着对人本质力量的否定。卢卡奇在没有接

---

① 《马克思恩格斯文集》第1卷，人民出版社2009年版，第156页。

触到马克思异化理论的情况下，通过解读《资本论》所表述出的物化概念在本质上达到了与马克思异化概念惊人的一致，充分表明物化和异化范畴在现代人类理性演进中的重要地位，也从一个侧面反映出卢卡奇思想的深度。同时，卢卡奇所揭示的物化的基本规定性与马克思关于劳动产品的异化、劳动活动本身的异化这两个异化劳动的规定性内涵高度一致。马克思在《手稿》中论述了异化劳动的四个规定性，其中劳动产品的异化与卢卡奇所说的物化的客观方面一致，劳动活动本身的异化与卢卡奇所说的物化的主观方面一致。马克思关于"劳动产品的异化"即"物的异化"，反映的是工人生产出的产品作为异己存在物，与工人的劳动相对立，卢卡奇关于"物化的主观方面"有极其相似的含义，指的是一个充满商品的世界成为人的异己力量，与人相对立；马克思关于"劳动活动本身的异化"，指的是劳动成为工人外在的活动而非体现其类本质的活动，使人遭摧残、受折磨，卢卡奇关于"物的主观方面"与此相类似，表达的是人的劳动与人自身的疏远与对立。

在卢卡奇看来，人的异化是时代的关键问题。在卢卡奇对资本主义社会批判中，物化理论是其对资本主义社会理性和技术对人的统治、人的物化和主体性缺失等问题进行批判的理论基石，物化理论由此被卢卡奇视为把握现代社会状况、展开现代性批判最基本的理论依据，并继而提出了总体性原则和主客体统一的辩证法、以生成无产阶级的阶级意识为扬弃物化的路径。虽然《历史与阶级意识》仅仅是卢卡奇青年时期的思想，此后他又阐述了许多不同的哲学思想，但物化理论无疑是他最重要、最具有影响的理论创建，也正是他的物化理论和主客体统一的辩证法开启了西方马克思主义思潮，也使他本人成为西方马克思主义的奠基人。许多进步的知识分子正是通过卢卡奇的物化理论接受了马克思的异化理论，并开创出了人道主义马克思主义的道路。此后的西方马克思主义者诸如列斐伏尔、马尔库塞、弗洛姆等都以马克思的异化劳动理论为基础，将异化作为自身哲学的核心范畴，发展出诸如"全面异化"理论（列斐伏尔）、"人的本质异化"理论（马尔库塞）、"人性异化"理论（弗洛姆）等，从不同视角批判资本主义现代性，使得现代性文化批判构成了 20 世纪后来的各种西方马克思主义流派的主题。

（二）《历史与阶级意识》中的现代性批判在原则高度上触及了现代性批判的实质

　　马克思的异化劳动理论是借助黑格尔的否定辩证法，直接在费尔巴哈关于人的本质异化思想的影响下，吸取了赫斯、恩格斯关于资本主义经济领域里异化现象的分析得出的结论。在青年马克思所处的时代，康德以来的批判精神主要体现为青年黑格尔派对宗教异化的批判，费尔巴哈在《基督教的本质》一书中所述"人的绝对本质、上帝，其实就是他自己的本质"①，剖析上帝的本质不过是人的本质的异化。马克思则在费尔巴哈人的本质异化的思想基础上继续深入下去，在"人的自我异化的神圣形象被揭穿以后"，力图"揭露具有非神圣形象的自我异化"，从"对宗教的批判"走向"对法的批判"。②虽然黑格尔将劳动视为人的本质，但他"唯一知道并承认的劳动是抽象的精神劳动"③，而马克思借助黑格尔的否定辩证法推进了费尔巴哈的异化理论，将异化理论引入到对劳动本身的分析中，提出了"异化劳动"的范畴并表述了其四个规定性。

　　卢卡奇物化理论的理论渊源，则不仅有马克思在《资本论》中所阐释的商品拜物教思想，也受到席美尔异化思想、韦伯合理性思想的影响。席美尔在《货币哲学》的最后一章描绘了人与其产品以及自己创造出来的文化之间的异化关系及其表现，同时探讨了分工与异化的关系，认为劳动分工是"个人活动的专门化"，它"为疏离人类主体起了作用，体现了客体的独立性以及主体没能力吸收它，使客体适应于主体的节奏"④。卢卡奇在《历史与阶级意识》中对物化现象的分析借鉴了席美尔对文化异化的分析，同时与席美尔一样将异化的根源追溯到劳动分工。卢卡奇物化理论的另一个理论渊源是韦伯的合理性思想。韦伯将现代资本主义描绘为一种合理化的进程，"资本主义精神的发展完全可以理解为理性主义整体发展的一部分，而且可以从理性主义对于生活基

---

① ［德］费尔巴哈：《基督教的本质》，荣震华译，商务印书馆1995年版，第34页。
② 《马克思恩格斯文集》第1卷，人民出版社2009年版，第4页。
③ 同上书，第205页。
④ ［德］席美尔：《货币哲学》，朱桂琴译，光明日报出版社2009年版，第150页。

本问题的根本立场中演绎出来"①。卢卡奇在《理性的毁灭》中分析并概括了韦伯的合理性思想，"在他看来，资本主义的本质就是经济社会生活的合理化（Ration lisierung），就是一切现象的合理的可计算性"②。在这种社会结构中，人必须客体化、量化为客观因素，符合可计算性。卢卡奇在描述物化现象所导致的人的数字化、主体的客体化、人的原子化的相关论述，正是在韦伯合理性思想的启发中展开的。

由于将物化现象的发生与近代社会理性化过程结合起来，从理性对人的主体性发展的负面效应的角度解释物化现象，卢卡奇的现代性批判领会了近代哲学的基本性质，理解到近代理性主义体系及其矛盾与现代性生产本质的内在同一关系，这是他相对于其他一些现代性批判理论家的高明之处。在卢卡奇看来，"近代批判哲学是从意识的物化结构中产生出来的"③，现代性批判"重要的不是勾画近代哲学的历史……重要的倒是要揭示这种哲学的基本问题和存在基础之间的关系"④。因此，卢卡奇实质上已经触及现代性批判的实质——对资本逻辑和现代形而上学的双重批判。⑤"这儿表现出来的近代理性主义形式体系的主观和客观之间的矛盾，隐藏在它们的主体和客体概念中的问题的错综复杂和模棱两可，它们的作为由'我们'创造的体系的本质和它们的与人异在的、与人疏远的宿命论之间的矛盾，这一切无非是对近代社会状况所作的逻辑的、系统的阐述而已。"⑥然而，这种现代性批判理论的存在论根基依然是黑格尔主义的，这种批判必然落入浪漫主义窠臼。

三　《历史与阶级意识》中现代性批判思想的局限

现代之为现代，在于其具有传统社会所不具备的特质，包括"资

① ［德］韦伯：《新教伦理与资本主义精神》，于晓等译，生活·读书·新知三联书店1987年版，第56页。

② ［匈］卢卡奇：《理性的毁灭》，王玖兴等译，山东人民出版社1988年版，第544页。

③ ［匈］卢卡奇：《历史与阶级意识》，杜智章等译，商务印书馆1999年版，第183页。

④ 同上书，第185页。

⑤ 参见吴晓明《论马克思对现代性的双重批判》，《学术月刊》2006年第2期。

⑥ ［匈］卢卡奇：《历史与阶级意识》，杜智章等译，商务印书馆1999年版，第207页。

本的积累和资源的利用"、"政治权力的集中和民族认同的塑造"、"价值和规范的世俗化"① 等。自从现代社会诞生之时，便伴随着对它的反思，法国重农学派先驱猛烈抨击转化为增殖手段的货币，便是对现代世界开端最初的批判。而在黑格尔看来，是卢梭开启了对现代性的批判。卢梭在《论人类不平等的起源和基础》及《爱弥儿》中对现代文明世界进行批判，并表达了一种对原始的、自然状态的希冀和憧憬，成为"现代性的第一次自我批判"②，并开启了现代性批判之浪漫主义定向。然而，马克思对现代性的批判却远远超越了浪漫主义批判而呈现为一种双重批判，不仅是对资本逻辑的批判，也是对现代形而上学的批判。同时，马克思对于资本及其世界的具有原则高度的批判从根本上说是与对现代形而上学的决定性批判直接地并且内在地联系在一起的，因而是存在论根基上的革命。马克思在《手稿》中对异化劳动的批判，是以此前他对宗教异化现象和政治异化现象的批判为基础的。在马克思看来，"政治国家同它自身的这个冲突中到处都可以展示出社会的真理。正如宗教是人类的理论斗争的目录一样，政治国家是人类实际斗争的目录"③，宗教异化应当被归结为人们在世俗生活中的政治异化。但马克思认为因为政治异化本身是派生的，市民社会范围内对政治异化的批判性分析仍"并不是针对原本，而是针对副本"，而这个"原本"就是市民社会本身，劳动异化才是异化现象的根源。马克思的异化理论由于从对"副本"的批判深入到对"原本"的批判，并且建基于对近代理性形而上学的批判，因而深入到了"历史的本质"那一度中去，达到了异化劳动批判的原则高度。海德格尔早就发现了马克思异化思想的这种深刻性，高度评价马克思对于异化现象的批判"深入到历史的本质性的一度中去了"，所以其"关于历史的观点比其余的历史学优越"。④

　　如前所述，卢卡奇的物化理论已经在原则高度上触及了现代性批判

　　① ［德］哈贝马斯：《现代性的哲学话语》，曹卫东等译，译林出版社 2004 年版，第 2 页。

　　② 转引自刘小枫《诗化哲学——德国浪漫派美学传统》，山东文艺出版社 1986 年版，第 6 页。

　　③ 《马克思恩格斯文集》第 10 卷，人民出版社 2009 年版，第 8 页。

　　④ ［德］海德格尔：《存在与时间》，陈嘉映、王庆节译，生活·读书·新知三联书店 1987 年版，第 383 页。

的实质。然而，虽然他对现代形而上学的批判"在提出问题方面几乎已经走到了黑格尔哲学的边缘"，但却"仍然在此界限之内"，而"只要超越近代哲学的努力未曾在存在论的根基处内在巩固地建立起来，那么在最好的情况下，就是命运般地重新跌入黑格尔哲学的怀抱……现代诸形而上学样式不过表现为黑格尔哲学的一个或若干个环节"①。卢卡奇规避了对存在论根基的澄清，依然倚靠黑格尔的方式展开现代性批判。正如他在 1967 年为《历史与阶级意识》所作的新版序言中所承认的，《历史与阶级意识》对异化问题的实际讨论方式，"是用纯粹黑格尔的精神进行的。尤其是，它的最终哲学基础是在历史过程中自我实现的同一的主体—客体"②。因此，卢卡奇对现代性的批判，无论是对现代性的哲学批判抑或社会批判依然封闭在现代性以之作为前提的存在论根基处。

正因为如此，在现代性批判语境中，物化理论之于卢卡奇和异化劳动理论之于马克思，就有着完全不同的意义。就异化理论之于马克思毕生理论发展历程的地位而言，它只是马克思的思想中诞生出历史唯物主义的科学世界观的前奏曲，异化理论从属于马克思思想的费尔巴哈式的人本学唯物主义阶段。因而在此后不久的标志历史唯物主义诞生的《德意志意识形态》中，《手稿》中的异化劳动观便被马克思、恩格斯所抛弃。张一兵根据他基于德语原文本的学术关键词的词频统计佐证了发生在 1845 年马克思思想中的从人本主义哲学话语向历史唯物主义科学理论的思想转向："比如在《穆勒笔记》和《1844 年经济学哲学手稿》中作为权力话语关键词的 Entfremdung（异化）、Entausserung（外化）、Gattungswesen（类本质）三词，分别从高峰值 25/151、27/100 和 0/16，突然在《评李斯特》和《德意志意识形态》中降低为 1/17（其中他引 4 次）、1/3（其中他引 1 次）和 0/0。"③ 与之相对应的是作为历史唯物主义主导话语关键词群的生产力、生产关系和生产方式从

---

①　吴晓明：《超感性世界的神话学及其末路》，中国人民大学出版社 2011 年版，第 309 页。

②　［匈］卢卡奇：《历史与阶级意识》，杜智章等译，商务印书馆 1999 年版，第 18 页。

③　张一兵：《学术文本词频统计：马克思哲学思想史研究中的一个新视角》，《马克思主义研究》2012 年第 9 期。

《1844 年经济学哲学手稿》中的零词频到《德意志意识形态》中的凸显。因此，不能将提出异化劳动理论的青年马克思的思想与代表其成熟世界观的历史唯物主义相提并论，马克思的异化劳动理论是其历史唯物主义的哲学革命变革之"黎明前的黑暗"。

与异化劳动理论并不能代表成熟时期马克思的思想相反，虽然《历史与阶级意识》仅仅是卢卡奇青年时期的思想，此后他又阐述了许多不同的哲学思想，但物化理论无疑是他最重要、最具有影响的理论创建，而且也正是他的物化理论和主客体统一的辩证法开启了西方马克思主义思潮。此后的西方马克思主义者都是沿着卢卡奇所开创的批判道路，从马克思异化理论出发，又将社会学、心理学等不同学科的内容融入到对异化理论的研究中，分析晚期资本主义的新特征和新问题，提出了诸多思想创见。但毋庸置疑的是，他们各取所需地进行的对马克思异化理论的发展，其中抽象改造的部分歪曲了历史唯物主义这一马克思主义哲学的理论基石的本真含义，从而呈现出现代性批判的浪漫主义定向。这一点显著地表现在对物化、异化现象的消除路径选择上的差异。在马克思看来，异化劳动的消除应从消除私有财产、实现共产主义这一本质方面进行。马克思严格区分了劳动的对象化和异化，认为"劳动的现实化就是劳动的对象化"，劳动本应是人的本质力量对象化的集中表现、自我确证。而劳动的异化表现为劳动者的"非现实化"、"对象的丧失和被对象奴役"①。由于严格区分了劳动的对象化和异化，将异化劳动限定在资本主义条件下，马克思触及了异化现象赖以生成并日益加剧的社会基础，由此提出了消除异化劳动现象的路径即实现共产主义。共产主义意味着人不再作为非人的、丧失了类本质的人而存在，意味着"存在和本质、对象化和自我确证、自由和必然、个体和类之间的斗争的真正解决"②。

而在卢卡奇等西方马克思主义者看来，克服和消除物化现象的路径在于无产阶级意识到自身的地位，认识到自己是历史真正的主客体的统一，形成总体性的阶级意识，从经济、政治、文化、哲学、道德、宗教

---

① 《马克思恩格斯文集》第 1 卷，人民出版社 2009 年版，第 157 页。
② 同上书，第 185 页。

等各方面揭露和批判资本主义社会，最终改良资本主义社会并消除物化。卢卡奇对资本主义物化现象的批判，仅抓住了物化作为劳动过程的否定性质做文章，归根结底是一种不触及本质的文化批判，难以为物化现象的消除提出实质性的解决路径。而卢卡奇自己后来也承认，《历史和阶级意识》中存在着某些"对马克思主义的偏离"，其中最突出的表现是混淆了异化和对象化，"将本质上是一种社会的异化转变为一种永恒的'人类状况'"，从而把"一种社会的批判"变为"一种纯粹的哲学问题"，变为一种"文化批判"。① 由于没有将消除物化的问题同消灭私有制联系起来，也没有深入到生产关系的内部进行变革，片面夸大了阶级意识的作用，从而暴露出其思想的浪漫主义定向和乌托邦色彩。

---

① ［匈］卢卡奇：《历史与阶级意识》，杜智章等译，商务印书馆 1999 年版，第 19 页。

马克思道德观意蕴及其启示

任帅军*

[摘　要] 长期以来在马克思研究中，对道德的研究处于落后状态，这与国内外学术界对此争论有关。通过分析三种典型的观点可知：马克思道德观具有批判的力量，在于其本身具有现实必然性；马克思道德观是批判资本主义社会不道德现象的事实判断与价值判断的统一；马克思道德观通过异化劳动理论揭露资本主义生产关系的不道德。可见马克思道德观是马克思主义的重要组成部分。对马克思道德观进行解读，是从道德层面向马克思主义的回归。马克思道德观是马克思对资本主义社会不道德现象的道德批判与经济批判、马克思的个人道德与社会道德的统一。研究马克思道德观对于理解和发展马克思主义具有重要的现实意义，是我党从现实出发建设社会主义和谐社会，加强社会主义道德建设的题中应有之义。

[关键词] 马克思　道德观　道德批判

法国学者塞伏在 20 世纪 60 年代初就指出，在马克思研究中，对道德的研究处于落后状态，这种落后与活的马克思主义在伦理方面所积累和创造的格外丰富的材料的显著进展比较起来，显得是脱节了。① 直到现在，这种状况仍未明显改善，其中一个很重要的原因是，在很长一段时间里，关于马克思道德观，国内外学术界一直见仁见智。总体来说，

---

*　任帅军（1984—　　），男，山西河津人，上海大学社会科学学院博士研究生。

① 商务印书馆编辑部：《人道主义、人性论研究资料》第 3 辑，丁象恭等译，商务印书馆 1963 年版，第 111—112 页。

一是认为马克思没有专门研究过道德问题，根本不存在道德思想和道德观点；二是认为马克思反对抽象空洞的道德研究，但是其理由却是对马克思理论的扭曲；三是认为马克思有着非常丰富的道德思想。这既表明马克思道德观研究是马克思主义不可分割的重要组成部分，又凸显马克思道德观研究在马克思主义学说中的重要地位。虽然马克思恩格斯没有伦理学专著，并且因为争论的存在，对马克思道德观的系统研究不多，但是一些值得深入研究的问题却亟待回答：马克思有没有道德观？如果回答是肯定的，那么如何理解马克思道德观？如何看待马克思对资本主义的经济批判与道德批判？马克思道德观如何体现个人道德与社会道德的统一？以及马克思道德观的现实意义问题。这些问题的厘清不但对于理解和发展马克思主义有重要意义，而且对于中国共产党带领全国人民加强社会主义道德建设，建设社会主义和谐社会有重要的指导意义。

一　马克思道德观的基本内涵

"道德"（Morality）一词源于拉丁语的"Mores"，意为风俗和习惯。一般所谓的道德代表着社会的正面价值取向，对人们的生活及其行为起着价值判断与指导的作用。马克思认为："人们在自己生活的社会生产中发生一定的、必然的、不以他们的意志为转移的关系，即同他们的物质生产力的一定发展阶段相适合的生产关系。这些生产关系的总和构成社会的经济结构，即有法律的和政治的上层建筑竖立其上并有一定的社会意识形式与之相适应的现实基础。物质生活的生产方式制约着整个社会生活、政治生活和精神生活的过程。"① 由此可见，马克思所讲的道德是社会意识形态的重要组成部分，属于建立在经济基础之上，并为之服务的上层建筑范畴。这样不同的时代和不同的文化，尤其是不同的阶级往往具有不同的道德观。

第一种观点认为马克思没有专门研究过道德问题，根本不存在道德思想和道德观点。伍德在《马克思对正义的批判》一文中声称，马克

---

① 《马克思恩格斯文集》第 2 卷，人民出版社 2009 年版，第 591 页。

思的思想中根本不存在有关正义的道德观。马克思的思想是一种与道德无关的非道德论。① 他认为这是从一个更狭义也是更恰当的道德概念来区分道德的善恶和非道德的善恶。考茨基认为唯物史观第一次完全地弃绝了虚幻的道德理念，使它不再是社会进化的主要因素，而教会我们只是从物质基础来推演我们的社会目的。② 他试图从马克思主义在理论上是自足的，不需要伦理学上的补充与扩展来说明，道德在科学社会主义中没有任何作用。桑巴特认为全部马克思主义自始至终没有丝毫的道德成分，因此，既没有道德判断也没有道德假设③。米勒认为马克思提出了自由、互惠、自我表达、避免痛苦和早亡的福祉诉求，但是这些社会目标是非道德的。从宽泛的意义上把马克思说成是道德家，是一种人为的夸大与误解。④ 总体来说，这些观点的立论基础都是建立在，把马克思的学说看成是一种追求客观事实的科学化的理论形态，进而认为马克思既不以道德作为分析和批判资本主义社会的依据和标准，也不通过道德来说明或论证社会主义的优越性，更不把道德作为革命的无产阶级推翻资本主义实现共产主义的重要手段。这是从实证主义出发，把马克思的这一学说降低为一种仅仅是对历史现实的事实判断和事实描述的肤浅学说。因为其没有真正揭示出道德的意识形态性，及其作为上层建筑范畴是如何作用于经济基础，进而揭露资本主义社会的不道德。

　　第二种观点认为马克思反对抽象空洞的道德研究，但是其理由却是对马克思理论的扭曲。德国新康德主义者赫尔曼·科亨、保罗·纳托尔普等人认为马克思反对抽象空洞的道德研究，恰好需要用康德的实践哲学来填补马克思理论的空白。其代表人物之一的沃伦德尔认为，马克思主义作为一种社会历史理论必然排斥伦理立场，有必要为社会主义的基础补充这一立场，因为无论是从社会主义观念的形成史还是社会主义的

---

① Allen W. Wood, "The Marxian Critique of Justice", *Philosophy and Public Affairs*, Vol. 1, No. 3, Spring 1972, pp. 244–282.

② Karl Kautsky, Ethics and the Materialist Conception of History (Charles H. Kerr & Co.), http：//www. marxists. org/archive/kautsky/1906/ethics/ch05b. html.

③ ［美］R. G. 佩弗：《马克思主义、道德与社会正义》，吕梁山等译，高等教育出版社 2010 年版，第 184 页。

④ ［美］理查德·米勒：《分析马克思——道德、权力和历史》，张伟译，高等教育出版社 2009 年版，第 14—49 页。

实践来看，伦理的立场都是不可或缺的一个因素。① 总体来说，这些观点之所以认为马克思反对抽象空洞的道德研究，要么认为道德与马克思的政治、经济、革命等理论无关，要么认为道德研究是马克思理论的空白，这是人为把马克思理论肢解为各不相关的部分，或认为这是马克思理论的缺陷。然而事实上道德批判和经济批判是马克思批判理论不可分割的两个部分，只是道德批判易于被经济批判所遮蔽，从而造成人们在理解马克思理论时将两种批评割裂或忽视道德批判。通过阐释道德具有批判的力量，以及马克思的道德批判理论，就会发现马克思道德观的实质是对资本主义道德危机的价值批判。

第三种观点认为马克思有着非常丰富的道德思想。国内外许多学者对马克思道德观的立论途径是建立在批判前两种观点的基础之上。例如，伍德的非道德论是建立在把马克思理论实证化研究的基础上，认为资本主义问题的核心是资本主义生产关系对生产力发展的限制，所以马克思只需要关心如何来提高生产率的问题。然而马克思提出人的解放和自由思想不仅仅靠生产率的提高就能自发实现，其显然具有道德意义。对第二种观点的批判认为马克思扬弃道德研究的方法并不能抛弃道德。道德批判方法和经济批判方法是两种哲学方法。在马克思理论中，诉诸道德原则的道德批判方法被马克思看作纯粹思辨的东西扬弃掉了。但是马克思并不反对道德研究，反而通过对资产阶级道德的反动性的批判与无产阶级道德进步性的颂扬，提出了人的解放与自由的学说，从而使得马克思道德观在马克思主义学说中占有独特的地位

除了上述立论，对马克思道德观的直接立论主要体现在，科恩认为马克思主张的道德权利是一种正义语言，其是在一种合适的而非相对的意义上谴责资本主义为不正义，这样的道德批判应是当代马克思主义理论的一个核心要素。② 王小锡认为马克思《1844 年经济学哲学手稿》始终坚持以道德及其道德分析方法的视角研究资本主义社会中的经济问

---

① Steven Lukes, *Marxism and Morality*, Clarendon Press, 1985, p. 15.

② ［英］G. A. 科恩：《卡尔·马克思的历史理论：一种辩护》，段忠桥译，高等教育出版社 2008 年版。

题，并在道德批判中力图寻求人类经济活动与道德精神的结合点。① 张之沧从马克思的道德实践提出，马克思是一个彻底的人道主义者和道德实践家。② 何建华认为马克思从现实的个人和社会关系出发，深刻地揭示了道德自律的社会历史依据，并在批判现实的基础上提出了建立自由人联合体——共产主义的道德理想，从而揭示了社会制度的公正合理性对于道德自律的重要性和必要性。这对于我国现阶段的道德建设有着深刻的启示③，等等。从这些学说中可以看出马克思的道德贡献。马克思始终坚持为人类解放而奋斗的道德追求，为劳动人民的根本利益而奋斗的道德立场和道德实践，为最终实现共产主义而奋斗的道德学说。不管是马克思的道德追求、道德立场、道德实践还是道德学说，都彰显了马克思对资本主义社会不道德现象的经济批判与道德批判、马克思的个人道德与社会道德的统一。

可见，马克思的道德观需要从以下三个方面进行理解：其一，道德具有批判的力量。马克思所理解的道德具有批判的力量，在于其本身具有现实必然性。马克思不满足于费尔巴哈对资本主义社会抽象的一般人性论道德批判，认为其没有找到批判资本主义社会的具体行动力量和现实实践道路。他认为建立在经济批判基础之上的道德批判，可以促使人们行动起来改变不道德、不正义的资本主义社会。这样马克思道德观就不是抽象空洞的道德观，而是革命的、建立在实践批判基础上的无产阶级道德观。从而马克思道德观能够引导人们在具体历史和社会物质生产实践活动中把握和理解人与社会的发展。

其二，马克思道德观是批判资本主义社会不道德现象的事实判断与价值判断的统一。马克思说："工人知道资本家是自己的非存在，反过来也是这样；每一方都力图剥夺另一方的存在。"④ 因为资本家与工人在物质生活上日趋两极分化，"一方面所发生的需要和满足需要的资料

① 王小锡、陈继红：《〈1844年经济学哲学手稿〉的经济道德解读》，《伦理学研究》2006年第5期。

② 张之沧：《论马克思的道德实践》，《道德与文明》2007年第3期。

③ 何建华：《论马克思对德国古典哲学道德自律说的扬弃》，《毛泽东邓小平理论研究》2003年第4期。

④ 《马克思恩格斯文集》第1卷，人民出版社2009年版，第177页。

的精致化，另一方面产生着需要的牲畜般的野蛮化和最彻底的、粗陋的、抽象的简单化"①。这是马克思从劳动异化的角度对资本家与工人之间剥削与被剥削的经济关系和道德关系所做的事实判断。在论及工人处境时马克思同情地说："工人和资本家同样苦恼，工人是为他的生存而苦恼，资本家则是为他的死钱财的赢利而苦恼。"② 这鲜明地体现了马克思对资本家的鞭挞，属于价值判断。这说明马克思道德观要揭示人而非物的本质，是事实判断与价值判断的统一。于是马克思道德观在事实判断与价值判断的统一中，寻求人类经济活动与道德的结合点，从而完整地揭示资本主义发展历史，以及无产阶级革命和共产主义必将到来的客观规律。

其三，马克思道德观通过异化劳动理论揭露资本主义生产关系的不道德。马克思认为，劳动是人的"自由的有意识的活动"③，"自由"体现了劳动的道德本质，"有意识"体现了劳动的道德目的和道德追求。马克思在论及人与动物的根本区别时说："动物的生产是片面的，而人的生产是全面的……动物只是按照它所属的那个种的尺度和需要来构造，而人懂得按照任何一个种的尺度来进行生产，并且懂得处处都把内在的尺度运用于对象；因此，人也是按照美的规律来构造。"④ 这说明人在劳动中能够自由地有意识地与劳动对象发生"为我而存在的关系"，从而体现应然劳动的道德本质。然而在资本主义社会中，劳动却丧失了应然的道德本质。"劳动对工人来说是外在的东西，也就是说，不属于他的本质；因此，他在自己的劳动中不是肯定自己，而是否定自己，不是感到幸福，而是感到不幸，不是自由地发挥自己的体力和智力，而是使自己的肉体受折磨、精神遭摧残。"⑤ 因此，工人在资本主义生产关系中使自身异化。这就揭露出资本主义生产关系的不道德。

---

① 《马克思恩格斯全集》第 3 卷，人民出版社 2002 年版，第 340 页。
② 《马克思恩格斯文集》第 1 卷，人民出版社 2009 年版，第 119 页。
③ 《马克思恩格斯全集》第 3 卷，人民出版社 2002 年版，第 273 页。
④ 同上。
⑤ 同上书，第 270 页。

二　道德批判与经济批判的融合

国内外学术界对马克思道德观的不同认识的一个误区在于很多人没有认识到，虽然马克思恩格斯没有道德等伦理学方面的专著，没有形成一系列的道德理论体系和道德理论学说，但是并不等于马克思没有相关的道德思想和道德观点。在《1844年经济学哲学手稿》、《共产党宣言》、《德意志意识形态》、《资本论》等著作中，他对资本主义的道德批判集中体现在，他对资本家追逐剩余价值导致工人劳动异化的愤慨描述是用鲜明的道德语言表达的。这说明马克思道德观不是纯粹空洞抽象的道德说教，也不是对资本主义的一种事实描述，而是一种实践道德观。它是建立在经济批判基础之上的道德批判，因此更加重视将道德转化为无产阶级的社会实践。如果仅仅通过对资本主义的一般道德谴责，是无法找到资本主义社会通往社会主义社会乃至共产主义社会的现实道路，反而只能让这种道德谴责流为软弱无力。由此才可以更好地理解马克思的"实现人的解放和人的自由而全面的发展"的学说，是如何真正体现马克思对人类命运的深切关怀。

日常生活中的"批判"含义与哲学意义上的"批判"含义有所不同。后者属于评价范畴，不同于一般的批判。批判总是评价活动的深化，从而具有极大的深刻性。因为批判可以转化为改造社会的实践活动。马克思批判理论体现着对"历史上最发达和最复杂的生产组织"即资本主义社会的理解，论证了通过无产阶级革命推翻不道德的资本主义社会和建立社会主义社会的实践道路。道德批判和经济批判分别属于马克思思想的道德范畴和经济范畴。同时道德批判和经济批判又是马克思批判理论不可分割的两个重要组成部分。建立在经济批判基础之上的道德批判表明马克思思想中的道德批判与经济批判、道德范畴与经济范畴是有机联系在一起的。只有对其进行分析，才能更好地认识和把握马克思道德观。

马克思的道德批判是建立在经济批判的基础之上。马克思在《1844年经济学哲学手稿》中批判国民经济学把应当说明的东西假定为一种具有历史形式的事实，"国民经济学从私有财产的事实出发。它没有给我们说明这个事实"①，这是由其阶级地位的历史局限性决定的。与此相反马克思站在无产阶级的立场上，对资本主义私有财产的经济事实及其背后的资本主义生产关系做了深刻的价值分析，所以能够准确揭示资本主义经济运行的客观规律。马克思认为资本主义社会的经济发展是建立在剥削工人的基础上，这导致了工人的普遍贫困和社会的不断衰落。他说："在社会的衰落状态中，工人的贫困日益加剧；在增长的状态中，贫困具有错综复杂的形式；在达到完满的状态中，贫困持续不变。"② 工人贫困和社会衰落是马克思批判资本主义不道德的社会描述。马克思认为异化劳动造成了工人贫困和社会衰落，并导致了工人在生产中的自身异化。"异化劳动，由于（1）使自然界，（2）使人本身，使他自己的活动机能，使他的生命活动同人相异化，也就是使类同人相异化。"③ 异化劳动不仅使人与自身相异化，还使人与自然界，与自身作为类存在物相异化。这样工人的自由而有意识的劳动就沦为资本家无耻剥削工人的手段。只有消灭资本主义私有制，劳动才能是人的自由的有意识的生产活动。正是基于这样的经济批判，马克思的道德批判才显得有针对性和说服力。

马克思的道德批判是在经济批判的过程中展开的。马克思认为，在资本主义条件下人本身就是私有财产的附属，因为异化劳动使得资本成为统治人的异己力量。"人本身已不再同私有财产的外在本质处于外部的紧张关系中，而是人本身成了私有财产的这种紧张的本质。"④ 这表明在资本主义社会中，工人只不过是能够为资本家带来利润的，没有感觉和需要的存在物而已。因此马克思愤怒地说：资本家"把工人只当做劳动的动物，当做仅仅有最必要的肉体需要的牲畜"⑤。可见马克思是站在道德的立场上来研究资本主义经济的剥削实质，批判资本家把工人当成微不足道的牲畜。马克思还深入分析了资本家剥削工人的具体事

---

① 《马克思恩格斯文集》第 1 卷，人民出版社 2009 年版，第 155 页。
② 同上书，第 122 页。
③ 同上书，第 161 页。
④ 同上书，第 179 页。
⑤ 同上书，第 125 页。

实，如"工人中有一半是 13 岁以下的儿童和不满 18 岁的少年"①，"在某些部门中，少女和妇女也整夜和男工一道做工"②，"按照军队方式一律用钟声来指挥劳动的期间、界限和休息的细致的规定"③，"虽然工场手工业使特殊操作适应于它的活的劳动器官的年龄、体力和发育的不同程度，从而迫切要求在生产上对妇女和儿童进行剥削"④ 等等。通过这些具体事实，马克思批判了资本家对工人进行无情的、外在的和强制的劳动剥削的不道德性。当这种不道德再也没有社会底线可以突破的时候，工人只有奋起反抗，消灭资本主义私有制，才能真正扭转资本主义社会中被极度扭曲的道德局面。所以马克思才说："当无产者穷到完全不能满足最起码的生活需要，穷到处境悲惨和食不果腹的时候，那就会更加促使他们蔑视一切社会秩序。"⑤

马克思的道德批判作用于经济批判，有利于揭露资本主义社会经济剥削的不道德。马克思的道德批判是建立在经济批判的基础之上，并在经济批判的过程中展开。这符合马克思的经济基础决定上层建筑的基本观点。同时作为上层建筑的重要范畴，道德批判反作用于经济批判，进一步明确了经济批判的目的和方向，为推翻剥削阶级统治，实现自由人联合体的新社会确立了全新的道德观。与国民经济学只是客观地列举资本主义经济事实不同，马克思认为资本主义私有制内在地反映出资本主义社会资本家与工人之间对立的经济地位和不平等的经济关系。正如资本主义维护者奥康瑙尔公开宣称资产阶级对无产阶级的统治："给他一个主人来统治他，这并没有什么不公平……这并没有剥夺他的任何权利。"⑥ 这种不平等的经济关系存在于资本主义社会的任何状态中。马克思在论述中大量使用"剥削"、"奴役"、"统治"、"骗子"、"强盗"等含有道德判断和道德评价的词汇，强烈谴责资产阶级剥削无产阶级的不道德。他把资本主义社会资本家对工人的经济剥削用道德的语言表达

---

① 《马克思恩格斯文集》第 5 卷，人民出版社 2009 年版，第 285 页。
② 同上书，第 298 页。
③ 同上书，第 326 页。
④ 同上书，第 425 页。
⑤ 《马克思恩格斯文集》第 1 卷，人民出版社 2009 年版，第 429 页。
⑥ 《马克思恩格斯文集》第 7 卷，人民出版社 2009 年版，第 433 页。

出来，"在国民经济学看来，工人的需要不过是维持工人在劳动期间的生活的需要，而且只限于保持工人后代不致死绝。因此，工资就与其他任何生产工具的保养和维修，与资本连同利息的再生产所需要的一般资本的消费，与为了保持车轮运转而加的润滑油，具有完全相同的意义"①。这反映出他的道德批判对经济批判的有力呼应。这样马克思对资本主义的道德批判，表现为对资本主义社会经济的道德批判，其实质是对资本主义社会整体危机的价值判断。

三　个人道德与社会道德的统一

在马克思的著作中，每当涉及资本主义社会资本家对工人的残酷剥削，马克思的许多言论都属于道德判断。这说明马克思的道德批判为其社会批判理论做了充分的道德准备。在这里，我们要区分两种道德，即马克思的个人道德与马克思的社会道德。前者是指导马克思个人道德实践的价值判断，能够反映出马克思是一个彻底的人道主义者和真正的道德实践家。后者是马克思批判资本主义社会不道德的价值判断，能够反映出马克思道德观不是空洞抽象的道德说教，而是在批判与斗争、实践与行动、创造与革新的无产阶级革命与斗争中，为实现全人类解放而奋斗的道德观。马克思的个人道德是其社会道德在马克思个人身上的集中体现。马克思的社会道德是其个人道德反映到马克思投身整个无产阶级运动的集中表达。马克思的个人道德与社会道德的统一，既增强了马克思理论的感染力和说服力，又为其真正实现全人类的解放和自由提供了一种道德实践路径。

马克思的个人道德是其个人道德实践的价值判断，反映了马克思是一个彻底的人道主义者和真正的道德实践家。马克思说："哲学家们只是用不同的方式解释世界，而问题在于改变世界。"② 这说明马克思本人强调社会实践，通过无产阶级革命消灭人剥削人的资本主义制度，使

①　《马克思恩格斯文集》第 1 卷，人民出版社 2009 年版，第 171 页。

②　同上书，第 506 页。

全人类获得自由和解放。马克思一直站在"把普通劳动者变成魔鬼，剥夺其一切自由权利的政治制度的对立面"进行道德批判："无论何时我都不会停留在平静和安谧之中，我将要不断地怒吼"，同摧残人性的资产阶级统治做坚决的斗争。这表明马克思的个人道德寓于其个人的道德实践中。马克思1864年在伦敦创立"第一国际工人协会"之后，就全身心投入到国际无产阶级运动的洪流中，以至于被许多国家的反革命势力视为一个危险的革命家而不断遭到驱逐、逮捕和审判。然而他却不顾个人安危，继续投入到紧张繁忙的工人运动。因为他很清楚"批判的武器绝不能代替武器的批判"。通过选择最能为人类而工作的职业，他就用"批判的武器"个人道德指导"武器的批判"个人的道德实践，对劳动异化和私有财产使人变得自私而残忍，使人丧失人的个性进行道德批判，从而把拯救无产阶级的运动与整个人类命运联系起来。所以在马克思逝世后，恩格斯高度评价说："在整个欧洲和美洲，从西伯利亚矿井到加利福尼亚，千百万革命战友无不对他表示尊敬、爱戴和悼念，而我可以大胆地说：他可能有过许多敌人，但未必有一个私敌。"[1] 正是马克思的个人道德和道德实践，证明了马克思是一个彻底的人道主义者和真正的道德实践家。

马克思的社会道德是其批判资本主义社会不道德的价值判断，反映了马克思为实现全人类解放而奋斗的道德观。马克思批判资本主义社会建立在不道德的经济基础上。他说：在资本主义社会，"每个人都指望使别人产生某种新的需要，以便迫使他作出新的牺牲，以便使他处于一种新的依赖地位并且诱使他追求一种新的享受，从而陷入一种新的经济破产。每个人都力图创出一种支配他人的、异己的本质力量，以便从这里面获得他自己的利己需要的满足"[2]。这表明资本主义社会是以不断诱使他人作出牺牲为代价来获得经济发展。这种牺牲"随着对象的数量的增长，奴役人的异己存在物王国也在扩展"[3]，这不仅表明了资产阶级的利己主义和享乐主义，加剧了资产阶级对无产阶级的剥削和压迫，反映了资产阶级的腐朽和堕落，而且导致资本主义的内在矛盾愈演

---

① 《马克思恩格斯文集》第 3 卷，人民出版社 2009 年版，第 602 页。
② 《马克思恩格斯文集》第 1 卷，人民出版社 2009 年版，第 223 页。
③ 同上。

愈烈，最终形成资本主义社会的经济危机和政治危机。于是马克思就深刻地揭露了资本主义社会的不道德：由于私有制刺激了人的贪欲，异化劳动使得劳动力成为商品，工人彻底成了被剥削和被压迫的奴隶，工人劳动变成了对自身毫无意义、只是维持在劳动期间生活需要以及后代不致死绝的手段。由此才能深刻理解马克思为实现全人类解放而奋斗的社会理想，也才能更深入理解马克思对共产主义社会的描述，"共产主义是对私有财产即人的自我异化的积极的扬弃，因而是通过人并且为了人而对人的本质的真正占有；因此，它是人向自身，也就是向社会的即合乎人性的人的复归，这种复归是完全的复归，是自觉实现并在以往发展的全部财富的范围内实现的复归"①。

　　马克思的个人道德与社会道德是内在统一的。马克思的个人道德是其社会道德在马克思个人身上的集中体现。马克思早年曾是一位热诚的黑格尔信徒，但是随着他对社会现实的观察和思考，自 1841 年后他开始反思黑格尔哲学的道德认识和实践价值，认为用彼岸世界的真理和道德对此岸世界的批判只是抽象的道德和纯粹的思辨。伴随着资产阶级革命的磅礴气势，马克思从高谈阔论的虚幻思辨回归到批判不道德的社会现实。为了改变"自资本主义的生存方式产生以来，工人阶级的物质生活条件从整体上来说，是变得更悲惨"② 的现状，马克思投身到对他来说可以看作是自身的道德实践的社会实践活动，并建立自己对资本主义不道德的批判理论，以此"来取代那些国家寄生虫、高俸厚禄的阿谀之徒、闲职大员等高位权贵，代替那些骑在人民头上作威作福的老爷们，以真正的负责制来代替虚伪的负责制"；马克思的社会道德是其个人道德反映到马克思投身整个无产阶级运动的集中表达。马克思在《青年在选择职业时的考虑》一文中谈道："在选择职业时，我们应该遵循的主要指针是人类的幸福和我们自身的完美。不应认为，这两种利益会彼此敌对、互相冲突，一种利益必定消灭另一种利益；相反，人的本性是这样的：人只有为同时代人的完美、为他们的幸福而工作，自己

---

① 《马克思恩格斯文集》第 1 卷，人民出版社 2009 年版，第 185 页。
② ［加］R. 韦尔、凯·尼尔森：《分析马克思主义新论》，鲁克俭等译，中国人民大学出版社 2002 年版，第 390 页。

才能达到完美。"① 之后马克思全身心地投入到无产阶级反抗资产阶级的工人运动中，激烈抨击资本主义的罪恶，宣扬无产阶级革命的大无畏精神，目的都是要使尽可能多的人幸福，争取全人类的解放和自由。可以说正是马克思的个人道德与社会道德的统一，增强了马克思理论的感染力和说服力，为真正实现全人类的解放和自由提供了一种道德实践路径。

四　马克思道德观的现实意义

马克思道德观是马克思主义不可分割的重要组成部分。对马克思道德观进行解读，是从道德层面向马克思主义的回归。马克思主义具有与时俱进的理论品质。深入研究马克思道德观，对于发展马克思主义具有重要的现实意义。马克思道德观对于我们科学地把握马克思的道德思想和道德观点，用其指导中国共产党带领全国人民加强社会主义道德建设，建设社会主义和谐社会具有重要的现实意义。

其一，马克思道德观启示我们：社会主义道德和社会主义社会中的道德是两个不同的范畴，要注意用社会主义道德引领社会主义社会中的道德。社会主义生产方式及其经济组织形式是社会主义社会的历史本质。站在唯物史观的立场上，社会主义道德作为一种社会意识形态，属于建立在社会主义经济基础之上并为之服务的上层建筑范畴，必然受制于它的社会历史本质，尤其是受制于社会主义社会的经济本质。如果仅仅把社会主义社会中的道德完全理解为是社会主义道德，那么由社会主义经济所决定的社会主义道德显然不能完全涵盖社会主义社会中的道德，反之亦然。正如由资本主义经济所决定的资本主义道德不能完全涵盖资本主义社会中的道德的道理是一样的。马克思在对资本主义进行批判时大量使用饱含道德批判和道德愤慨的词汇，强烈谴责资产阶级剥削无产阶级的不道德。这说明马克思是用超越资本主义这一历史阶段的更加高级的社会形态的道德谴责资本主义道德。马克思道德观是当时资本

---

① 《马克思恩格斯全集》第 1 卷，人民出版社 1995 年版，第 459 页。

主义社会中的一种道德，但却是建立在对资本主义道德进行批判的基础上，是对资本主义道德的鞭挞。这就启示我们社会主义道德要想成为社会主义社会中的主流道德，而非仅仅是主导道德，就要反映广大人民群众的现实需求和根本利益。社会主义道德作为社会主义社会的主导社会意识形态，起着对社会主义社会进行辩护的功能和作用。如果社会主义道德不能引领社会主义社会的道德，那么社会主义道德的社会意识形态辩护功能就会失去效力。相应地，社会的正常管理和有序发展就无法长期维持，社会也会因此四分五裂，不得安宁。所以马克思才说："一定的意识形式的解体足以使整个时代覆灭。"① 因此，中国共产党要以广大人民群众的根本利益作为治国理政的根本标准，以广大人民群众的现实需求作为自己的价值标准。只有这样才能真正实现社会的长治久安和人民的安居乐业。

其二，马克思道德观反对抽象空洞的道德研究，关注道德的生活意谓。"生活"这一术语在马克思著作中频繁出现，说明马克思对人的生活非常关注②。在哲学上，意义本身包括意指和意谓。意义从生发的主体结构看是人的意识的意向性表现。人通过意向性总是指向意义的对象即意指。意识的意向性的独特功能在于面对意识的对象时总是附加对象某种独特的规定。人在把握对象的过程中其实质不仅在于对对象的认知程度如何，而且在于不断地赋予对象新的意义即意谓。人的意谓不仅是对事实的认知，而且根据规律即逻辑进行创造性选择和建设性附加。人们总是在既定事实的基础上创造着一种有意义的世界。马克思道德观的生活意谓，在于马克思道德观关注人类自己创造的道德生活世界。而这一道德生活世界是表达人类自身发展的生活意义，拓展人类自身发展的意义空间。马克思说："个人怎样表现自己的生命，他们自己就是怎样。因此，他们是什么样的，这同他们的生产是一致的——既和他们生产什么一致，又和他们怎样生产一致。"③ 在资本主义社会，一方面"工人成了商品，如果他能找到买主，那就是他的幸运了。工人的生活

① 《马克思恩格斯文集》第 8 卷，人民出版社 2009 年版，第 170 页。
② 任帅军：《以人为本：以人的生活为本——马克思主义关于人的生活理论及其思考》，《湖北社会科学》2013 年第 6 期。
③ 《马克思恩格斯文集》第 1 卷，人民出版社 2009 年版，第 520 页。

取决于需求，而需求取决于富人和资本家的兴致"①；另一方面在资本家看来"生产的真正目的不是一笔资本养活多少工人，而是它带来多少利息，每年总共积攒多少钱"②。马克思批判这种异化劳动下的资本主义生产关系，认为其不能使人在生产实践活动中表现自己的本质，更不能以全面的方式表现自己的全部的本质。他说："人以一种全面的方式，也就是说，作为一个完整的人，占有自己的全面的本质。"③恰恰是人的这种类本质特征能够表达马克思道德观的生活意谓。从这一视角来看，马克思道德观对人类的应然生活进行了一种可能性的道德想象。他通过"提出理论和观点，把群众尚处于朦胧状态的要求和想法以理性的形态表达出来"④。所以，中国共产党在对社会主义意识形态进行反思的过程中，要自觉地用马克思道德观"武装全党、教育人民"，用马克思道德观引领社会风尚。只有这样中国共产党才能更好地走进广大人民群众的生活，马克思道德观才能由理想变成现实。

其三，马克思道德观为当前人们的幸福生活提供了道德指向。幸福是一个跨学科的多维度概念，可以从不同视域进行探讨。党的十八大报告提出要"增进人民福祉"，"共同创造中国人民和中华民族更加幸福美好的未来"。这说明幸福虽然是一个没有标准答案的概念，但是人们对幸福的感受和追求却是共同的。在马克思的年代，工人与资本家之间不对等的劳动关系及其导致的劳动异化，是资本主义社会不和谐的根本原因。在资本主义社会，工人没有什么幸福可言，"劳动常常是，甚至一般是困难的、痛苦的"⑤。所以马克思以道德批判的方式痛斥资本主义的罪恶，揭示资本主义经济的实质。他在批判资本主义社会劳动异化的同时，也就对代替资本主义社会的新社会新的道德观做了充分的论证。他认为："共产主义，作为完成了的自然主义，等于人道主义，而作为完成了的人道主义，等于自然主义，它是人和自然界之间、人和人

---

① 《马克思恩格斯文集》第 1 卷，人民出版社 2009 年版，第 115 页。
② 同上书，第 171 页。
③ 同上书，第 189 页。
④ 陈新汉：《民众评价论》，上海人民出版社 2004 年版，第 271 页。
⑤ ［美］伊夫·R. 西蒙：《劳动、社会与文化》，周国文译，中国经济出版社 2008 年版，第 13 页。

之间的矛盾的真正解决，是存在和本质、对象化和自我确证、自由和必然、个体和类之间的斗争的真正解决。"① 这就给中国共产党带领全国人民建设社会主义和谐社会以有益的启示：社会主义和谐社会下的劳动应该是广大人民群众追求幸福生活的手段和目的的统一。遗憾的是，政府目前在许多领域还缺少足够有效的手段维护劳动者的劳动和劳动权益。因此马克思道德观启示我们：处理好社会主义社会劳动者的劳动关系，实现劳动者的劳动权利和劳动义务，是建设好社会主义和谐社会的迫切要求。劳动者只有在劳动过程中实现自己的各项权益，才能感受到劳动的价值和意义，才能体会到劳动的满足和幸福。

马克思道德观通过对资本主义社会不道德现象的道德批判，体现了马克思主义的时代精神。马克思道德观在中国共产党带领全国人民建设社会主义和谐社会的历史进程中，呈现出不可或缺的"当代"意义。在今天理解和发展马克思主义，并用马克思主义指导中国建设社会主义现代化国家，就要对马克思道德观进行认真思考和深入研究。只有这样才能通过对比全面把握和真正了解当今中国在一些领域存在的道德失范现象。这无疑是贯彻落实党的十八大报告精神，从现实出发建设社会主义和谐社会，加强社会主义道德建设的题中应有之义。

---

① 《马克思恩格斯文集》第 1 卷，人民出版社 2009 年版，第 185 页。

三

习总书记系列重要讲话与中国当代道路自信、理论自信和制度自信

"中国梦"的内在张力结构解读[*]

孙　帅[**]

[摘要]"中国梦"是具有内在张力结构的理论体系，从内涵上，"中国梦"的主体定位与本体定位都统一于人民群众，"中国梦"实现了情感理想与理性认识的统一。从特征上，"中国梦"实现了历史性与时代性的统一、民族性与开放性的统一。从功能上，"中国梦"实现了合规律性与合目的性的统一。"中国梦"的内涵、特征以及功能都体现了马克思主义的基本立场，体现了中国特色社会主义理论体系的一脉相承性，体现了唯物史观在中国特色社会主义社会的新发展。

[关键词]"中国梦"　内涵　特征　功能

"中国梦"是近代以来中华民族的历史发展主题，也是中国特色社会主义的精神力量。"中国梦"体现了中国特色社会主义文化制度优势，强调了价值引导的规范作用。"中国梦"根植于中国传统文化的深厚土壤之中，体现了中华民族不懈奋斗的梦想追求，"中国梦"实现了历史性与时代性的结合。

"中国梦"的本质内涵，是实现国家富强、民族复兴、人民幸福、社会和谐。要实现"中国梦"就必须走中国道路，坚持中国特色社会主义，这是"中国梦"的制度基础；要实现"中国梦"就必须要坚持中国精神，坚持马克思主义的指导思想，坚持爱国主义为核心的民族精

　*　教育部人文社科研究青年基金项目"依托红色文化建设提升我国软实力研究"[11YJC710016]阶段性成果。

　**　孙帅（1986—　　），女，山东淄博人，清华大学马克思主义学院博士生。

神和改革开放为核心的时代精神，坚持社会主义核心价值观，这是"中国梦"的精神导向；要实现"中国梦"还必须要汇集中国力量，团结全国各族人民为社会主义建设贡献力量，这是"中国梦"的力量源泉。"中国梦"是价值理想与价值规范相统一的理论体系，"中国梦"内涵丰富、逻辑严谨。本文将从内涵、特征以及功能方面，解读"中国梦"的内在张力结构。

一　"中国梦"的内涵

"中国梦"是中华民族和中国人民的梦，"中国梦"的实现主体与目的本体都是中国人民，"中国梦"实现了国家理想与人民利益的统一，社会发展与个人发展的平衡，"中国梦"实现了主体定位与本体定位的统一。同时，"中国梦"还是情感理想与理性认识相统一的理论体系。"中国梦"反映了中华民族的梦想追求与个人理想诉求的一致性，体现了正确价值规范的导向作用。

（一）主体定位与本体定位的统一

"中国梦"是主体定位与本体定位相统一的理论体系。对"中国梦"进行本体定位，就要明确"中国梦"的本质。"中国梦"是中华民族的价值理念追求，也是中华民族的精神文化力量。"中国梦"是为了实现国家富强、民族复兴、社会和谐、人民幸福，"中国梦"实现了国家梦想与个人梦想的统一。"中国梦"的最终目的是为了实现人民幸福，"中国梦"具有"人本"特性。从"中国梦"的本质进行理解，就要把"中国梦"理解为中华民族的活动方式与活动结果的总和，把"中国梦"与中国特色社会主义实践相结合，把"中国梦"与中国人民的社会实践相联系，把实现"中国梦"理解为中国人民的责任与义务，把爱国主义精神贯穿于中国特色社会主义实践中。认清了"中国梦"的本体定位，就要坚持"中国梦"本体定位的三个原则。首先，"中国梦"应该坚持中华民族的民族特性，以中国的传统文化为文化土壤，充分吸取中国传统文化的优秀成分，坚持实现中华民族伟大复兴的价值追求，"中国梦"要走中国道路，坚持中国精神，汇集中国人民的力量，展现中国特色与中国风采。"中国梦"不同于"美国梦"、"欧洲梦"，"中国梦"具有鲜明的中华民族色彩，"中国梦"与中国近代的历史相联系，表现了先进的中国人为寻求民族振兴而进行的艰辛探索。其次，"中国梦"要坚持社会主义属性，"中国梦"的制度基础是社会主义社会，"中国梦"要坚持社会主义的共享性，坚持集体主义，消除贫富分化，实现社会的公平、公正，实现人的自由全面发展，马克思在《共产党宣言》中指出："代替那存在着阶级和阶级对立的资产阶级旧社会的，将是这样一个联合体，在那里，每个人的自由发展是一切人的自由发展的条件。"① "中国梦"还要以社会主义核心价值观为价值指导，坚持马克思主义，坚持党的领导，以中国特色社会主义道路为前进方向，努力建设社会主义物质文明、精神文明、政治文明、社会文明与生态文明，以实现国家富强、社会和谐，人民幸福为价值目标。再次，"中国梦"还应该坚持集体主义与个人主义相结合的原则，马克思认为"个人"是隶属于"共同体"中的个人②，"个人梦"的实现与"中国梦"的实现必然联系在一起，"中国梦"的社会主义共享性有效地实现了个人主义与集体主义的结合。"中国梦"不同于"美国梦"的特点在于"中国梦"的社会主义和集体主义属性，"美国梦"单纯强调个人利益和个人奋斗，"中国梦"坚持国家利益、民族利益和个人利益的统一。

　　主体是指从事对象性活动的人，对"中国梦"进行主体定位的根本问题是"是谁"的梦和"为谁"的梦的问题。"中国梦"的主体是中华民族与中国人民，其根本是中国人民，中国人民既是"中国梦"的酝酿者，又是"中国梦"的实现者。"中国梦"坚持以人为本的原则，"中国梦"坚持实现主体的普遍性与大众化的特点，以实现人民幸福为终极目的。党的十八大报告指出："在新的历史条件下夺取中国特色社会主义新胜利，……，必须坚持人民主体地位。中国特色社会主义是亿万人民自己的事业。要发挥人民主人翁精神，坚持依法治国这个党

① 《马克思恩格斯选集》第 1 卷，人民出版社 1995 年版，第 294 页。

② 同上书，第 121 页。

领导人民治理国家的基本方略，最广泛地动员和组织人民依法管理国家
事务和社会事务、管理经济和文化事业、积极投身社会主义现代化建
设，更好地保障人民权益，更好保证人民当家作主。"① 中国特色社会
主义制度为人民的主体地位提供了制度保障。中国特色社会主义坚持人
民民主的政治制度，坚持民主集中制，坚持社会发展的公平正义，坚持
"一切权力属于人民"的原则，坚持人民对权力的监督。中国特色社会
主义制度不仅实行以人民代表大会制为主要内容的选举民主和政治协商
为主要内容的协商民主，还实行以基层民众自治为主要内容的直接民
主，使得村民委员会、居民委员会、社区以及部分县乡以下民众可以直
接参与选举。中国特色社会主义制度不仅实行政治民主，保障人民的主
体地位，还实现了效率与公平兼顾、活力与秩序相统一、人的全面发展
与社会发展相协调，充分调动了人民建设社会主义的积极性，体现了人
民在"中国梦"中的主体地位。

（二）情感理想与理性认识的统一

"中国梦"揭示了近代以来中华民族追求富强之路的心声，体现了
中国人民对于实现中华民族伟大复兴的梦想追求，体现了中国人民的爱
国主义精神和坚持走中国特色社会主义道路的情感信仰。近代以来，苦
难的中华民族屡遭外国入侵，无论是洋务运动、戊戌变法，还是辛亥革
命、五四运动，先进的中国人一直在探索中华民族的富强、文明之路。
鸦片战争之后，中华民族陷入深深的苦难之中，"中国梦"是强军之
梦，中华民族要用强大的武装力量阻止外敌入侵；近代以来，中国积贫
积弱，"中国梦"是国富之梦，中华民族要实现国家富强，中华民族要
屹立于世界民族之林；近代以来，中国人民饱受苦难，"中国梦"是人
民幸福之梦，中华民族要实现社会和谐、人民幸福。"中国梦"的提
出，体现了中国共产党人对于实现中华民族伟大复兴的坚定信念和理想
追求。要实现"中国梦"，就要求中华民族与中国人民发奋图强，坚持
中国道路，坚持中国特色社会主义，"坚持人民主体地位，坚持解放和
发展社会生产力，坚持推进改革开放，坚持维护社会公平正义，坚持走

---

① 《中国共产党第十八次全国代表大会上的报告》，2012 年 11 月 8 日。

共同富裕道路，坚持促进社会和谐，坚持和平发展，坚持党的领导"①，为实现中华民族的伟大复兴而不懈努力。

"中国梦"不仅体现了中华民族的情感理想，也反映了中国共产党人对于中国国情和历史发展规律的理性认识。马克思认为人们不是随心所欲地创造历史，而是在现有的历史条件下创造历史。"中国梦"坚持以中国的历史发展为基础，客观认识了改革开放前和改革开放后的历史，坚持历史发展的一致性，正确评价了中国特色社会主义社会的历史发展。"中国梦"坚持以中国的现有国情为依托，提出了两个一百年的发展目标，顺应了历史发展进步的客观趋势。"中国梦"以马克思列宁主义、毛泽东思想和中国特色社会主义理论体系为理论基础，以中国特色社会主义制度为制度基础，坚持走中国特色社会主义道路，坚持人民群众是历史创造者的群众史观，坚持把人民利益放在首位，以实现共产主义为理想目标，实现了"中国梦"与"世界梦"的相互促进与发展。

二　"中国梦"的特征

中华民族的历史文化土壤培育了"中国梦"，"中国梦"摒弃了历史虚无主义与民粹主义的偏颇，以爱国主义为核心的民族精神和改革开放为核心的时代精神为价值导向，实现了历史性与时代性的统一；"中国梦"根植于中华民族的传统文化，吸收了西方文化中的优良因素，"中国梦"实现了民族性与开放性的统一；同时"中国梦"是具有普遍性的中国人民的梦，"中国梦"是为实现民族复兴的梦，也是为实现人民幸福的梦，是普遍性与崇高性相统一的梦。

（一）历史性与时代性的统一

"中国梦"与近代以来中华民族的屈辱历史紧密相连。鸦片战争以后，中国处于救亡与启蒙的双重变奏之下，历代中国人在寻求国富民强的道路上苦苦探索。1861—1894 年，以曾国藩、李鸿章、左宗棠、张

---

① 《中国共产党第十八次全国代表大会上的报告》，2012 年 11 月 8 日。

之洞等为代表的洋务派，掀起了"师夷长技以自强"的改良运动，洋务派力求通过发展新型工业，增强国力，建设近代军队，以实现国富民强，抵御外敌入侵；但洋务运动盲目效仿西方的工业制度，并没有触及清王朝的封建制度，也没有解决中国积贫积弱的问题，甲午战争的失败宣告了洋务运动的破产，苦难的中华民族惨遭列强瓜分，中国人民仍旧处于水深火热之中。洋务运动之后，戊戌变法揭开了资产阶级政治改良的序幕。1898 年以康有为、梁启超为代表的资产阶级改良主义派提倡向西方学习，大力发展科学文化，改革政治、教育制度，发展农业、工业、商业等，资产阶级改良派力求以自上而下的改良运动推行君主立宪制，实现清王朝的自救，但由于封建势力的强大，戊戌变法运动最终走向失败，资产阶级改良派也惨遭清政府的镇压，中华民族仍没有摆脱被帝国主义列强瓜分的命运。1911 年以孙中山为代表的资产阶级革命派发动了辛亥革命，推翻了清政府的统治，建立了三权分立的资产阶级共和国。辛亥革命效仿了美国的政治体制，建立了资产阶级共和制，民主共和的观念深入人心，辛亥革命不仅变革了政治制度，还起到了思想启蒙的作用；但由于资产阶级的软弱性，辛亥革命并没有使得中华民族走向富强，辛亥革命之后一度出现帝制复辟的现象，中华民族的复兴之路仍然任重道远。随着五四新文化运动的到来，无产阶级逐渐登上历史舞台，中华民族在救亡与启蒙的双重变奏下不断前进。中国共产党成立之后，中国共产党领导了中国人民打败了日本帝国主义，确立了社会主义制度，建立了新中国。新中国成立之后，政治、经济、文化等各方面快速发展；改革开放以来，中国经济平稳较快发展，人民生活水平显著提高，民主法治建设不断健全，文化建设蓬勃发展，社会建设日趋完善，中国的综合国力不断提高，中国共产党对社会主义执政规律与社会发展规律的认识日益成熟，中国形成了政治、经济、文化、社会、生态五位一体的发展格局，中华民族日益强盛，中国人民不断实现幸福生活，中国特色社会主义在实现民族复兴的道路上不断前进。"中国梦"在近代历史的发展过程中孕育，也将在中华民族的新发展中实现。

"中国梦"与改革开放以来中国的时代性发展相联系。黑格尔认为时代精神是贯穿于各个文化领域的特定品格。恩格斯指出："每一时代的理论思维，都是一种历史的产物，不同的时代具有非常不同的形式，并因而具有不同的内容。"① 任何科学的构想都是自己时代精神的精华，"中国梦"的生命力在于解答其所处时代的问题，"中国梦"与中国特色社会主义的实践密切相连，与全球化、国际化的社会发展背景密不可分，"中国梦"具有与时俱进的时代性品质。当今中国发展所面临的问题，是"中国梦"提出的时代契机。改革开放以来，中国在经济社会高速发展的同时，社会矛盾伴随而生，贫富分化加剧，人们的价值信仰出现危机，社会上存在道德失范的现象，人与人之间出现诚信危机，价值观领域日趋多元化，在对外开放的过程中，西方许多不良的价值倾向不断输入，在综合国力方面，中国与西方发达国家还有一定差距，实现中华民族的伟大复兴仍旧任重道远。"中国梦"是汇聚人心的精神力量，也是引导中国社会发展的指明灯。要实现"中国梦"，就要加强中国特色社会主义的经济发展，增强中国的经济实力，增强中国的国际影响力，实现国富民强；要实现"中国梦"，就要坚持中国特色社会主义道路，推进社会主义政治制度改革，建设社会主义政治文明；要实现"中国梦"，就要加强社会主义文化建设，增强中国的文化软实力，实现社会主义文化大发展大繁荣；要实现"中国梦"，就要解决社会矛盾，解决社会的两极分化问题，加强社会主义和谐社会的建设；要实现"中国梦"，就要加强社会主义生态文明建设，实现社会进步与环境治理的双赢发展；要实现"中国梦"就要坚定不移地坚持以人为本的价值理念，为人民谋幸福，实现人民的安居乐业；"中国梦"的时代性品质，反映了中国特色社会主义社会发展的现实诉求，实现了理想要求与现实诉求的统一。

（二）民族性与开放性的统一

民族性即民族的特性，是一个民族区分于其他民族的有效特质；各民族的自然生存条件与社会发展历史决定着其民族特性，民族精神是民族性的历史沉淀。"中国梦"是中华民族的梦，具有浓郁的中华民族特色，爱国主义为核心的民族精神是"中国梦"民族性的集中表现，中国传统文化是"中国梦"民族性的文化特质。民族自尊心、民族自信

---

① 《马克思恩格斯选集》第3卷，人民出版社1995年版，第465页。

心与民族自豪感是"中国梦"爱国主义精神的主要表现形式。爱国主义是中华民族的优良文化传统，从岳飞、文天祥到抗日英雄张自忠等，中华民族的爱国主义传统源远流长，中国人民对民族英雄的热爱之情经久不息。"中国梦"根源于中国传统文化的土壤之中，悠久的中国传统文化是中华民族凝聚力与向心力的力量源泉；中国传统文化融合了儒、释、道等各家思想；其中儒家文化对中华民族的影响源远流长，儒家文化中讲究"和"的思想，孔子首次提出了"和而不同"的命题，他揭示了和谐的本质，讲究在国家治理中运用和谐的思想，孔子指出"不患寡而患不均，不患贫而患不安"①，孔子的思想中蕴含着公平、和谐的政治观点。"中国梦"所提倡的社会和谐、人民幸福的思想与中国传统文化的精神具有一致性，"中国梦"不同于美国梦，"美国梦"更突出个人和金钱，而"中国梦"强调天下为公的大同思想，"中国梦"的本质内涵是实现国家富强、民族复兴，"中国梦"强调个人命运和国家命运紧密相连，"中国梦"的目的是要真正实现每个人的自由和全面发展，"中国梦"具有鲜明的民族性。

民族性是一种本土话语，开放性是一种世界语境。"中国梦"吸收了中国传统文化的精华，也吸取了世界文化的优秀成分。邓小平指出"世界在变化，我们的思想和行动也要随之而变"②，"中国梦"是本土话语与世界语境的辩证统一。改革开放以来，中国的国门逐渐打开，中国积极融入世界市场，中国与其他各国进行经济技术交流，"中国梦"具有海纳百川的开放性特征；"中国梦"的开放性特征还包含着改革创新的时代精神，中国不断进行科技文化创新，以技术创新带动经济发展，以文化创新促进文化繁荣，增强中国的文化软实力，实现中华民族的国富民强；但是开放性不等于放任自流，"中国梦"的开放性是原则性与灵活性并存的开放，"中国梦"立足于中国的国情与社会现实，批判性地吸取其他各国的先进文化；"中国梦"的开放性是在坚持社会主义基本制度基础上的开放，"中国梦"的开放性是以一种世界眼光与包容心态与世界接轨，"中国梦"的开放性是要实现与世界精神的律动，

---

① 《论语·大学·中庸》，《论语·季氏》第十六篇，中华书局 2011 年版，第 198 页。
② 《邓小平文选》第 3 卷，人民出版社 1993 年版，第 274 页。

并全面地参与到世界精神的创造过程中。

三　"中国梦"的功能：合规律性
与合目的性的统一

　　"中国梦"是价值理想与社会发展相统一的理论体系，"中国梦"实现了合规律性与合目的性的统一。合规律性指人类的生产实践活动符合事物发展的规律，按客观规律办事。社会发展的规律是客观的历史过程，这种必然性从根本上制约着社会历史进程。"中国梦"的合规律性是指"中国梦"在中国特色社会主义实践的基础上，正确反映了社会发展的必然性及其发展趋势。"中国梦"尊重历史发展规律，坚持群众史观，采取了科学的合规律性的实现方式。"中国梦"坚持唯物史观，把人民群众当作历史的创造者，体现了党的领导集体思想认识和执政理念的一致性。新中国成立以来，党的历代领导集体始终坚持群众史观，坚持人民的主体地位。毛泽东认为人民群众才是创造世界的动力，他坚持听取群众的意见，把人民群众的利益放在首位，为人民谋幸福；邓小平把满足人民的物质文化需求作为社会主义社会的主要矛盾，坚持把群众满不满意、支持不支持作为党工作好坏的标准；"三个代表"重要思想强调中国共产党始终代表中国人民的根本利益；科学发展观坚持以人为本，把人民的利益作为一切工作的出发点和落脚点；"中国梦"坚持人民主体地位的观点，相信人民，依靠人民，认为"中国梦"是人民的梦，实现"中国梦"要依靠以人民群众为主体的中国力量。"中国梦"是党的领导集体对于社会发展规律和中国国情理性认识的结晶。"中国梦"实现了世界观的正确性与历史活动有效性的统一。

　　合目的性指人们的社会实践活动是有计划、有目的的活动，在社会实践活动之前，人们对实践活动有一定的预期和目标，人类的社会实践要达到一定的目的。"中国梦"是对未来的预期与设想，它属于社会意识的范畴内；"中国梦"是科学的社会意识，"中国梦"立足于中国的客观国情之上，以实现国家富强、人民幸福、社会和谐为目标，它代表着中国广大人民群众的切身利益。"中国梦"的实现目标与社会历史发展主体的目标相一致，"中国梦"的价值取向与社会历史主体的价值取向相一致，"中国梦"的提出是为了实现中国广大人民群众的切身利益，"中国梦"是为人民群众谋幸福的梦，"中国梦"实现了国家发展与人民幸福的协调一致。"中国梦"采取了科学的合目的性的实现方式。"中国梦"坚持中国道路，弘扬中国精神，依靠以人民群众为主体的中国力量；"中国梦"坚持生产力与生产关系相适应的唯物史观要求，解放生产力，发展生产力，坚持改革与发展并进，不断满足人们日益增长的物质文化需要；"中国梦"坚持了共产主义关于人类社会发展的设想，以实现共同富裕为发展目标，以推动人类社会发展进步为责任，不断实现社会的公平正义，倡导实现中国与世界的相互促进发展，实现共赢发展。

"中国梦"是中国特色社会主义理论体系的新发展，也是当代中国发展进步的精神旗帜。"中国梦"坚持马克思主义的基本立场与方法论原则，坚持中国特色社会主义道路，以中国特色社会主义制度为依托，以中国特色社会主义理论体系为支撑，把马克思主义方法论贯穿于中国特色社会主义的实践过程中，坚持遵守历史发展规律与发挥人的主观能动性相结合。"中国梦"的内涵、特征以及功能都体现了马克思主义的基本立场，体现了中国特色社会主义理论体系的一脉相承性，体现了唯物史观在中国特色社会主义社会的新发展。

"中国梦"是具有内在张力结构的理论体系，"中国梦"响应了历史发展要求，反映了人民的现实诉求，体现了中国特色社会主义的文化软实力。"中国梦"体现了理念追求对于制度发展的促进作用。"中国梦"立足于中国的国情实际，强调了人民的主体地位，把中国的历史发展与未来展望相结合，把中国的民族性与社会发展的开放性相结合，强化了中国特色社会主义的价值牵引作用，实现了张力中的平衡。"中国梦"是引导中国特色社会主义建设的精神力量，"中国梦"与中国特色社会主义制度相契合，实现了价值规范与制度建设的统一；"中国梦"与中国特色社会主义实践相联系，实现了价值引导与实干兴邦的结合。全面理解"中国梦"的内在张力结构，有助于贯彻"中国梦"的理论精髓，把"中国梦"统一于社会主义建设过程中，实现理论发展与社会发展的统一，实现国家富强、民族复兴、人民幸福、社会和谐。

重建马克思主义无神论的理论自信

陈卫华 *

[摘　要] 当数以百万计的西方人都在逃离传统宗教，努力寻找新的精神之路，无神论成为多元选择的潮流时，当下的有些中国人却视宗教甚至邪教为"解脱之道"。要巩固马克思主义在意识形态领域的指导地位，不能忽视无神论的维度，理论和现实都需要我们重视研究和宣传马克思主义无神论，更要树立马克思主义无神论的理论自信。

[关键词] 马克思主义　无神论　宗教　邪教

在马克思主义的思想体系中，无神论是辩证唯物主义和历史唯物主义的理论前提，也内在地包含于马克思主义的理论之中，也是马克思主义科学世界观的出发点和基石，并与批判有神论的宗教传统紧密联系在一起的。当前，中国社会转型期的价值多元、多样催生了"宗教热"，各种有神论沉渣泛起，在丑化、妖魔化马克思主义的同时，也对科学无神论的世界观大加抨击和嘲笑。党中央一再指出：要巩固马克思主义的指导地位，要增强社会主义意识形态的吸引力和凝聚力，科学无神论的作用不容忽视。马克思主义无神论是科学无神论的高级形式，其对有神论的批判不仅具有彻底性，而且具有实践性和科学性的特点。在当前社会主义条件下，为了更好地团结包括信教群众在内的广大群众，集中精力建设有中国特色的社会主义，更要树立起理论自信。

---

*　陈卫华，中国社会科学院马克思主义学院在读博士，河南大学马克思主义学院讲师。

一

　　中国虽被视为世界上最大的无神论国家，但各种有神论活动还很猖獗。有神论最低级的形式就是迷信、邪教，宗教也是有神论。有神论的世界观是与无神论相对立的，是错误的世界观。刚刚发生的昆明火车站暴恐事件，邪教"全能神"成员在山东招远麦当劳当众残杀女青年（5月28日）事件，都让人不寒而栗，这不能不让人再次想起宗教极端主义、恐怖主义和邪教的疯狂。国家宗教事务局培训中心前主任段启明指出：自1982年3月中共中央下发《关于我国社会主义时期宗教问题的基本观点和基本政策》（19号文件）以来，我们取得了不小的成绩和对待宗教问题的经验，但同时在纠正一种错误时往往会出现另一种错误倾向。对防止右的倾向上关注不够，导致有神论迷信思潮泛滥。如："信教人数激增，国外势力利用宗教进行渗透，迷信活动沉渣泛起，邪教危害社会，滥建庙堂神像，对在校学生影响触目惊心。"① 这和某些文人学者对有神论思潮的推动，相关政府部门监管不力，一些官员的推波助澜等有很大关系。事实上，当前我国思想理论界乃至社会生活中思想理论基石动摇的根本原因就是对马克思主义理论的科学性和共产主义事业失去了信心。具体到宗教问题上来说，这一切问题的关键也许正是我们一致认为都不用再言说的真理即"马克思主义无神论"的退场，忽略了对马克思主义应有之义——无神论的宣传和教育。虽然"无神论"一词缘起于西方，而且一直都被看做是邪恶异端，是一个大大的"贬义词"，但随着文艺复兴和启蒙运动的影响，它对于人类文明进程所起的积极推动意义，我们看得越来越清楚，所以有无神论是"人类文明和思考的成果"之界定，是人类精神变化、视觉发生转移的转折点。

　　如果我们视野足够开阔的话就会发现，自新世纪以来西方正兴起一股无神论的热潮。美国学者大卫·艾尔金斯认为，我们当今的社会正悄悄地进行一场精神革命，他的理论依据是数以百万计的美国人开始追求

① 段启明：《贯彻十九号文件中的得与失》，《科学与无神论》2012年第3期。

新的精神之路，毅然决然地同传统的宗教相决裂。① 2013 年 5 月《印度时报》报道的关于全球虔诚与无神论指数调查，恰好证实了大卫的这一论断：据来自全球五大洲 57 个国家的总计 51927 人的调查结果显示：被调查的信奉宗教的人数比例从 2005 年的 87% 下降至 81%，不信神的人数上升了 3%。中国是无神论者人数最多的国家，被调查的人中近 50% 的人自称不信教。② 然而中国的无神论人数最多并不必然表示中国当前的有神论者就越来越少。事实正好相反，有神论的学问渐渐成为"显学"，信教的人数也有增加趋势。这些事实不能不引发我们的思考：为什么在西方国家信教人数锐减的情况下我们却正好相反？有学者在对河南开封市的信教人数做了统计之后得出结论说："开封总人口 543 万人，五大宗教信徒是 219349 人，只占了总人口的 4%……"一个"只"字却反映出了问题——以我在开封生活多年的经历，除了几大宗教的信徒之外，单是信仰邪教的人数就很难统计，更别提那些自发的有着稳定的民间信仰的人群。调查显示 75% 的宗教徒生病之后首先求助于各路小道神仙，然后再求助于所信奉的"统一神"。③ 面对如此这样的事实，如果简单开出让我们相互拥抱，让各界人士都成为"好朋友"的"药方"，恐怕就把复杂的问题简单化了。更有学者提出，改革开放出现了所谓"道德滑坡"、"信仰危机"，解决的关键在于大力推行宗教信仰，认为只有宗教信仰才能弥补当今中国人的信仰缺失问题，诸如"信教的人多行善事，多显达之人"，"不信教则多社会渣滓"等言论，多年来一直萦绕在知识界。好像不信教就成了万恶之源，只有大家都皈依宗教才能最终解决一系列的社会问题，宗教成了灵丹妙药，成了"包治百病的莫里逊氏丸"。诸如此种要把社会道德安置在宗教信仰上的主张，就是脱离了马克思主义正确的立场、观点和方法去分析和看待宗教和道德问题的结果。

---

① ［美］大卫·艾尔金斯：《超越宗教：在传统宗教之外构建个人精神生活》，顾肃等译，上海人民出版社 2007 年版，第 7 页。

② http://timesofindia.indiatimes.com/world/uk/More-Indians-have-stopped-believing-in-God-Survey/articleshow/20284261.cms.

③ 金泽、邱永辉主编：《2013 中国宗教研究报告》，社会科学文献出版社 2013 年版，第 254 页。

　　历史唯物主义告诉我们，社会存在决定社会意识，像道德、宗教这样的意识形态方面的问题，它最终的根源是在社会物质生活之中，抛开物质生活实践本身去寻求解决之道仍然是在主观范围之内兜圈子，是用主观去解释主观。当今中国社会发展的现实告诉我们，在社会变革的转型期，在各种思潮相互激荡，价值多元化的独特历史时期，我们既不能无视社会意识形态领域内出现的一系列的新问题，也不能将之无限地加以扩大，更不能忽视甚至无视那些投身于改革开放、推动祖国大踏步前进，从而令我们的物质生活不断提高、精神生活不断丰富的体力与脑力劳动者以及他们崇高的品格。无论是中国古代的春秋战国抑或是西方古罗马，还是近代西方欧美国家，都经历过巨大的社会转型，而社会转型期所凸显的社会矛盾和冲突，以及诸多丑恶现象，随着社会的伟大变革、社会制度更加完善、社会体制更加健全、公民个人受教育水平和文明程度不断提升，而逐步得以解决。近些年出现在社会上的好人好事越来越多，尤其在救灾助困、防范暴恐、肃贪廉政上，越来越表现为群众性和自觉性行为，令人鼓舞。恩格斯在《论原始基督教的历史》一文中指出：“基督教是在死后的彼岸生活中，在天国里寻求这种得救，而社会主义则是在现世里，在社会改造中寻求。”①

二

　　当代科学社会主义运动历史，尤其是苏联解体的教训表明，作为一个由马克思主义政党领导的社会主义大国，我们不能让马克思主义理论退场，不能将马克思主义无神论束之高阁。曾经有个阶段，我们是何等的羞于谈论马克思主义！我在高校任教马克思主义理论多年，对于马克思主义以及马克思主义者在高校以及在社会中的地位，感慨良多。且不说在某些人的眼里，马克思主义就是教条，是整人的棍子，将极左思潮等同为马克思主义；更有一些人，是把往日工作的失误、干部的贪腐和官僚化都归罪在马克思主义名下。这直接影响到马克思主义工作者的形

---

　　①　《马克思恩格斯列宁斯大林论宗教和无神论》，人民出版社1999年版，第272页。

象，虽然不像"洪水猛兽"般可怕，但基本上也是处于边缘地位。在过度追求物质享受的今天，实用主义精神被发挥到了极致，所以马克思主义被当作无用之学而受到漠视，从事马克思主义无神论研究的工作者更被讥为"地下工作者"，如此等等。"打铁还需自身硬"，作为一名马克思主义理论工作者，我们必须自己首先站起来，自尊自重，学好理论，掌握理论；理论联系实践，理论武装群众。这是我们的责任，也是我们的义务。要让马克思主义在人民群众心中生根、发芽、开花、结果，要让马克思主义"时时在场"，与中国当前的社会发展现实紧密结合，真正实现马克思主义的中国化、民族化和大众化，以转化成强大的物质力量。马克思的名言："理论只要说服人，就能掌握群众；而理论只要彻底，就能说服人。所谓彻底，就是抓住事物的根本。"① 马克思主义宗教理论的根基，是建立在辩证唯物主义和历史唯物主义基础之上的科学无神论。

无神论与有神论是一对相互对立的范畴，涉及的是世界观、人生观和价值观等一些最根本性问题，例如：世界以及人类是怎样产生或形成的，人的本性和人生的意义是什么，人的命运由什么决定，什么是完善的人格以及完善的思维方式与生活方式，未来的世界和理想的王国又是什么，它们又与人类文明和社会历史发展的关系是什么，如此等等，几乎关乎人文科学和自然科学各个方面。我们必须将之逐步辨清，作出符合事实而又具说服力的解释，而要做到这一点，除了马克思主义及其无神论，别无他途。在现实生活中，关于正确认识宗教问题，关于深刻理解和贯彻宗教信仰自由政策，关于如何看待和处理宗教信仰自由和科学无神论的研究与宣传教育的关系问题，都需要在马克思主义指导下进行认真的探讨；而如何发挥马克思主义无神论在促进科教兴国，文明建设，实现中华民族伟大复兴中国梦中应该发挥的作用，也就成了"重建马克思主义无神论理论自信"的头等任务。

马克思恩格斯的无神论是在对青年黑格尔派的宗教批判运动和费尔巴哈的人本主义宗教观的继承和批判的基础上发展起来的。正如他们世界观的转变一样，他们的宗教观也有一个从有神论逐步转变为启蒙无神

---

① 《马克思恩格斯文集》第 1 卷，人民出版社 2009 年版，第 11 页。

论再到以历史唯物主义为根基的科学的无神论的过程。追溯无神论的历史，我们发现西方的无神论思想源于古希腊的朴素的无神论，经 16—17 世纪欧洲的泛神论、17—18 世纪的英国自然神论、18 世纪的法国的战斗的无神论的发展过程，19 世纪的德国古典哲学的代表人物们则高扬理性主义精神动摇了宗教神学的理论根基，直到费尔巴哈提出不是上帝创造人，而是人按照自己的形象创造了上帝，他的人本主义无神论思想及对基督教本质的批判使得马克思在《〈黑格尔法哲学批判〉导言》中开篇就提出："就德国来说，对宗教的批判基本上已经结束；而对宗教的批判是其他一切批判的前提。"① 尽管如此，马克思此时已经清醒地意识到费尔巴哈那个创造宗教和神的"人"有着明显的局限性，不知道"人就是人的世界，就是国家、社会"，颠倒世界观的根源就是一个颠倒的世界。于是马克思以费尔巴哈的宗教批判为起点逐步形成了自己的历史唯物主义的理论体系，对神学的批判变成了对政治的批判。有史以来的无神论都只是针对有神论的抽象概念，包括费尔巴哈的无神论对基督教的批判，也没有触及私有制度本身。到《1844 年经济学哲学手稿》，马克思指出，如果不能扬弃私有财产制度，那么扬弃宗教的异化就没有可能。与此同时，恩格斯也从自身对有神论的扬弃中走上了对"有神"的批判之路，他在 1843 年《英国状况——评托马斯·卡莱尔的"过去和现在"》一文中指出："我们要把宗教夺去的内容——人的内容，不是什么神的内容——归还给人。……正因为如此，我们才永远向宗教和宗教观念宣战，毫不顾及别人会给我们扣上什么无神论或者别的帽子。"② 这里，恩格斯认为只有通过无神论才能克服宗教，恢复人的本质和人的尊严。1845 年马克思在《关于费尔巴哈的提纲》中批判了费尔巴哈的抽象人性论，指出人的"宗教感情"是社会的产物，之后马克思、恩格斯合写的《德意志意识形态》和《共产党宣言》则对历史唯物主义的基本原则进行了系统阐述，这不但是哲学史上的革命性变革，也为无神论融入科学社会主义运动奠定了基石：无神论的宣传教育必须纳入马克思主义政党的整体纲领，服从和服务于党的工作中心。

---

① 《马克思恩格斯文集》第 1 卷，人民出版社 2009 年版，第 3 页。
② 《马克思恩格斯全集》第 1 卷，人民出版社 1995 年版，第 649 页。

回顾马克思主义宗教观的形成和发展是为了说明马克思主义宗教观是历史上最彻底的、独一无二的无神论。"它丢掉了过去无神论形态所保留的任何神学的尾巴，不仅不为统治阶级保留宗教，更不为愚昧无知的社会大众保留宗教。"①

三

　　面对复杂的国际形势和国内形势，重建马克思主义无神论理论自信就是要了解它在人类文明、社会发展特别是马克思主义政党的建设和中国特色社会主义建设中的地位和作用，用科学的理论武装头脑。如果不能划分出理论的原则边界，头脑不清，是非不明，不知道该坚持什么，反对什么，思想无所坚守，人格无品操，就会沦为纵容恶势力的帮凶。与此同时，再强大的理论如果不能付诸实践，说服群众，实现理论与实践的结合，那么也就无法转化为强大的物质力量。学理论不能不观照到现实。当前如何运用马克思主义无神论去观察、分析和解决我国的宗教现象、邪教问题和宗教极端主义问题，就是个突出的现实任务。辩证唯物主义认为，现象往往是表面的、多变的，而本质则是相对稳定的、相对深沉的，二者密切联系。这就要求我们必须透过现象把握问题的本质，理性地分析我国宗教、邪教以及一切打着宗教旗号的暴恐势力呈现的状态并揭示其发生的诸多根源，才能得到正确的解释，找到正确解决的出路。

　　就以宗教与邪教的关系来说，首先要厘清林林总总的宗教和邪教都有些什么现象，并找出两者之间的根本区别和一般联系。关于宗教，学术界有各种各样的定义和划分，但按照马克思主义的观点它首先是一种虚幻的反映，一种颠倒的世界观，也是一种社会意识形态和社会组织。在这些方面，邪教与宗教没有根本性区别，但却把宗教的某些因素极端化成残害善良，破坏家庭和社会稳定，敛财以至敛色的工具。二者在信仰对象、教义学说、信仰方式、组织方式上也有重大区别。按照我国

---

　　①　吕大吉：《西方宗教学说史》，中国社会科学出版社 1994 年版，第 519 页。

1999年10月28日发布的关于邪教组织的若干问题的解释的规定："'邪教组织'，是指冒用宗教、气功或者其他名义建立，神化首要分子，利用制造、散布迷信邪说等手段蛊惑、蒙骗他人，控制成员，危害社会的非法组织。"邪教的本质主要体现在它的非法性和社会危害性上。所以我们国家长期以来对宗教采取的是"宗教信仰自由"的政策，宗教信仰是个人的私事；而对于邪教一旦认定，就要坚决取缔和打击。但是，在治理邪教问题上，只是采用法律的手段终究不能治本。所以，在采取必要的社会经济措施的基础上，最根本的是在各种思潮相互激荡、价值多元的今天，大力推行主流价值观教育；在普及自然科学知识的同时，也要积极响应党中央要求加强对无神论的宣传教育的号召，行动起来，对不同的人群使用不同的教育方法，例如组织生动和有趣的科普展览，编写适合不同文化层次的教材；尤其是对于信教人数最多的农民群众，进行科学的世界观教育比较困难，最好能与切实解决他们生活中的难题结合起来——这就需要集中国家和社会的共同力量，齐心合力，使自然科学和社会科学的知识真正打动人心，让科学世界观自觉抵御邪教的不良影响，用实际行动传递人文关怀，让人民精神有所依托。只有这样，才能抵制"精神鸦片"的侵蚀，重建精神家园。但提出只有让宗教成为人们"精神食粮"的提法，无异于让人们在虚幻的王国里"画饼充饥"。因此，我们也要自觉地担负起坚持和宣传马克思主义科学世界观和方法论的重任，用社会主义核心价值观构筑我们共有的精神家园，坚持从国家、社会、个人三个层面强化理论武装、引导好社会利益的调整、完善各种机制，才能为"中国梦"的实现提供强大的精神支撑。当然，真正回答好马克思所说的"哲学家们只是用不同的方式解释世界，问题在于改变世界"，这个任务还有很长的路要走。习近平同志在2013年"8·19"讲话中强调，宣传思想工作就是要巩固马克思主义在意识形态领域的指导地位，巩固全党全国人民团结奋斗的共同思想基础，找准工作切入点和着力点，做到因势而谋、应势而动、顺势而为。对于马克思主义理论工作者来说，要真正践行"8·19"讲话精神，必须首先树立马克思主义理论自信！

参考文献

1.《马克思恩格斯文集》第 1 卷，人民出版社 2009 年版。

2.《马克思恩格斯列宁斯大林论宗教和无神论》，人民出版社 1999 年版。

3. 吕大吉：《西方宗教学说史》，中国社会科学出版社 1994 年版。

4. 杜继文：《科学与无神论文集》，中国社会科学出版社 2014 年版。

5. 董小川：《20 世纪美国宗教与政治》，人民出版社 2002 年版。

6. 金泽、邱永辉主编：《2013 中国宗教研究报告》，社会科学文献出版社 2013 年版。

7.［美］大卫·艾尔金斯：《超越宗教：在传统宗教之外构建个人精神生活》，顾肃等译，上海人民出版社 2007 年版。

8.《印度时报》2013 年 5 月 27 日（http：//timesofindia. indiatimes. com/world/uk/More-Indians-have-stopped-believing-in-God-Survey/articleshow/20284261. cms）。

坚持党的群众路线　加强和改进《马克思主义基本原理概论》教学[*]

庄文城[**]

[摘　要]《马克思主义基本原理概论》在高校思想政治理论课课程体系中具有基础性作用，对增强大学生的思想政治素质，巩固马克思主义在意识形态领域指导地位具有重要的意义。坚持党的群众路线的观点和方法加强和改进原理课教学，在教学中加强接地气、通民意、讲道理、摆事实、办实事的理念，对增强原理课教学的亲和力、吸引力、渗透力、生动性和实效性具有重要的启发意义。

[关键词]　群众路线　马克思主义基本原理概论　教学
实效性

《马克思主义基本原理概论》（以下简称"原理"）课，肩负着对学生进行马克思主义基本原理、立场、观点教育的重要使命，对加强大学生的思想政治理论教育，巩固马克思主义在意识形态领域的指导地位具有重要意义。加强和改进原理课教学，关键是要遵循马克思主义认识论的基本原理，尊重原理课教学的客观规律，树立群众路线的教育理念。

---

　*　发表于《福建医科大学学报》（社会科学版）2014 年第 1 期。

　**　庄文城（1982—　），中国社会科学院研究生院马克思主义学院博士研究生，研究方向：马克思主义理论教育。

一　群众路线是马克思主义认识论 在实际工作中的具体运用

党的群众路线是指："党在自己的工作中实行群众路线，一切为了群众，一切依靠群众，从群众中来，到群众中去，把党的正确主张变为群众的自觉行动。"① 党的群众路线的工作方法与马克思主义认识论是一致的。"在我党的一切实际工作中，凡属正确的领导，必须是从群众中来，到群众中去……然后再从群众中集中起来，再到群众中坚持下去。如此无限的循环，一次比一次更正确、更生动、更丰富。这就是马克思主义的认识论。"② 这是毛泽东对党的群众路线的阐述，充分体现了群众路线与马克思主义认识论一致性的观点。

马克思主义认为，人民群众是实践的主体，是认识的主体。"一切为了群众，一切依靠群众"，体现了实践和认识的主体都是人民群众的观点。"从群众中来"就是把群众的智慧和经验集中起来，反映群众的意见和要求，形成党的路线、方针、政策，这是从感性认识到理性认识的过程。"到群众中去"就是把党的路线、方针、政策再回到群众中去，为群众所掌握，变为自觉行动，化为改造世界的物质力量，这是从理性认识回到实践的过程。"认识运动是一个辩证发展的过程：从实践到认识，从认识到实践，实践、认识，再实践，再认识，认识运动不断反复和无限发展。"③ 这也是不断地"从群众中来，到群众中去"的过程，集中起来的意见正确不正确，只有靠广大群众的实践来检验，在群众的实践中进一步丰富和发展。因此坚持党的群众路线，就是在工作中坚持了马克思主义认识论。

---

① 《十八大党章修正案学习问答》，党建读物出版社 2012 年版，第 10 页。
② 《毛泽东选集》第 3 卷，人民出版社 1991 年版，第 899 页。
③ 陶德麟、王展飞、许征帆等：《马克思主义基本原理概论（2013 年修订版）》，高等教育出版社 2013 年版，第 69 页。

二　树立群众路线的理念，
改进群众工作方法

群众路线是世界观和方法论的统一，是工作目的和方法的统一，是党的生命线和根本工作路线。

群众路线体现了共产党人的世界观，是每个党员干部工作追求的目标。"一切为了群众"和"到群众中去"就是每个党员工作追求的目标，体现了党全心全意为人民服务的根本宗旨。"我是谁、为了谁、依靠谁"是每个政党必须明确的重要问题。我们党从成立之日起，始终把广大人民根本利益作为一切工作的出发点和落脚点，着力解决人民最关心、最直接、最现实的利益问题，赢得了人民群众的拥护和支持。"我们党90多年的历史反复证明，什么时候认真贯彻执行了党的群众路线，我们党的事业就能走向成功、走向胜利；反之，什么时候背离了党的群众路线，党的事业就会走弯路，就会给革命和建设事业带来不可挽回的损失。"①

群众路线体现了共产党人的方法论，是党员干部最根本的领导方法和工作方法。"一切依靠群众"、"从群众中来"、"到群众中去"就是每个党员干部最根本的工作方法，告诉我们怎么决策、怎么执行。实际情况总在变化发展，工作方法不能始终不变。面对新情况、新问题，关键就是要把群众路线中包含的理念、精髓和原则灵活运用于新的实际。一要接地气，沉下身去，贴近群众、贴近生活，更好融入群众，与群众打成一片；二要通民意，了解群众的利益诉求，对方针政策的意见建议，倾听群众的声音；三要讲道理，与群众平等对话、广泛协商，开启智慧、开阔思路，让群众理解和接受党的政策和方针，并转化为自己的自觉行动；四要摆事实，一切从实际出发、一切从事实出发，把群众实际要求和愿望集中研讨，把群众的实践经验总结提升，形成符合实际情况的方针和政策；五要办实事，要从群众的实际出发，帮助群众解决实际问题，为群众谋福利，让群众得实惠。

① 韩振峰、纪淑云：《党的群众路线的由来与发展》，《光明日报》2013年7月3日。

三　坚持贯彻党的群众路线，
加强和改进原理课教学

当前，全党正在深入开展党的群众路线教育实践活动，作为一名原理课教师，要进一步领会和贯彻群众路线的要求，把群众路线中包含的理念、精髓和原则灵活运用于教育教学过程中，增强原理课的教学成效。

（一）要接地气，善于用学生喜欢的方式教学，增强亲和力

接地气是走群众路线的重要保证。原理课理论性、整体性、抽象性强，不易理解和把握。而学生又喜欢通俗易懂的教学语言、活泼多样的教学方式。因此。原理课教师要接地气、融入广大学生，就要善于用学生喜欢的方式教学。

1. 要善于用通俗的语言解释理论

用适合青年学生的语言，让学生容易理解和接受深刻的道理。然而，通俗化是一件难度很高的工作，不能轻看和草率对待，要具备扎实的理论修养和专业知识，丰富的生活阅历和经验，对学生有深刻了解和深厚情感，良好的语言表达，才能做好通俗化工作。所以，要用通俗的言语讲解深刻的道理，平时要注意积累形象、比喻、成语、故事、俚语等材料，进行精心的选择，做好与理论解释相结合的设计，切忌无准备，临时随意编造。

2. 要善于运用多样化的教学方式

兴趣是最好的老师。教师在教学中要善于运用丰富多彩的教学方法和手段，营造生动活泼的气氛，有助于激发学生的兴趣，调动学生的积极性。要善于将传统讲授法与互动式、参与式、讨论式的教学方法结合起来；将课程辩论、专题讨论、主题演讲、"小老师"讲堂等结合起来；将网络文化、视频、动画、漫画等多媒体教学结合起来。有选择地加以运用，有助于吸引学生注意力和加强对相关原理的理解记忆。

3. 既要有为人师表的典范，又要有平易近人的亲和力

作为一名思想政治理论课教师承载着重大的育人使命，理应要有更

高的思想觉悟，更坚定的政治立场，更崇高的理想信念和更高尚的道德情操，并努力成为率先垂范的楷模和教书育人的典范。同时，原理课教师在教学中要与学生建立一种平等、民主，相互尊重、互相学习的师生关系，平易近人、和善可亲，用平常心和平和的心态融入学生群体，少讲空话、套话，创造情理交融的学习氛围。

（二）要通民意，反映学生的真实需要和想法，增强吸引力

通民意是走群众路线的重要前提。原理课教学只有深入了解学生的实际情况，理解他们的真实需要和想法，才能更有针对性开展教学。

1. 要关注学生

教师可通过网上交流、问卷调查、个别访谈等方式，对学生的思想政治状况，关注的热点问题，喜欢的教学方式和方法，学习的态度和期望等情况进行调查了解。了解掌握他们在想什么？他们希望我们的教师讲什么？他们存在的思想问题是什么？只有充分了解学生的实际情况，才能在教学过程中做到更有针对性，更好激发学生学习的积极性、主动性和创造性，把理论课程学习过程转化为他们的自觉行动。

2. 要了解学生

在调查了解和与学生的接触交流中，我们感受到现在大学生有较强的自学和思考能力、理解能力；关注国内外政治经济形势，对社会主义初级阶段所遇到的许多重大理论问题和社会现实问题，均有一定思考；只要理论具有说服力，他们并不存在与马克思主义之间的天然隔阂，愿意学习和接受马克思主义。同时，我们也感受到学生对马克思主义理论缺乏正确了解，学习动力不足，学习态度不端正，对马克思主义基本原理课有厌学和抵触情绪。

3. 要贴近学生

教师要深入了解现在学生的真实情况，明确课程教学的根本目的，帮助学生树立正确的世界观、人生观和价值观。在教学内容的安排上，要把大学生关心的社会热点、难点问题融入课堂教学的过程。在教学方式和方法的选择上，要贴近实际、贴近生活、贴近学生。在教学环节中，要调动学生学习的积极性和主动性，更好地激发学生的学习动力，积极参与到教学中。使原理课真正为学生所喜爱，真正提高学生的综合

素质，帮助学生更好地成长成才。

（三）要讲道理，抓住事物的根本讲深讲透，增强渗透力

讲道理是走群众路线的内在要求。原理课是一门理论性、学理性强的课程。在教学中，如果教师授课道理表达不清、逻辑混乱，学生会感到云雾一团，不知其意。原理课授课要重视讲好基本概念，把理论讲彻底，把道理讲明白。

1. 基本理论概念要讲清

将基本概念所包含的意义、所表达的内容准确地讲授给学生，对于掌握和运用马克思主义基本原理具有基础性意义。基本概念往往包含多重意义，涉及多方面内容，如果把握不好，讲得模糊不清，学生就会不得要领，不能准确理解概念。因此，在阐释基本概念中，要抓住概念的根本含义，深入浅出，讲清讲明，给学生留下深刻的印象。学生领会了基本概念，才能把握重点，关注全面性。如哲学中"物质"是一个最基本的概念，讲不清的话，学生就容易跟具体的物质形态和物质结构中的"物质"相混淆。

2. 理论要抓住事物根本

马克思说："理论一经掌握群众，也会变成物质力量；理论只要说服人，就能掌握群众；而理论只要彻底，就能说服人。所谓彻底，就是抓住事物根本。"[①] 原理课教师对理论的阐述如果没抓住事物的根本，轻描淡写，照本宣科，听的都是"大道理"，学生既抓不住重点，也理解不了理论中蕴含的深意，那枯燥抽象的理论肯定会引起学生的消极对待和应付，这也是现在原理课中面临的重要挑战。所以，原理课教师首先要吃透教材、吃透理论，抓住理论重点，然后用深入浅出的理解、逻辑清晰的思路对理论进行阐释、分析、归纳、概括，把理论讲深、讲透。

（四）要摆事实，更好地把理论和实际相结合，增强生动性

摆事实是走群众路线的必然要求。把深奥抽象的理论知识和生动鲜

---

① 《马克思恩格斯选集》，人民出版社 2012 年版，第 9—10 页。

活的实际案例结合起来，才能更好地为学生理解和掌握。案例能否生动鲜明地说明理论问题，关键在于案例的选择和使用。因此，选择案例的时候要注意把握几个原则。

1. 案例选择的经典性

案例的典型性关系到重点难点的突破和学生对抽象理论的理解。原理课教师应当尽可能选择那些贴切地说明概念和原理、集中地反映某方面社会问题、具教育意义的典型事件作为案例；选择那些最大限度地引起学生关注、大部分人都熟悉的、容易理解的，被多数人使用过的典型案例。比如，毛泽东用"吃梨子"做比喻，来讲解实践对认识的作用，就很鲜活生动，很容易理解。

2. 案例选择的故事性

不仅是大学生，每个人都喜欢听故事。所以，原理课可以结合讲述马克思、恩格斯、列宁、毛泽东、邓小平等经典的马克思主义作家和马克思主义者的生平事迹或者感人的故事，用他们的人格魅力和奋斗历程，激发学生对马克思主义理论的学习热情；也可以讲述学生平常的学习生活中平凡而具有典型意义的事例来感化学生。

3. 案例选择的热点性

原理课教师在授课过程中，只有对学生关注的热点、难点问题给予必要的回应，才能吸引学生的注意力，增强学生学习的兴趣。马克思主义理论可以解释宇宙万物的一切现象，回答一切问题，所以现实生活中的一切问题和国内外的热点、难点问题都可以拿来作为原理课的案例。原理课教师应关注社会热点问题，并能将热点问题转化为教学案例，来阐释基本的原理，增强课程的吸引力和感染力，并引起兴奋点和共鸣点。

（五）要办实事，切实帮助学生解决实际问题，增强实效性

办实事是走群众路线的根本要求。"一切为群众的工作都要从群众的需要出发，而不是从任何良好的个人愿望出发。"① 原理课教师在教学中要脚踏实地做好自己的本职工作，多为学生办好事、办实事；对教

---

① 《毛泽东选集》第3卷，人民出版社1991年版，第1012页。

学效果不明显又浪费学生时间和精力的形式主义的事情坚决不做。这样才能既做到以理服人，又以情感人。

1. 要能够成为学生的思想导师

理论只有能够切实帮助学生认识和解决实际问题，才能展现出理论的强大力量。原理课教师在教学中，要善于引导学生正确认识现实生活中的问题和思想困惑，关爱、体贴学生，让学生可以从学习中获得积极的情感体验。比如，现在学生中存在很多心理问题的现象，作为原理课教师，要善于运用辩证唯物主义的观点帮助学生走出心理的困境，引导学生明白心理问题是由学生现实生活中的问题引起的。要解决心理问题，就要引导学生回到现实生活中，正确认识遇到的思想困惑和问题，对他们解决现实生活中的问题有启发性的帮助。

2. 要能够成为学生的实践导师

原理课教师对学生实践要有正确的认识，学生生活中的一切活动都是属于实践的范畴，做学生的实践导师不是要老师带领每个学生去参加他们实践，这是不可能，也是做不到的，而是要引导学生深刻认识到实践是每个人生活的本质，鼓励学生要勇于实践、敢于实践，在实践中展现绚丽的光彩，在实践中体会人生价值的真谛。至于现在很多高校思政课教师组织学生到爱国主义教育基地、纪念馆、农村、工厂等开展社会实践活动，一两次这样的实践对他们教育和引导的成效是有限的，但是作为对学生积极投入实践的启发，对丰富课堂教学形式，提高学生学习的兴趣和积极性是有重要意义的。

3. 课程考核要注重实际效果

原理课的课程考核要了解学生掌握理论知识的情况，更要考核学生用马克思主义的基本立场、观点和方法分析问题、解决问题的实际能力。所以，原理课考核要建立多元化、多视角、全方位综合考核评价体系。把平时考核和期末考试、理论知识与实际能力考核的方式结合起来。平时考核可通过小组作业、阅读原著、撰写读书报告或者小论文等方式考核学生运用知识的能力。期末考试力求做到主观题和客观题相结合，客观题考核学生对基本知识和基本概念掌握的情况，主观题考核学生分析能力，真正反映出学生的总体水平。

原理课的内容和性质是既定的，教学方法也是无穷的、动态的。只有始终坚持把群众路线的观点、方法与原理课的教育教学实际相结合，加强和改进原理课的教学，了解学生的实际、解答学生的疑惑、回应学生的关切，才能吸引学生、凝聚学生、引导学生，才能展现马克思主义理论的强大力量、非凡魅力，永放光芒！

共生理念下中国应对全球化的思考

马小茹[*]

[摘　要] 当前全球化浪潮不断推进，中国面对的挑战严峻，担负的责任重大。中国融入全球化需要共生理念的支撑。共生理念下中国应对全球化必须做到：坚持马克思主义中国化与共产主义理想信念的统一；坚持民族国家利益的主体性意识与全球性意识的统一；坚持科学创新精神与人文关怀精神的统一；在中国与世界的双向互动中发展中国特色社会主义事业。

[关键词] 共生理念　全球化　中国

全球化是我们这个时代最重要的特征之一，全球化浪潮无情地席卷着地球的每一个角落，人类社会的每一个层面。全球化的双刃剑直逼人类：福祉与祸害一起涌来，人类再一次变得无所适从。如何应对全球化的挑战与机遇已成为人类共同关注的现实难题。面对扑朔迷离的全球化，中国作为最大的社会主义发展中国家，遇到的挑战尤为严峻，担负的责任尤为重大。今天尽管我们加入了 WTO，迈出了融入全球化的关键性步伐，但人们并没有充分的心理准备：高呼"狼来了"的惊慌失措者有之，号召"与狼共舞"的乐不思忧者有之，逃已没有去路，"与狼共舞"又谈何容易。怎么办？全球化是建构共生理念的基本依据，中国融入全球化需要共生理念的支撑。但精神的力量不能代替物质的力量，根本的问题就是如何把这种思想理念转化为应对全球化的物质力

* 马小茹，陕西佳县人，中国社会科学院哲学研究所在读博士，宝鸡文理学院社科哲学系副教授。

量，即共生理念下中国如何最佳应对全球化的问题。本文从唯物史观下人的时间性、空间性、价值性、实践性存在这四大维度出发展开思考。①

一　坚持马克思主义中国化与共产主义理想信念的统一

马克思主义是我们立党立国的根本指导思想，是全国人民团结奋斗的共同理论基础。在融入全球化的过程中，我们要开创改革开放和现代化事业的新局面，要在全球化的浪潮中立于不败之地，有所作为，把中国特色社会主义事业全面推进，毫不动摇地坚持马克思主义。因为马克思主义是颠扑不破的真理。只要资本主义制度还存在，马克思主义就不可能消失，时代就需要马克思主义。其一，这是马克思主义生命力根本之所在。马克思主义之所以有如此强大的生命力靠的就是这两点：科学的理论品质——与时俱进，即理论联系实际，"具体问题具体分析"；崇高的理想信念——共产主义，即每个人获得"自由而全面的发展"的"自由人的联合体"。二者是真理与价值的两翼，相互依存有机统一。坚持马克思主义就必须保持两者的有机结合，不可偏废，否则就谈不上真正的坚持。坚持马克思主义如没有"与时俱进"这一科学态度，而只一味空守着共产主义信念，那么马克思主义就失去了内在的生命力，变成灰色的教条，共产主义就成了"空中楼阁"。同样，坚持马克思主义如果没有坚定的共产主义信念做支撑，没有为了最大多数人的利益而奋斗的牺牲精神，那么"与时俱进"的马克思主义就没有了方向，失去了原本的意义，变得不堪一击，成为时代的精神泡沫。马克思主义中国化一次一次的成功就在于我们抓住了这一根本，每当中国的革命和建设的条件、主题发生变化，我们就应用马克思主义与时俱进的理论品质，结合实践概括出与时代发展相适应的中国特色社会主义理论，最集中的体现就是：革命时期的毛泽东思想，改革开放时期的邓小平理论，新时期的以人为本的科学发展观。这既体现了马克思主义永葆青春的理

---

① 刘奔：《唯物史观创立中的四个坐标转换》，《学习与探索》1993 年第 3 期。

论魅力，又为完成各个历史时期"改造世界"的使命提供了强大的思想武器。其二，这是应对全球化的客观要求。全球化是人类发展的一个新阶段，同时全球化也是一个"悖论式"发展过程。一方面全球化下世界生产力得到极大的提高，人类总体的物质财富极大丰富，是人类的大进步；但另一方面关系人类生死存亡的全球性问题也日趋严重，人类普遍陷入命运的劫难之境，而这祸根主要是资本主义制度造成的，当前我们共同遭遇的全球性金融危机就是最好的例证，这同样是不争的事实。因此作为社会主义的中国，仅仅坚持马克思主义与时俱进是不够的，还必须坚定共产主义信念，努力克服资本主义的各种弊病，超越历史的局限，为全球性问题的解决提供根本的价值导向——"人的自由全面发展"，这是全球化下社会主义消灭资本主义的人剥削人的制度，促进社会的进步，实现人类解放的重要使命。同时还应看到当今复杂的国际关系中，资本主义国家从未放弃对社会主义国家的渗透瓦解、颠覆的企图。苏联解体东欧剧变后，世界社会主义事业陷入低谷，我国社会主义社会正处于大的转型期，一度出现严重的马克思主义信仰危机问题，在这内忧外患之际，我们更应提高警惕，坚定信念，坚信全球化的最终发展趋势是社会主义、共产主义的全球化。

二　坚持民族国家利益的主体性意识
与全球性意识的统一

新的全球经济一体化趋势下，以民族国家为主的利益主体之间以及人类共同利益的关系愈来愈紧密联系，各国利益既有"俱荣俱损"的一面又有各自具体利益获取不均，高度分化的一面。因此我们融入全球化，就必须处理好国家利益同其他利益主体以及人类共同利益的关系问题，以趋利避害，变不利为有利，从而维护我们国家的根本利益。

其一，必须坚持民族国家利益的主体性意识。维护自身的生存发展，关心自身利益得失的逐利行为和自利倾向是一切生命体，社会群体的首要法则。全球化的参与主体是由边界清晰的不同民族国家所构成的。全球化的运作机制是市场经济的，这就决定了经济行为主体价值基点的自身本体性。从历史渊源看，全球化正是在利益的驱动下，西欧资本主义民族国家首先开拓并推进的，就是资本主义国家主体利益不断获得的过程和"第三世界几百年来所经历的殖民化过程"。全球化的不平等、不公正性，根本上决定了在全球化进程中，发达资本主义国家天经地义地成了世界性交往规则的主要制定者和因"游戏规则"必然的内在利益主体取向性而成为最大的受益者。我们必须清楚在融入全球化过程中一开始我们就处于不平等的地位。因此在这种现实不平等的全球化中，我们要始终"以自己的国家利益为最高准则来谈问题处理问题的"①，自觉坚持独立的国家主体性意识，坚持走自己的路，沿着发展中国特色社会主义的方向和道路前进。

而且由于"资强社弱，资先社后"的格局，当前在全球化下，尽管"资社"开始频繁交往合作，但以美国为首的西方国家仍在对我国实施花样繁多的"西化"、"分化"的和平演变，苏联解体东欧剧变之后，西方敌对势力更加狂妄地打出"民主"、"自由"、"人权"等所谓的"普世价值"来忽悠中国，扰乱中国的发展步伐，妄图打乱中国的阵脚。因此在当今国际交往中要十分注意警惕和防范敌对势力的渗透颠覆活动，坚决维护国家的根本利益。这不仅是国家利益的一种实际需要，更是推进世界社会主义事业的伟大战略需要。

其二，必须坚持民族国家利益的全球性意识。全球化下人类共同利益的凸显决定了人们必须树立全球性意识。在经济全球一体化进程中，各民族国家之间形成"牵一发而动全身"的全球利益共生系统。从当下金融危机到 H1N1 流感病毒的肆虐全球，我们都深有体会。因此维护和保证全球利益共生系统的稳定，正常运行，已不是一种可有可无的"口号"，而是为了实现各自利益而必须承担的共同责任，已成为我们的现实需要。加之由于全球性问题的日趋严重，全球性的危害无所不在，无人不受。共同的问题、共同的利益使人们有了共同的思想、共同的愿望，从而使各国有可能去共同承担责任，协商解决办法。全球化的多元互动性决定了各民族国家在全球化的普遍交往中，形成利益互补共生性关系。任何一个民族国家无论大小强弱，都有特殊的历史背景，发展历程，制度模式，文化特色，彼此有鲜明的差异，各有所长。全球化

---

① 《邓小平文选》第 3 卷，人民出版社 1993 年版，第 330 页。

的多元互动性和主体自身利益的至上性决定了任何国家民族不会忽视他国的长处优势，不会不充分利用其他国家、民族的长处来发展壮大自己。所以说无论什么样的国家，在融入全球化进程中要发展要进步，没有与其他国家互利合作、平等相处、包容他者的全球化意识，也就不可能走太远。中国既是发展中国家又是社会主义国家，只有树立全球性意识，不断开阔视野，广交朋友，在同世界各国人民的友好合作中取长补短，实现国家利益，不断壮大自己。

三　坚持科学创新精神与人文关怀精神的统一

其一，这是人的精神生活的内在需要。我们知道人不仅是一种物质利益的存在物，人更是一种精神价值的存在物。"动物只是按照它所属的那个种的尺度和需要来建造，而人却懂得按照任何一个种的尺度来进行建造，并且懂得怎样处处都把内在的尺度应用到对象中去；因此，人也按照美的规律来建造。"① 也就是说，人在实践活动中必须遵循两大尺度：第一个"尺度"是任何一个种的尺度，指客观事物本身所具有的规律性，即事物的"真"；第二个"尺度"是人的"内在尺度"，即人类自身发展的要求与目的，即人性的"善"。这种真与善的统一，合规律性与合目的性的统一，也就构成"审美"尺度。所以说人类的实践活动过程就是人类不断追求真善美的过程。而科学创新精神和人文关怀精神正是在人与自然、社会的相互作用的长期实践活动中形成的人类不可或缺的求真求善的观念、原则、方法。所谓科学创新精神，简言之就是求真求是的精神，求真是科学精神的根本，创新是科学的生命，科学的生命力就在于其不断开拓未知的领域不断创新。所谓人文关怀精神就是对自身命运和他者（它）生存状况的关注，以及对人生价值意义的终极关怀，也是求善的精神，超越自我的精神。两种精神共同生成于人的生活世界，构成人类精神生活中不可缺少的互补共生的两翼。没有

---

① 马克思：《1844 年经济学哲学手稿》，刘丕坤译，人民出版社 1979 年版，第 50—51 页。

求真的科学创新精神，人就没有不断改造自然的能力，创造不出足够的物质财富，人就不能获得自由。同样没有了求善的人文关怀精神，人就失去了存在的根本，没有了生存的意义，人性变得"残缺不全"。只有把二者结合起来，才能实现人的真善美的完整统一，人类才能向"人的自由全面发展"前进。而且这两种精神本身也是共生于人的精神世界中。没有科学精神的人文精神是虚幻的、神秘的，缺乏人文关怀精神的科学精神则是没有人性、没有归宿感的①。我们主动融入全球化的目的正是为了顺应全球化的历史必然趋势——"人的自由全面发展"。所以说我们坚持科学创新精神与人文关怀精神的统一，既是融入全球化的应有之义，也是为了更好地应对全球化，两者在根本上是一致的。

其二，应对科技全球化的必然要求。随着现代全球科技的不断推动，科技的双刃剑效应不断凸显：一方面我们利用日新月异的科技之光，获得类似乘坐宇宙飞船遨游太空的无限自由；另一方面我们也受到克隆技术对生命伦理的挑战，各类生物化学药剂对生态的大规模深度污染，从而最终导致人的基因的逆规律变异及免疫力的整体下降，以及核武器等一系列生化武器对人类安全的普遍威胁。这些罪过看起来都是科技惹的祸，其实科技本身是中性的工具，没有善恶之分。科学技术的应用推广，究竟会带来怎样的后果，只在于科学是被善用还是恶用②。今天并不是荒谬的科技把我们推到了全球性毁灭的边缘，而是人类执拗于意义存在的遗忘之中，对存在的蔽天命避而不见，对人类的关怀精神的大大丧失，是根源于人的自以为是的错误的主客二分思维模式。长期以来在主客二分思维模式的影响下，人们普遍信奉人类自我中心主义，物质消费主义，科学主义，把科学推向恶的海洋：人们利用科学技术在征服自然、压迫剥削其他民族国家、奴役他人的过程中获得兽性般的满足，陷入物欲的享乐喧闹声中，科技成了罪恶之手。而关注他人他物的、关注生命意义的、为善的人文关怀精神则被无情封杀了。正如马克思所言："在我们这个时代，每种事物好像都包含着自己的反面。我们

---

① 徐志远：《论科学精神与人文精神的关系》，《广东社会科学》2001 年第 6 期，第 32—39 页。

② 《展望二十一世纪：汤因比与池田大作对话录》，北京国际文化出版公司 1985 年版，第 39 页。

看到：机器具有减少人类劳动和使劳动更有效的神奇力量，然而却引起了饥饿和过度的疲劳……技术的胜利，似乎愈益成为别人的奴隶或自身的卑劣行为的奴隶。甚至科学的纯洁光辉仿佛也只能在愚昧无知的黑暗背景下闪耀。我们的一切发展和进步，似乎是结果是使物质力量成为有智慧的生命，而人的生命则化为愚钝的物质力量。"① 技术的负面效应，要解决全球性问题，只有抛弃主客二分模式，在共生理念的引导下，顺应全球化趋势，重建人文关怀精神，把科学创新精神与人文关怀精神统一起来，全面贯彻在全球化的实践当中，推动全球化向"人的自由全面发展"的方向前进。使科学技术被善所用，既把人文关怀渗透于科学创新精神之中，是科技人文化、人性化，又把科学精神渗透于人文关怀精神，使人文更科学、真实，更有活力。从而有利于推进全球化的良性发展，为最终实现共产主义全球化下的人的自由全面发展的理想创造条件。

四　在中国与世界的双向互动中
发展中国特色社会主义

马克思曾说"一个国家即使掌握了社会发展的规律，也不能超越它，但可以减轻分娩事物痛苦，缩短时间"②。今天我们坚信"资本主义必然灭亡，社会主义必然胜利"，但我们更清楚我们所处的"人对物的依赖性"的商品经济形态是不可逾越的。然而问题不在于"解释世界"，而在于"改造世界"。当前我们最大的实践就是发展中国特色社会主义。在全球化下我们只有在中国与世界的双向互动中才能发展好中国特色社会主义事业。

首先，必须着眼世界，发展开放的中国特色社会主义。这是由全球化与共产主义的开放本质决定的。今天在这种开放的"你中有我，我中有你"世界性共生大格局中，开放性已是全球化下人的普遍世界性存在的应有之义。正如邓小平曾强调"现在的世界是开放的世界"，

---

① 《马克思恩格斯选集》第 2 卷，人民出版社 1972 年版，第 78—79 页。
② 马克思：《资本论》（序），人民出版社 1972 年版，第 5 页。

"我们最大的经验就是不要脱离世界"①，所以我们只有着眼世界，走改革开放之路，才能在应对全球化的实践中开创中国特色社会主义事业新局面，使中国特色社会主义成为世界性存在。中国特色社会主义是世界社会主义事业的一部分，社会主义是共产主义发展的必经阶段之一，而共产主义本身就具有世界性，具有开放性特质。这就内在地规定了我们国家要建设好中国特色社会主义，就必须主动扩大世界性交往，积极参与全球化进程中去，真正使自己成为世界性存在，最终走向世界性的共产主义。而且这是实现"跨越式"发展，应对全球化的现实需要。在我们融入全球化的进程中必然要面临世界性的全方位挑战。而问题的根本就在于我们国家落后的生产力水平同世界先进生产力发展水平的巨大差距。因此要成功应对全球化，与全球化进程同步，根本的解决办法就是实现"跨越式"发展。为此也必须走开放之路，自觉地加入全球化进程，做好"世界公民"，在主动交往中吸收人类的先进文明成果，并以此为起点进行创新，从而获得"跨越式"发展的动力。正如江泽民强调"要发展，我们就要学会善于借力，善于借鉴国外的经验、技术等力量。好比摔跤，尽管自己体力不够，如能掌握好借力的技巧，就可能取胜"。

其次，必须立足自身，全面发展"以人为本"的中国特色社会主义。邓小平曾多次强调"中国解决所有问题的关键是要靠自己的发展"②。今天在全球化的喧嚣声中我们更不可被假象迷惑，我们必须是在"以人为本"的科学发展观指引下，立足自身，又好又快地发展。发展生产力是发展中国特色社会主义的首要任务。我们把发展生产力作为首要任务，既遵循人类历史的发展规律，又顺应了全球化趋势的现实要求。生产力是社会发展的决定力量。解放生产力、发展生产力是社会主义的本质所在。全球化的现实进程正是社会化大生产、商品经济高度发展的必然结果。发展中国家之所以处在全球化边缘就是由于生产力的不发达。我们要改变这种不平等地位，关键就在于在科学发展观的指导下，紧紧抓住经济建设这个中心不放松，做到聚精会神搞建设，一心一

---

① 《邓小平文选》第 3 卷，人民出版社 1993 年版，第 64 页。
② 同上书，第 265 页。

意谋发展，为战胜资本主义，最终实现为社会主义全球化奠定物质基础。从中国特色社会主义事业总体布局出发，牢牢把握全面协调可持续的基本要求，把中国特色社会主义真正发展为经济、政治、文化、社会四位一体的社会主义。

坚持以人为本，推进人的全面发展是发展中国特色社会主义的根本任务。这既是由我们共产主义最终理想——"人的自由全面发展"历史使命决定的，又是在应对全球化挑战，发展中国特色社会主义事业中产生的现实需要及根本所在。以人为本是唯物史观的基本精神，也是我们党全心全意为人民服务根本宗旨的集中体现。在当前无论是从全球性危机中，还是我国三十多年来不断探索的中国特色社会主义实践中，都不断凸显人的生存状况的普遍异化。新一届领导集体及时提出以人为本的发展治国理念，明确了发展中国特色社会主义就是要为了人民群众的根本利益，进而不断满足广大人民群众日益增长的合理需要；就是要让发展成果人人共享；就是要切实保障人民的各项权益，进而促进人的全面发展。发展中国特色社会主义就是要坚持人民群众在中国特色社会主义事业中的主体地位，发挥人民群众的首创精神。一句话就是要做到发展为了人民、发展依靠人民、发展成果由人民共享。①

---

① 《中国共产党第十七次全国代表大会文件汇编》，人民出版社 2007 年版，第 14—15 页。

四

中国当代文化建设与中国精神

产业化境遇中文化产业、文化精神的分野与协同

孙艳秋[*]

[摘　要] 产业化已经在事实上影响着人们的现实生活，并在某种层面上已然成为社会、人类存在与发展中必然要面临或经由的一种境遇，文化亦概莫能外。而产业化的日益泛化已经严重制约了文化精神的传播与传承。为此，在把握文化产业与文化精神意涵的基础上，厘清两者的歧异与联系，深刻把握文化自觉、文化自信、文化自强与文化产业化之间的微妙关系，积极谋求文化产业、事业的协同与文化精神的复归，是中国特色社会主义文化发展过程中的重要课题。

[关键词] 产业化　文化精神　文化产业　文化事业

产业化由产业发展而来，指以市场为导向、效益为中心，对某种产业实行专业化生产、区域化布局、一体化经营，并依托专业化服务、企业化管理形成规模化、系统化和品牌化的经营方式与产业组织形式。简言之，产业化就是全面的市场化。目前，产业化的提法不绝于耳，并在某种层面上成为社会、人类存在与发展中必然要面临或经由的一种境遇，文化亦概莫能外。而事实上，产业化的迅速发展乃至泛化倾向已经制约了文化精神的传承，科学分析产业化境遇中文化产业与文化精神的分野，积极谋求文化产业与文化精神的协同运作成为当务之急。

---

* 孙艳秋（1985— ），女，安徽宿州人，河海大学马克思主义学院博士生在读，主要从事思想政治教育基本理论研究。

一　文化产业、文化精神的歧异与联系

文化涉及一个国家或民族的风土人情、生活方式、思维方式、行为规范、价值观念等，是民族的血脉，是人民的精神家园。它在根本上传承的是一种精神、理念与旨趣，既关乎社会更关乎每个人的自由全面发展。文化产业与文化精神虽同属文化范畴，却是两个不同的文化形态，前者关注效益，后者关怀的是"对人的价值追求、人的生活原理、人的生命秩序的一种设计，是对人自身的安顿与提升"[①]。具体来看：

文化产业（Culture Industry）产生于20世纪初，最初出现在霍克海默和阿多诺合著的《启蒙辩证法》一书之中。文化产业既是一种特殊的文化形态又是一种特殊的经济形态，不同国家有不同理解。联合国教科文组织从文化产品的工业标准化角度界定，文化产业就是按照工业标准，生产、再生产、储存以及分配文化产品和服务的一系列活动。在我国，《关于支持和促进文化产业发展的若干意见》将文化产业界定为"从事文化产品生产和提供文化服务的经营性行业"。文化产业一般包括提供实物形态文化产品的活动，如书籍、报纸的出版、制作、发行等；提供文化、娱乐服务，如广播电视、电影等；提供文化管理和研究等服务，如文物和文化遗产保护、图书馆等；提供文化、娱乐产品或服务所必需的设备、材料的生产与销售活动，如印刷设备、文具、广播电视电影设备等生产经营活动；与文化、娱乐相关的其他活动，如工艺美术、设计等。

文化精神相对于文化的具体表现而言，在理论、实践、社会心理以及潜意识层面对国家、社会成员的价值取向、价值观起重要的引领作用。文化精神是文化的深层结构，是文化之灵魂、精粹或精髓所在，虽历经时间与空间上的修炼、沉淀、碰撞与融合，但依然固有其他无可替代的另类之美，乃文化安身立命之根本。文化精神可以从广义和狭义两个角度去理解。广义上，是指中国优秀文化传统与现实的凝聚、聚合，

---

① 樊浩：《"文化理解"与文化引进》，《江苏社会科学》1998年第2期。

指导和推动着民族文化、民族精神的发展与进步，是中华民族生存、发展的精神动力和精神支柱。狭义上，文化精神是一种文化形态传递出的思想、价值观，引导着社会成员的价值取向和行为方式选择，是文化软实力的彰显，更是个体积极精神文化诉求的体现。如公益广告方面，"如果人类不从现在节约水源，保护环境，人类看到的最后一滴水将是自己的眼泪"警醒着公众要积极地节约用水、保护水资源；"爱心传递你我，文明就在身边"激起了人们对于爱心、文明的渴望与憧憬；纪念馆方面，南京大屠杀纪念馆不仅记录了一段惨痛的历史，更激发了人们对国家的热爱。

就文化产业与文化精神的关系来说，既有歧异又有联系。首先是歧异方面。（1）经济效应与意义效应。文化产业追求经济效应，看重的是文化产业发展带来的利益，文化本身的意义性次之；文化精神，注重的是意义效应，关注某种精神或理念的传承与传播，以意义性为主，经济效应次之。（2）市场逻辑与服务逻辑。文化产业的运作多以市场逻辑为主，关注产业化、规模化的经营；文化精神凸显的是服务逻辑，视广大人民群众为"上帝"，致力于满足全体社会成员的文化需求。（3）营利性与公益性。文化产业具有明显的营利性，在社会经济中的地位随着世界经济格局的变化而日益提高，文化产业的经济价值也日益突出；文化精神的公益性凸显，关怀公共利益、公众福祉，力求使所有公众平等、充分地享受与享用必要的精神文化生活，对于形成"富强、民主、文明、和谐，自由、平等、公正、法治，爱国、敬业、诚信、友善"的社会主义核心价值观具有不可替代的重要作用。因此，文化产业与文化精神作为两种不同形态的文化具有明显歧异，有些文化可以用来创造利润，有些文化则不能，不能将所有文化一概而论都推行产业化，应当加以区分。其次是联系方面。文化精神与文化产品是内容与形式的关系，二者相互联系、相互作用，在一定程度上前者是后者的内容，后者是前者的形式。辩证唯物主义认为，世界上任何事物都是内容和形式的统一体，形式以内容为基础，内容通过形式来表现，内容是主要方面，内容决定形式，同时形式又能动地反作用于内容。因此，文化精神决定着文化产业，文化产业又能动地反作用于文化精神。另外，文化精神必须经由一定的载体才能实现。任何文化精神的传承与传播都无法脱离一定的载体，文化产业就是文化精神传递的重要载体。总之，文化精神是文化之"神"，文化产业可以视为文化的一种"形"，文化发展应当坚持"形神合一"、"形神相即，形质神用"，坚决避免重"形"轻"神"的倾向。

二　文化"三自"与文化产业化

文化"三自"指文化自觉、文化自信和文化自强，分别展现的是认识文化的视角，对待文化的态度和发展文化的思路，是中国特色社会主义文化建设的重要课题，更是文化精神的重要内容。而关于文化产业，从 1988 年中国文化部正式设立文化产业司后，我国的文化领域也发生了翻天覆地的变化，文化产业发展愈加迅猛，出现了"文化产业化"的倾向。笔者认为盲目地谈产业化、追求文化产业化是不妥当、不理性的，文化产业也绝不等同于文化产业化。文化产业虽必然包含一定的市场逻辑，也存在逐利的事实，但在中国特色社会主义文化的影响和干预下，多数能够在一定文化精神的指引下推行，但文化产业化却不一定。因为，文化产业化是明显的利益思维，以利益最大化为追逐目标。如此，文化自觉、文化自信与文化自强必定是源于一种精神内核，与特定的文化精神内涵相联系，而文化产业化由于过多地关注经济效益、传播度与传播面、接受度等而不能确保文化产业的文化精神。因此，需要厘清文化"三自"与文化产业化之间的关系。

第一，文化"三自"概述。文化自觉属于意识、责任层次，强调"生活在一定文化中的人对其文化有'自知之明'，明白它的来历，形成过程，所具的特色和它发展的趋向，不带任何'文化回归'的意思，不是要'复旧'，同时也不主张'全盘西化'或'全盘他化'"①。文化的发展需要这种自觉，需要这种对某一文化的深刻认识和高度认同，需要主体对文化的价值及发展愿景的理性确认，即主体在文化运行、发

---

① 　费孝通：《反思·对话·文化自觉》，《北京大学学报》（哲学社会科学版）1997 年第 3 期。

展过程中洋溢的积极性、自觉性、主动性和能动性。文化自信属于信念、信心层次，"是一个国家、一个民族、一个政党对自身文化价值的充分肯定，对自身文化生命力的坚定信念。只有对自己文化有坚定的信心，才能获得坚持坚守的从容，鼓起奋发进取的勇气，焕发创新创造的活力。中华民族素有文化自信的气度，正是有了对民族文化的自信心和自豪感，才在漫长的历史长河中保持自己、吸纳外来，形成了独具特色、辉煌灿烂的中华文明"①。在社会经济成分、社会生活方式、社会思潮日益多元的情况下，传统文化与当代文化、东方文化与西方文化、一元文化与多元文化的交流、交融、交锋日益激烈，要求我们要坚持应有的文化自信，既不能妄自菲薄更不能妄自尊大，要理性分析文化的过去、现在和未来，在全球化的共时态语境和从传统向现代跃迁的历时态场域中科学审视、对待中国文化与他者文化、传统文化与现代文化。文化自强属于方向、目标层次，就是立足自己的实际，把我国建设成一个具有中国特色社会主义的文化强国。如何实现文化自强，怎样建设社会主义文化强国，主要在于对文化精髓、文化道路、文化事业、文化产业等正确的把握与科学推进。在党的十八大报告中，胡锦涛同志强调"建设社会主义文化强国，关键是增强全民族文化创造活力。要深化文化体制改革，解放和发展文化生产力，发扬学术民主、艺术民主，为人民提供广阔文化舞台，让一切文化创造源泉充分涌流，开创全民族文化创造活力持续迸发、社会文化生活更加丰富多彩、人民基本文化权益得到更好保障、人民思想道德素质和科学文化素质全面提高、中华文化国际影响力不断增强的新局面"②。

　　第二，文化产业化中文化精神的失落。文化产业在发展的过程中展现出惊人的市场主动性，市场逻辑倾向突出。而市场本身是一种资源配置，关注的是利益，缺乏善恶即价值判断，不可避免地带有一定的法律局限与道德局限，使得文化产业化之路无法保有一贯的意义性，文化精

---

　　①　云杉：《文化自觉　文化自信　文化自强——对繁荣发展中国特色社会主义文化的思考》（中），《红旗文稿》2010 年第 16 期。

　　②　胡锦涛：《坚定不移沿着中国特色社会主义道路前进　为全面建成小康社会而奋斗——中国共产党第十八次全国代表大会报告》（2012 年 11 月 8 日），2012 年 11 月 9 日（http：//cpc. people. com. cn/18/n/2012/1108/c350821-19526634. html）。

神失落，呈现"成也市场，败也市场"的局面。市场的要害就在于在一定层面上冲击了文化的精神性、意义性与神圣性，把文化活动变成市场活动、文化生活变成市场生活。一方面，从效益角度看，我国文化产业整体增长迅速，但增长的重点"不是内容创新而是生产制作，主要依托地方不可移动的物质文化资源，以发展文化旅游作为主要的突破口"[①]。由此，争抢名人故里竟成了风靡各地的潮流。李白故里之争闹到了工商总局；河北两县争夺赵云故里引发嘴巴官司；而臭名远扬的西门庆，竟也引来山东、安徽两省三地争其故里；更有甘肃投 4.8 亿修路造景点。另一方面，从意义性角度看，当前文化产业发展试图唯经济效益马首是瞻，淡化对文化内在意义性、精神性的关注与关怀，呈现"泛娱乐化"的态势。如文化产业的内容方面，表现为：有害，色情、暴力、迷信、反动；无益，与现实生活关系不大，可有可无；陈旧，武侠、土匪、才子佳人；雷同，跟风现象严重，选题雷同，粗制滥造；单一，不能满足人们多方面、多层次的精神文化需求。此外，2010 年，中国文化界尖锐地批判了"三俗"即媚俗、庸俗、低俗文化现象；2011 年，中国文化界猛烈地抨击十大恶俗文化现象，即回避崇高、情感缺失、以量代质、近亲繁殖、跟风炒作、权力寻租、解构经典、闭门造车、技术崇拜、政绩工程。这些都与市场、与文化产业化发展路径有着千丝万缕的联系。产业化的发展必然要致力于迎合受众口味、市场需求，一旦文化产业步入产业化的发展路径，其意味性、文化精神必会受到影响。可以说，文化产品的娱乐化正"有意识"地消解文化的意义性，文化精神在产业化的发展轨迹中也正在被边缘化。

第三，文化"三自"与文化产业化的理念分殊。从经济学的规律来看，产业的本质在市场，没有市场就没有产业，而市场本身的局限性众人皆知。文化产业化必然要追逐市场，走向文化市场化，进而容易使文化逐渐被功利化、商业化，丧失文化本真，更妄谈文化自觉、文化自信与文化自强。由于文化自觉关系文化发展的大局，是主体积极、能动地作用于文化发展的表现。"历史和现实表明，一个民族的觉醒，首先是文化上的觉醒；一个政党的力量，很大程度上取决于文化自觉的程

---

① 向勇：《文化产业发展趋势与创新领导力建设》，《光明日报》2011 年 8 月 31 日。

度。可以说，是否具有高度的文化自觉，不仅关系到文化自身的振兴和繁荣，而且决定着一个民族、一个政党的前途命运。"① 笔者就以文化自觉为例来简要分析文化产业化与文化"三自"的理念分殊。当下，文化产业化的发展倾向不仅不能有效促进文化自觉，还极易导致利益驱动下的"文化不觉"。(1) 整体层面。文化产业化可能会以物质利益最大化"光明正大"地放弃对文化精神的关注，而沦为低级娱乐工具或赚钱机器，致使纯粹追求金钱利益和"娱乐至死"的肉体享受成为某些现代人的共识，文化亦被驱使而失去本来面目。这种情况下，一个民族的文化自觉是难以推进的，很多情况下只是盲目追求经济效益，是对文化意义、文化精粹的忽视甚或无视而表现出的对文化的"不知不觉"。(2) 个体层面。文化产业化催生出的市场逻辑不仅不会对公众推崇的某些文化产品与文化服务进行纠偏，还会予以盲目迎合、助长，使得人们无法意识文化本身的意义性。圣诞节、万圣节等西方节日之所以在中国很多地方"大行其道"，与市场的诸多诱导、推动直接相关，文化产业化自然无法摆脱干系。文化自觉对个体来说，意指对自身选择、享用的文化意义性的主动意识。以圣诞节为例，文化自觉体现为个体因信奉基督教而清楚圣诞节的宗教意义，自然要十分认真地过圣诞节。而许多没有信奉基督教的人，也在狂热地过圣诞节，这些就属于一种文化不觉，因为他们无法真正觉解圣诞节的内涵，这种文化的意义性也就不存在。与文化自觉的境遇相似，文化自信与文化自强也无法脱离文化产业化自带的市场逻辑的冲击与侵蚀。

总之，文化自觉、文化自信与文化自强始终关乎大势，关乎中国需要什么样的文化以及文化究竟该如何发展之类的大问题，关乎文化的研究视野、发展趋向与解题能力。因此，必须要科学地认知文化产业化，冷静应对，警惕产业化埋葬文化精神、埋葬文化。同时，文化"三自"也需要重点考察文化产业化的发展情境，理性审视、主动觉解、适时反省与科学规划，以引导文化产业化的科学发展。需要警惕的是，文化产业化不能必然带来相应的文化自觉、文化自信与文化自强，还有可能导

---

① 云杉：《文化自觉 文化自信 文化自强——对繁荣发展中国特色社会主义文化的思考》(上)，《红旗文稿》2010 年第 15 期。

致其的失落。

三 文化产业、事业的协同与文化精神的复归

杨叔子院士说过"一个国家、一个民族，没有科学技术，就是落后，一打就垮；然而，一个国家、一个民族，没有人文精神，就会异化，不打自垮。"简言之，就是没有科技一打就垮，没有文化则不打自垮！这里的文化是什么？是文化精神而非文化产业。当前，产业化境遇极大地推动了文化产业的发展，但文化产业化的发展趋向并不必然带来文化精神的传承，多数情况下反而造成了文化产业与文化精神的分野，导致了文化精神的失落。为了谋求文化精神的复归，就必须要引入"文化事业"。这里的文化事业，就是指非营利性的公益性文化事业，它更为纯净、纯粹，以传承、传播一定的文化精神为己任。因此，文化精神的复归需要积极寻求文化产业与文化事业的相互作用、相互配合。

文化产业、事业协同发展的必要与可能。文化产业与文化事业的协同发展，既是谋求文化精神复归的需要，更是两者之间显著区别的结果。文化产业、事业之间的鲜明差异甚至是对立，决定了两者可以相互补充、协同发展的必要与可能。具体来看：（1）文化事业的根本点在服务，以确保公众能够切实感受并享受到相应的精神文化产品及服务；而文化产业的根本在市场，是通过市场化运营，以文化消费的形式，满足人民群众多样化、多层次、多方面的文化需求。（2）公益性是文化事业的根本诉求，关怀公共利益、社会公众的幸福和利益，免费或低费向所有社会成员提供，力求使所有公众平等、充分地享受与享用必要的精神文化生活；营利性是文化产业的重要思维方式，关注经济效益，公众的经济水平决定文化产品享用的内容与程度。（3）文化事业重在教化和引导，通过传播先进文化、弘扬社会主义核心价值观、传承优秀传统文化，提升、丰富人们的精神生活世界；文化产业重在满足市场需求，致力于生产满足多样化、多层次市场需求的文化产品。（4）文化事业注重社会效益，而文化产业注重经济效益。

文化产业、事业的协调发展是中国文化产业发展的未来取向。随着

我国社会主义市场经济体制的不断完善和人民精神文化需求的不断增强，我国文化产业发展迅速，对国民经济增长的贡献率不断上升。这种情形，决定了文化产业的发展必然要经历产业化的发展路径。为了有效应对文化产业化的发展路向，避免文化精神的失落，必须要走文化产业与文化事业协调发展的道路。恰如十六届三中全会通过的《中共中央关于完善社会主义市场经济体制若干问题的决定》提出，"完善文化产业政策，鼓励多渠道资金投入，促进各类文化产业共同发展，形成一批大型文化企业集团，增强文化产业的整体实力和国际竞争力"。同时，要求"公益性文化事业单位要深化劳动人事、收入分配和社会保障制度改革，加大国家投入，增强活力，改善服务。经营性文化产业单位要创新体制，转换机制，面向市场，壮大实力"。根据文化事业单位和文化产业单位的不同特点，制定不同政策，进行分类管理、分级指导，促进文化事业和文化产业协调发展，已成为指导中国文化产业未来发展的重要思路。

　　文化产业化境遇中文化精神的复归。怎样协调处理文化产业与文化精神的关系，如何统一文化产业的市场、服务逻辑，实现文化精神与文化产业的协同共生，既是当代中国文化建设的关键问题，也是文化产业科学、长远发展的现实需求，更是对文化精神失落的主动回应。（1）宏观维度。文化精神的传承、文化产业的发展都要秉承世界眼光与中国气派相结合的指导理念。文化在世界范围内的普适性不言而喻，不同的只是表达方式与表现形态。故而中国特色社会主义文化的发展应是一条世界眼光下的中国气派之路。没有了世界眼光，文化发展的广度和深度、包容性和超越性就相当有限，时而面临思维阈限与实践桎梏的考验；没有了中国气派，文化发展的针对性、独特性就会日益消亡，实际解题能力也必将会弱化。（2）微观维度。一方面，文化精神与文化产业的协同需要重点把握：确认文化精神失落的危害性，即文化精神作为文化的思想旗帜和精神航标，一旦缺失，文化在实质上就失去存在的意义；明确文化精神是文化产业的内核，文化产业的发展必须要围绕文化精神而全面展开；体认文化精神与文化产业协同的价值，只有两者协同实现和谐共生，中国特色社会主义文化才能真正实现发展和繁荣，彰显其强大的精神动力与智力支持作用。另一方面，文化精神与文化产业各自也需要明晰其价值与使命，共同作用于两者的协同。文化精神要能够根据时代的发展变化，不断充实与发展自身，以在一定程度上满足文化产业发展的需求；文化产业在发展过程中，要时刻牢记文化精神的原则，始终以文化精神为中心。

总而言之，文化是产业，又不是产业。从文化的物性内容来看，文化是一种产业；从文化的思想、理念、精神和灵魂来看，文化断不可成为单纯性的产业。科学的文化产业发展，应当遵循文化物性内容与文化精神的有机统一，以文化精神为主导。在产业化的发展境遇中，文化精神的倡导、复归与传承更显重要。同时，在西方文化、多元文化步步紧逼的今天，中国文化发展进程中文化精神的提炼、传承与坚守更是尤为重要。

"正能量"与"负能量"的交响：
现代性的重新反思

王学荣[*]

[摘　要]"现代性"与现代社会相伴而生。现代性作为现代世界的本质根据，其本身具有相当的复杂性：一方面，现代性产生的现代文明成果是空前的，换言之，现代性产生的"正能量"可谓大矣；但另一方面，现代性产生的"负能量"亦不可忽视。在如何对待现代性这一问题上，我们应采取一分为二的态度、坚持辩证的思维方式，对现代文明成果加以充分的肯定与褒扬，而对其产生的实践负效应则加以合理引导并逐步克服。此乃现代人对待现代性问题的应有态度。现代性固然没有统一的模式，因此，我们在积极构建"中国式现代性"的实践中，既不能照搬所谓的"西方模式"，也不能照搬所谓的"东亚模式"，而应根据当代中国所处的历史方位、自身的文化传统及社会制度等，走出一条具有鲜明中国特色的现代化之路。

[关键词]　现代社会　矛盾裂变　资本逻辑　现代性　资本主义

伴随着现代社会的生成与显现，"现代性"亦如影而至。就现代性本身而言，具有相当的复杂性，概而言之，一部现代性的发展史在一定意义上亦是"正能量"与"负能量"相互交响的历史。现代性产生的"正能量"可谓大矣，甚至完全可以说是空前的。例如，它创造了现代

───────────
　*　王学荣（1984—　　），男，汉族，湖南炎陵县人，复旦大学马克思主义学院博士生。主要研究方向：马克思主义基础理论及方法论研究。

生产力大发展、大提升的伟大奇迹，促使现代城市得以产生，客观上促进现代人摆脱"愚昧"状态，通达现代文明，现代性还不断激励现代人的创新精神和创新意识。此外，现代性还促使世界历史的生成和发展。但另一方面，现代性产生的"负能量"亦不可忽视。作为现代性重要支柱的资本逻辑诱使"现代人"不同程度地异化，引起现代世界的动荡与不安，使得道德意义和道德责任在现代社会里缺失，并最终导致道德价值的"虚无化"。在如何看待"现代性"这一问题上，笔者认为应该采取一分为二的态度、坚持辩证的思维方式：一方面，对现代性产生的现代文明成果应加以充分的肯定与褒扬；另一方面，对其产生的实践负效应则加以合理引导并逐步克服，积极构建中国式的现代性。我想这恐怕才是现代人对待现代性的应有态度。

一 现代性与现代社会

"现代性"是人们耳熟能详的一个词，在学术论文中的使用频率极高。但"现代性"究竟是何所指，至今尚无定论。截至目前，"现代性"的定义多达 100 多种，从这足以看出现代性问题的复杂性，也可以看出人们对现代性问题的关注度。实际上，现代性涉及的范围非常之广，它已经渗透到经济、政治、文化、社会、生态、伦理等方方面面，因此为经济、政治、文化、社会、生态、伦理等各个领域的专家学者所"津津乐道"。

尽管人们对现代性的理解千差万别，但还是有一些观点几乎是大家的"共识"。例如，人们普遍都认为，资本逻辑是现代性的重要支柱，现代性是伴随着现代社会发生发展起来的。关于现代性与资本逻辑的关系问题，笔者将在另外一篇文章中专门谈到，本文主要探讨现代性的"正能量"与"负能量"的交响，以及对现代性本身的反思。

现代性当然是与现代社会联系在一起的。因为现代性深深根植于现代社会之中，可以说，现代社会是现代性得以生长和发展的土壤，缺少现代社会这一土壤的滋养，现代性当然也就成了"无本之木"了。因此要谈现代性问题，首先当然不能不说到现代社会。我们对现代社会似乎有一个模模糊糊的认识，认为现代社会大概就是指我们所处的这个社会。其实，我们这里所要讨论的现代社会恰恰是马克思视域下的现代社会，而不是我们想象或感觉中的现代社会。通过阅读马恩经典发现，马克思所指称的现代社会实际上是特指资本主义社会的。在马克思主义的文献中，"现代社会"和"资本主义社会"（马克思有时在"资本主义社会"前边加上"现代"两个字作为前缀，于是就出现了"现代资本主义社会"的概念）是经常互用的。因此，在马克思著作中涉及马克思对现代性问题的看法时，我们完全可以将"现代社会"和"资本主义社会"（或者说"现代资本主义社会"）视为"同义语"。

当然，我们也可以甚至也有必要对这一问题做一些推论和延伸。马克思站在他所处的那个时代，认为现代社会就是资本主义社会，这是无可厚非的。但历史总是不断向前发展的，并且会不断出现许许多多的新情况新现象，历史的车轮已经进入到了 21 世纪。1917 年俄国十月革命开启了无产阶级社会主义革命的新时代，社会主义社会由理想变成了现实、由理论变成了实践。从此，社会主义与资本主义两制并存便成了新的历史现象。如果以今天的眼光来审视这一问题，马克思对"现代社会"的理解恐怕也有必要做一个延伸。"现代社会"当然是相对于"前现代社会"（即"传统社会"）而言的，而实践中的社会主义社会则是很难归为"传统社会"这一大本营的。这样一来，"现代社会"就不再是"资本主义社会"的代名词了。因为在今天的语境下，"现代社会"不仅包括资本主义社会，也包括实践中的社会主义社会，笔者由此推论：如果用今天的眼光来看，资本主义社会并非现代社会的同义语，而是现代社会的起点，现代社会是不断发展和延伸的。需要指出的是，笔者上面所说的"现代社会"和"资本主义社会"可以视为"同义语"，是有条件的。即是说，我们在理解马克思著作时应还原到当时马克思的语境中去，当时马克思所说的现代社会确实是指资本主义社会的，因为马克思身处的那个年代，并未出现资本主义与社会主义两制并存的新情况，这是 20 世纪出现的一种全新的历史现象，我们当然不能够苛求于前人。但如果以今天的视角来看，将"现代社会"的外延做适当的延伸也是必要的。马克思恩格斯在《共产党宣言》1872 年德文版序言中说："不管最近 25 年来的情况发生了多大的变化，这个《宣言》中所阐述的一般原理整个说来直到现在还是完全正确的。某些地方本来可以做一些修改。这些原理的实际运用，正如《宣言》中所说的，随时随地都要以当时的历史条件为转移，所以第二章末尾提出的那些革命措施根本没有特别的意义。如果是在今天，这一段在许多方面都会有不同的写法了。由于最近25年来大工业有了巨大发展而工人阶级的政党组织也跟着发展起来，由于首先有了二月革命的实际经验而后来尤其是有了无产阶级第一次掌握政权达两月之久的巴黎公社的实际经验，所以这个纲领现在有些地方已经过时了。""那些革命措施"当然需要"以当时的历史条件为转移"，我们今天在具体理解马克思的相关理论时又何尝不是如此？

二　现代性"正能量"与"负能量"的交响

如前文所述，现代性具有相当的复杂性，其中非常重要的一点就体现在"正能量"与"负能量"的交响。现代性作为现代社会的本质根据，其产生的"正能量"是非常巨大的，用一句话来概括就是现代性给人类创造了空前的现代文明成果。如果分解开来看，笔者认为可以概括为四方面：第一，创造了现代生产力大提升、大发展的现代奇迹；第二，促使现代人逐步摆脱"愚昧"的生活状态，通达现代文明；第三，刺激了现代人的创新精神和创新意识；第四，促使世界史的生成和显现。但另一方面，现代性产生的"负能量"也是不可忽视的。为简明起见，笔者将其归纳为三方面：第一，现代性的重要支柱——资本逻辑诱使现代人的"异化"，使文明的现代人成为马尔库塞所说的"单面人"；第二，现代性还引起了现代世界的不稳定甚至动荡；第三，导致道德意义和道德责任在不同程度的缺失。巨大的"正能量"与不可忽视的"负能量"相互交响，构成现代社会一道独特的风景。

（一）现代性产生的"正能量"：空前的现代文明成果

1."法术"的力量：现代生产力大提升、大发展的奇迹

现代性为人类创造了空前的现代文明成果，说到现代文明成果，读

者首先想到的恐怕就是现代生产力的"突飞猛进"，这当然是现代性的突出标志之一。在现代社会里，生产力获得了前所未有的大发展、大提升。对此，马克思恩格斯在《共产党宣言》中有一段经典性描述，"资产阶级在它的不到一百年的阶级统治中所创造的生产力，比过去一切世代创造的全部生产力还要多，还要大。自然力的征服，机器的采用，化学在工业和农业中的应用，轮船的行驶，铁路的通行，电报的使用，整个整个大陆的开垦，河川的通航，仿佛用法术从地下呼唤出来的大量人口，——过去哪一个世纪料想到在社会劳动里蕴藏有这样的生产力呢？"① 现代性产生的"正能量"之巨大如此可见一斑。

2. 从传统农村到现代城市：现代人摆脱"愚昧"状态，通达现代文明

现代性还促使现代人逐步摆脱"愚昧"的生活状态，走向现代文明。可以说，现代性的生成和发展过程也是人类摆脱"愚昧"，通达现代文明的过程。正如马克思恩格斯在《共产党宣言》中所说的那样，它"把一切民族甚至最野蛮的民族都卷到文明中来了"②，从现代化的角度来说，把野蛮的民族"卷到文明中来"的过程无疑是具有进步性的。《共产党宣言》还说道："它创立了巨大的城市，使城市人口比农村人口大大增加起来，因而使很大一部分居民脱离了农村生活的愚昧状态。"③ 可见，现代性不仅促使人们脱离"农村生活的愚昧状态"，而且还促成了现代城市的兴起。这是现代文明成果的又一表现。

3. "为生存而不断地变革"：现代人创新精神与创新意识得以激发

现代性还刺激了现代人的创新意识。因为现代性是以资本逻辑为重要支柱的，而资本的本性说到底就是不断追求最大限度的利润，利润的驱使必然迫使现代资产阶级不停地变革、不断地创新。换句话说，现代资产阶级为了获取更多的利润，必然会想方设法改进生产技术、改善经营管理、提高劳动生产率，这样才能在激烈的社会竞争中立于不败之地。这期间很重要的一点就是刺激了现代资产阶级的创新精神和创新意识，否则，便很难在残酷的竞争中立住脚跟。马克思曾鲜明地指出：

① 《马克思恩格斯选集》第 1 卷，人民出版社 1995 年版，第 277 页。

② 同上书，第 276 页。

③ 同上。

"资产阶级除非对生产工具，从而对生产关系，从而对全部社会关系不断地进行革命，否则就不能生存下去。"① 正是由于资本逻辑和价值规律共同起作用，现代社会的运作方式在客观上确实提高了生产技术，发展了先进的社会生产力，创造了新的欲望和需求，也激励了现代人的创新意识，等等，这当然也是现代性"正能量"的重要表现。

4."两个代替"：世界史的生成

现代性"正能量"的第四个表现是促使了世界历史的生成。在现代社会里，人与人之间不再是孤立地存在，地区与地区之间乃至国家与国家之间也不再孤立地"各自为战"，人与人之间、地区与地区之间、国家与国家之间的联系和交往愈来愈密切，正如马克思所说的那样，"资产阶级，由于开拓了世界市场，使一切国家的生产和消费都成为世界性的了。……这些工业所加工的，已经不是本地的原料，而是来自极其遥远的地区的原料；它们的产品不仅供本国消费，而且同时供世界各地消费"②。而由此引发出来的结果当然就是《共产党宣言》中所说的"两个代替"，即"旧的、靠本国产品来满足的需要，被新的、要靠极其遥远的国家和地带的产品来满足的需要所代替了"，"过去那种地方的和民族的自给自足和闭关自守状态，被各民族的各方面的互相往来和各方面的互相依赖所代替了"。③ 可见，在现代社会里，世界被连成了一个统一的有机整体，任何个人、地区、国家都是这个统一之网上的一个"纽结"，于是，人类社会便历史地进入到了世界史的新时代，这亦是现代性"正能量"的生动写照。

（二）现代性产生的"负能量"

如上文所述，尽管现代性产生的"正能量"如此之巨大，给人类带来了如此种种的现代文明成果，然而，现代性也终究不是"尽善尽美"的。事实上，被当下人们所津津乐道的现代性恰恰是在"血与火"的洗礼与考验中生长和发展起来的，其"负能量"亦不可忽视。关于现代性产生的"负能量"，笔者将从以下三方面加以展开。

---

① 《马克思恩格斯选集》第1卷，人民出版社1995年版，第275页。

② 同上书，第276页。

③ 同上。

1. "单面人"的显现：作为现代性重要支柱的资本逻辑诱使现代人"异化"

现代性之为现代性，在很大程度上离不开资本逻辑的作用，因为资本逻辑乃是现代性的重要支柱。在现代社会里，由于资本逻辑的刺激和作用，价值理性被工具理性所取代，"手段"变成了"目的"，恰恰是由于"手段"与"目的"的颠倒，造成了人们的抽象性存在，导致人的异化，于是，人的力量异化成物的力量，人的关系异化成物的关系，人的个性异化为物的个性，文明的现代人异化成马尔库塞所谓的"单向度的人"（也有些地方译成"单面人"）。在现代社会里，尽管"人对物的依赖关系"逐渐取代了"人对人的依赖关系"，这无疑是历史的一大进步。但遗憾的是，人的存在命运并没有因此而得到根本性改观；恰恰相反，在资本逻辑占统治地位并且起支配作用的时代，它带来的只能是人的社会关系的"异化"和抽象化，这是资本逻辑作用的结果。换言之，只要资本逻辑依然存在，异化现象也就难以完全规避。然而现代性恰恰是以资本逻辑为重要支柱的，所以，在现代社会里相继出现形形色色的异化现象也就不难理解了。

2. "三个从属于"：现代世界里的动荡与不安

在现代社会里，由于资本主义内在矛盾的运动以及资本逻辑的作用，现代世界内生出诸多的动荡与不安，例如，马克思主义创始人在《共产党宣言》中所说的"三个从属于"就是现代社会动荡与不安的生动写照。

我们知道，作为现代性重要支柱的资本并非静止的，而是具有流动性的，正是资本的这种流动性引发了世界的动荡性。资本通过商品生产和商品交换等环节不断地流动，逐渐跨越地区甚至跨越国界，成为"全球资本"，正是在资本流动性的基础上出现了世界市场和经济全球化趋势。可是笔者认为，无论是世界市场也好，经济全球化也罢，从本质上说，都是推广以资本为基础的生产方式，进而推广与资本主义生产方式相适应的生活方式。在资本的流动过程中，尤其是向全球范围流动的过程中，对抗与冲突此起彼伏、从未停息，这简直就是一个资本排除异己、消灭他者的充满血腥味的过程，用马克思恩格斯的话来说就是资产阶级"按照自己的面貌为自己创造出一个世界"的过程。正如马克思主义创始人在《共产党宣言》中所写到的那样，"它的商品的廉价价格，是它用来摧毁一切万里长城、征服野蛮人最顽强的仇外心理的重炮。它迫使一切民族——如果它们不想灭亡的话——采用资产阶级的生产方式；它迫使它们在自己那里推行所谓的文明，即变成资产者。一句话，它按照自己的面貌为自己创造出一个世界"①。《共产党宣言》接着还说道："资产阶级使农村屈服于城市的统治。……正像它使农村从属于城市一样，它使未开化和半开化的国家从属于文明的国家，使农民的民族从属于资产阶级的民族，使东方从属于西方。"② 这就是所谓的"三个从属于"。由此可见，只要资本主义生产方式与非资本主义生产方式、资本原则与非资本原则的矛盾尚未根除，那么战争、政治冲突、文化冲突等等就不可避免，世界的动荡也就难以规避。在资本逻辑的作用下，永远的不安定和变动、不停的动荡和危机始终与现代社会相伴而随。这是现代性产生的"负能量"的又一表现。

3. 道德价值的"虚无化"：道德意义及道德责任在现代社会里缺失

现代性"负能量"的第三个方面就是道德意义和道德责任在现代社会里的缺失。马克思认为，在资本逻辑的作用下，特别是在资本不断追逐最大限度利润的内在本性的刺激下，身处现代社会的"文明人"除了极力获取最大限度的利润之外，简直没有什么东西是神圣的，似乎一切都可以被打碎、被切割，也没有什么东西值得留恋和垂青，在此等状况之下，所处现代社会的"现代人"逐渐陷入到道德价值的"虚无化"之中。正如《共产党宣言》所写到的那样，"一切固定的僵化的关系以及与之相适应的素被尊崇的观念和见解都被消除了"，"一切等级的和固定的东西都烟消云散了，一切神圣的东西都被亵渎了"③。在资本永不满足的欲望追逐过程中，人与人之间剩下的只是赤裸裸的利害关系而已，对此，《共产党宣言》一针见血地指出，"它无情地斩断了把人们束缚于天然尊长的形形色色的封建羁绊，它使人和人之间除了赤裸裸的利害关系，除了冷酷无情的'现金交易'，就再也没有任何别的联系了"，一切被"淹没在利己主义打算的冰水之中"，"它把人的尊严变

①　《马克思恩格斯选集》第 1 卷，人民出版社 1995 年版，第 276 页。

②　同上书，第 276—277 页。

③　同上书，第 275 页。

成了交换价值，用一种没有良心的贸易自由代替了无数特许的和自力挣得的自由"。① 在利益的强烈诱使下，"现代人"的道德意义和道德责任严重缺失，甚至道德责任和良心这些最基本的道德底线都被纳入到了市场之中，贴上了价格的标签作为"商品"加以出售，对此，《共产党宣言》亦做了深刻的揭露："资产阶级抹去了一切向来受人尊崇和令人敬畏的职业的神圣光环。它把医生、律师、教士、诗人和学者变成了它出钱招雇的雇佣劳动者。"② "资产阶级撕下了罩在家庭关系上的温情脉脉的面纱，把这种关系变成了纯粹的金钱关系。"③ 道德意义和道德责任在现代社会里的缺失实在让人怵目惊心。这难道还不是现代性在现代社会产生的"负能量"和负效应吗？

三　现代性的重新反思及"中国式现代性"建构

通过以上笔者对现代性正能量与负能量的论述，可以看到：现代性问题确实有其相当的复杂性。我们亦有必要对其进行重新反思，一方面，现代性作为现代社会的根本依据，是现代文明的重要标志；但另一方面，现代性又是以资本逻辑为重要支柱的，而资本逻辑最显著的特征就是不断增值，获取最大限度的利润。这样一来，现代性的负面效应也是不容忽视的。至于在如何对待现代性这一问题上，我们理应坚持辩证的思维方式，对现代文明成果加以充分的肯定与褒扬，而对其产生的实践负效应则加以合理的引导。我想这恐怕才是对待现代性问题的正确态度。

现代性已然成为全世界共同的话语体系，然而在笔者看来，只有具体的现代性，没有抽象的现代性。因此，现代性的建构没有固定的模式。陈尚伟先生在《改革开放与中国的现代性建构》一文中提到有两种不同的现代化，即"内生先发"的现代化和"外生后发"的现代化。陈先生这样写道："从走向现代化进程来看，有'内生先发'的现代

① 《马克思恩格斯选集》第 1 卷，人民出版社 1995 年版，第 274—275 页。
② 同上书，第 275 页。
③ 同上。

化，即'西方模式'；也有'外生后发'的现代化，如'东亚模式'。"① 依笔者看，中国的现代化当然是属于"外生后发"的现代化。但同时我们也应该注意到，中国的现代化与东亚其他国家的现代化还非常不一样，中国在实现现代化过程中，"中国特色"不可忽视。因此，我们在构建"中国式现代性"的实践中，既不能照搬所谓的"西方模式"，也不能照搬所谓的"东亚模式"，而应根据当代中国所处的历史方位、自身的文化传统及社会制度等，努力走出一条具有鲜明中国特色的现代化之路。择其要而言之，或许可以从以下几个方面入手。

第一，在建构"中国式现代性"的实践中，应特别培育现代生产力。生产力是人类社会发展的最终决定力量，这当然是唯物史观的基本观点。现代生产力乃现代性的物质基础（或曰"物质前提"），没有发达（至少是比较发达）的现代生产力做支撑，现代性的建构也就成了无源之水、无本之木，实属叠床架屋之举。因此在笔者看来，培育现代生产力建构始终是建构"中国式现代性"过程中的一项基础性工作。

第二，在建构"中国式现代性"的实践中，应注意吸收和借鉴国外文明成果。尽管笔者一再强调不要照搬"西方模式"和"东亚模式"，但笔者并不否认"西方模式"和"东亚模式"在实现现代化的过程中创造的诸多文明成果。无论是"西方模式"也好，"东亚模式"也好，都有许多宝贵的经验值得我们吸收和借鉴。实际上，关于这个问题，邓小平早在 1992 年南方谈话中就已经说得非常清楚，邓小平高瞻远瞩地这样指出："社会主义要赢得与资本主义相比较的优势，就必须大胆吸收和借鉴人类社会创造的一切文明成果，吸收和借鉴当今世界各国包括资本主义发达国家的一切反映现代社会化生产规律的先进经营方式、管理方法。"② 信哉斯言！

第三，在建构"中国式现代性"的实践中，应坚持以人为本、科学发展的理念。现代性的建构是现时代世界各国的共同使命，各个国家都在积极建构自己的现代性。然而，在这诸多的现代性建构实践中，我们应清醒地看到：富强、民主、文明、和谐是我们的期许，以人为本、

---

① 陈尚伟：《改革开放与中国的现代性建构》，《光明日报》2009 年 4 月 20 日第 9 版。
② 《邓小平选集》第 3 卷，人民出版社 1993 年版，第 273 页。

科学发展是我们的发展理念。秉承这样的期许和理念，中国式的现代性构建当然不是盲目跟风，也不是"为现代而现代"，而是旨在通过建构中国特色的现代性，使当代中国更好地融入到世界发展的大潮中去，让中华民族和中国人民共享现代文明成果。

多元化社会思潮背景下大学生
爱国的伦理审视[*]

肖　行[**]

[摘　要] 爱国主义是"中华民族之魂",是中华民族生生不息的精神支柱,是实现中华民族伟大复兴的巨大精神动力。多元化社会思潮背景下,面对国内外各种矛盾和挑战,大学生爱国要爱得深沉、爱得守法、爱得理性、爱在行动、爱得自信,这才是爱国情感表达的最佳方式,才是真正的爱国。

[关键词] 多元化社会思潮　大学生　爱国　伦理审视

思想活跃的青年大学生是一个最容易接纳新事物的群体,是各种社会思潮的最先反映者、接收者和传播者。当下,纷繁复杂的多元社会思潮纷至沓来,对青年大学生的影响和冲击是最大的。加上青年大学生本身尚未具有成熟的判断力和成型的思想道德体系,是在一知半解的状态下接受了各类社会思潮,并赋予其理想化的解读和理解,极易诱发一些非理性行为,这给我们的爱国主义教育带来了许多新的挑战。适时认真地分析和厘清多元化社会思潮对大学生爱国可能造成的影响,对加强大学生爱国主义教育,实现中华民族伟大复兴具有重要的意义。

---

* 基金项目:本文系 2013 年教育部人文社科研究专项基金课题(项目批准号:13JD710037),2014 年福建省中青年教师教育科研重点项目(JAS14206),2011 年福建工程学院社科预研课题(GY-S10052)的阶段性成果。

** 肖行(1969—　),男,汉族,湖南郴州人,中国社会科学院马克思主义学院博士生,福建工程学院副教授,主要从事马克思主义理论、伦理学等研究。

一　多元化社会思潮对大学生爱国的影响

多元化社会思潮彼此交织、相互碰撞、相互激荡，对大学生爱国的影响是多方面的，影响的渠道和途径也是复杂多变的。从伦理的视野来看，概括起来主要有以下几个方面的表现。

（一）模糊了大学生爱国的道德意识

爱国是基于个体对自身与国家依存关系的道德认识而形成的一种对祖国的眷恋、热爱的道德情感，并随着认识与情感的不断理性升华，进而成为个体坚定的道德信念和道德意志。这样，爱国意识在个体内心深处最终得以形成。

全球化主义思潮在经济上倡导全球化、自由市场化和资本主义化；政治上鼓吹"全球民主化论"、"民族国家主权过时论"、"国家主权无能论"、"人权高于主权"等；文化上夸大各国文化之间的"趋同论"，强调"意识形态消亡论"，主张西化甚至全盘接受西方文化对世界的领导。全球化思潮使人们感觉"世界正在变小"，"全球相互依存"正在不断加强，传统民族国家的界限正在不断打破，民族国家意识被大学生弱化，民族认同感被他们淡化，他们的爱国主义热情被削弱，有的甚至还迷失在全球化的"美景"中。一直以"资本主义病床边的医生和护士"自居的民主社会主义，字面上虽具有很强的欺骗性和迷惑性，致使不少人错误地认为民主社会主义就是在社会主义条件下实现民主、公平、人道等理念，以至于部分大学生出现了放弃中国特色社会主义国家的倾向。民主社会主义的实质是排斥科学社会主义的资产阶级改良主义，是跪着反对社会主义的资产阶级自由民主理论的一种改头换面，对许多社会主义国家的青年大学生产生了煽动性的影响，引发了一些社会主义国家如苏联、东欧和中亚等国家动乱、剧变甚至解体。我们应始终清醒地意识到，这些错误的思潮旨在搞乱人们的国家意识，是西方国家对社会主义国家和平演变的重要思想工具。

（二）割裂了大学生爱国的道德关系

爱国主义是一种道德关系，是对个人与民族或国家间价值关系的一种反映，集中体现为个人利益与国家利益的紧密相连。爱国主义认同个人是国家的一部分，个人与国家的荣辱与共，以服务和献身国家为自己的道德义务，将维护民族和国家的利益，坚守民族气节作为自己应有的道德责任。爱国主义虽是一个历史范畴，但在任何历史时期在处理个人与民族或国家关系上的价值导向却是一致的，即将民族或国家的利益放在首位。当个人利益与国家利益不发生激烈的矛盾冲突时，也充分尊重和肯定个人的正当利益。

新自由主义思潮极端推崇个人权利、自由，极力反对国家干预，贬低和否定集体主义，弱化社会主义国家和第三世界国家的作用，否定爱国主义，认为"民族国家的时代已经过去"，"在这个相互依赖的世界里，主权不再有严格的宪法性解释"等。新自由主义强烈的阶级性决定了其为资本主义辩护的庸俗经济学本性，其本质是"新帝国主义"。认清新自由主义实质和危害，果断与其划清思想界限，对高举中国特色社会主义伟大旗帜，坚持中国特色社会主义道路具有重大的意义。

个人主义思潮也过分强调个人利益，强调个体与集体主义的针锋相对性，宣扬以自我为中心，特立独行，反对国家对个人的支配。利己主义和个人主义在总倾向上是一致性的，"都强调个人至上、个人本位，把一己私利的得失，视为道德上善恶与否的标准，甚至不惜损害他人利益和社会利益"[①]。所有这些思潮宣扬的都是一切围绕自己展开，割裂个人与民族或国家之间的道德关系，从而产生一些偏激的思想和行为，给大学生爱国主义教育造成了许多消极的影响。

（三）影响了大学生爱国的道德实践

爱国不仅是一种心理体验，更是一种道德实践，是具体的知、情、意、行的统一。

历史虚无主义试图借"重新评价"或"重写历史"之名，打着

---

① 　罗国杰：《伦理学》，人民出版社 1989 年版，第 169—171 页。

"学术研究"的幌子，披着学术自由的"合法外衣"，用一些所谓"历史细节"和敌对势力杜撰的"解密材料"，做翻案文章，设置"理论陷阱"，采用"戏说"、"恶搞"等新的方式，断章取义，歪曲近现代中国革命的历史，歪曲社会主义历史、中国共产党的历史和中华人民共和国的历史，甚至抹杀我国源远流长的民族文化。实际上，历史虚无主义是一种按照个人主观意愿对历史进行虚假构想和盲目篡改，以达到其否定革命，否定中国共产党的历史地位和作用，否定新中国等不可告人的目的，这是我们必须高度警惕的。

而民族主义强调国家和民族认同，是排他性的族际情感，主张为了本民族的利益排斥其他民族，甚至不惜损害其他民族的利益。民族主义有利于强化民族自尊心、自信心、自强心和自豪感。2012 年，日本当局在我国钓鱼岛问题上闹剧连连，姿态强硬，深深伤害了我国人民的民族情感，使国内民众高涨的民族情绪集中爆发，示威游行，抵制日货，声讨小鬼子之声不绝于耳、响彻九州。当然，值得肯定的是，这其中的绝大多数人都是爱国的，但其中不乏也有过于激进，不理性的主张以对峙方式来解决国际争端的狭隘民族主义，甚至不乏掺杂着少数投机分子和一些国内外的敌对势力，他们的真实目的不是爱国，而是想把我国和谐安详清澈之水搅浑，把快速发展的大好形势搞乱，以达到他们不可告人的目的。这种非理性的民族主义是冲突与动荡的滥觞。一方面容易使青年大学生纠缠于历史恩怨，产生过于敏感、敌意的报复心态；另一方面使他们不能客观、理性地看待祖国的发展和变化，易产生盲目自大、排外心态，导致大国沙文主义。狭义的民族主义受到民族分裂主义的影响，反对民族大团结，提出"民族自决"、"一族一国"，企图把国家分割成不同的部分。

目前，我国发展正处于大有作为的重要战略机遇期，同时也处于矛盾的"凸现期"，收入分配、中等收入"陷阱"、民生、生态环境等都面临着诸多的问题。国外，一些具有战略敌意的国家和组织对我国的快速发展极不适应，大肆宣扬"中国威胁论"、"中国傲慢论"、"中国强硬论"，不断挑拨、煽动周边一些不明事理的国家对我国的敌视情绪，妄图遏制我国发展。多元化社会思潮也以迎合青年大学生的认知模式加紧对他们进行思想渗透，爱国主义教育正面临前所未有的巨大挑战。

二　多元化社会思潮背景下大学生爱国需厘清的几个问题

爱国，只要国家存在它便是一个永恒的话题。从古至今，中华民族从来就不缺乏爱国人士。从"路漫漫其修远兮，吾将上下而求索"的屈子到"苟利国家生死以，岂因祸福避趋之"的林则徐，从"寄意寒星荃不察，我以我血荐轩辕"的鲁迅到"我是中国人民的儿子，我深情地爱着我的祖国和人民"的邓小平……他们无不是忠心爱国的光辉典范。多元化社会思潮背景下大学生该如何爱国呢？

（一）爱国应该是一种爱，而不是一种恨

国家从来就不是超越于人民之上的抽象、空洞的概念，它具有具体性和属人性。人在家中，家在国里，家是最小的国，国是大家的家。人们之所以爱国，就是因为隶属于这个国家，依赖它，并由此对组成它的民族、同胞、故土家园、历史和文化等产生的一种深深的眷念和热爱的美好心理情感，并将其蕴藏在情感深处，既自发又朴素。艾青在《我爱这土地》里写的，"假如我是一只鸟，我也应该用嘶哑的喉咙歌唱：这被暴风雨所打击着的土地，这永远汹涌着我们的悲愤的河流，这无止息地吹刮着的激怒的风，和那来自林间的无比温柔的黎明——然后我死了，连羽毛也腐烂在土地里面。为什么我的眼里常含泪水，因为我对这土地爱得深沉……"就自觉流露出作者对生于斯、长于斯、魂归于斯的至死不渝的爱和深深的眷念之情。列宁指出："爱国主义是由于千百年来各自的祖国彼此隔离而形成的一种极其深厚的感情。"[①] 一个真正的爱国者，同时也是一个爱民族、爱家乡、爱同胞、爱亲人、爱这片土地上的山山水水、一草一木的人。

爱国是对国家的积极认同与对同胞的深情关切，充满爱是爱国的前提条件，很难想象一个连父母兄弟同胞都不怎么爱的人，会去爱国。时下有些大学生口口声声说自己"爱国"，却因狭隘民族主义而毁同胞财

---

① 列宁：《列宁选集》第3卷，人民出版社1995年版，第579—580页。

物，断国人生计；他们一再标榜自己"爱民族"，可他们的行为却使本民族原本正义、光荣的行为蒙上了"爱国名义下的放纵"的不文明的臭名。他们所谓的"只'爱民族'不爱民，不爱国人反'爱国'"的行为，爱国是假，泄私欲是真。这些人由于仇恨反华势力围堵及遏制我国发展，仇恨日本在历史上曾在我国犯下不可饶恕的罪孽及现在的日本当局在对待历史仍然扮演着极不光彩的角色，从而就恨起这些国家的一切，这是一种"恨屋及乌"的表现。爱国并不排斥"他者"，恨他国与爱自己国并不能简单对应地画等号，当下的爱国主义已不再是弱者对侵略者无比的仇恨与抗争，而是一个站立起来的民族自信心、自豪感的宣示。那些很骨气地抱定"敌国的东西再好也不能要"的迂腐想法，顽固地坚持极端的"凡是敌人拥护的我们就坚决反对，凡是敌人反对的我们就坚决支持"的"敌我逻辑"，更是一种缺乏自信的弱者心态。经济全球化是客观的、必然的，是大势所趋的，任何国家都无法回避。江泽民同志指出："我们坚持的爱国主义同狭隘的民族主义是有本质区别的。要使我们的人民懂得，坚持对外开放，认真学习世界各民族的长处，积极引进先进的科学技术和经营管理经验，增强我们自力更生的能力，加快祖国的发展，这本身就是爱国主义的内容。"① 时下，日本一些相当高端的高科技产业正面临着第三次海外大转移，这正是我国吸收高端科学技术，引进先进管理方法，实现国有技术和产品更新换代的一个绝佳时机。经济全球化的今天，那些将国家民族利益之不顾，不分青红皂白去恨他国的一切，抵制他国的一切，这绝不是一种爱国的表现，而是一种非常愚蠢的表现。一个真正的爱国者应该始终把国家和人民的根本利益放在首位，不是盲目地去排外，而是正确面对经济全球化，自觉地取其精华，弃其糟粕，趋利避害，"师夷长技以制夷"，最大限度地去维护和发展本民族的利益，推动本国的各项事业迅速赶超世界先进水平。

（二）爱国应该是一种守法，而不是一种凌驾

法律、道德文化是一个民族得以延续的"精神基因"，是培养民族

---

① 江泽民：《论社会主义精神文明建设》，中央文献出版社1999年版，第140页。

个性、民族心理、民族精神的"摇篮",需要每一位国民去自觉遵守和维护。爱国是一种美好的情操,是一种有边界的道德实践。任何以爱国为借口,悖逆公序良俗,突破法律边界,去伤害其他公民合法权益的行为都是不允许的。抵不抵制洋货,要不要去国外旅游,去哪国旅游,都是法律赋予每位公民的自由,谁也无权干涉。只要愿意,任何人都可以自由选择不去购买洋货,或者购买以后自行公然销毁;但是,任何人都没有权利强迫他人购买或者不购买某种洋货,更没有任何人有权利砸毁同胞已经合法购买的洋货。但现在有的大学生却认为,只要自己"爱国"了,就好像占领了道德的制高点,就可以傲慢地俯视一切,就可以不受法律道德的约束,甚至凌驾于法律之上。一些平日里属于流氓行径的违法行为,经他们"爱国"名义的漂白,就可以理直气壮地去威胁外商,就可以去街上任意打砸抢示威,去抢夺外国驻华大使座驾上悬挂的国旗,甚至去拧掉同胞的日系车车轮螺丝……这不仅是违法,更是犯罪。爱国是法律和道德所规定的个人对国家的一项基本义务,遵纪守法的社会风气和文明的行为举止是爱国主义的具体表现和内在要求,是新形势下爱国主义的重要支撑。一个国家拥有爱国的民众是件幸事,但爱国若脱离法律缰绳而自由驰骋,成了泄私愤的由头,成了以牺牲国内正常社会秩序及同胞生命财产安全为代价的一种民粹和暴力,就演变成了一种狭隘的民族主义。

法国学者托克维尔指出:与"本能的爱国心"相比,"另有一种爱国心比这种爱国心富有理智。它虽然可能不够豪爽和热情,但非常坚定和持久。它来自真正的理解,并在法律的帮助下成长"①。一个真正的爱国者一定是一个从内心深处真正认同、信任和信仰国家法律的人,一定是一个守法、文明地表达爱国热情,自觉维护安定团结的政治局面的人。时下,一些别有用心的国家、集团,唯恐我国不乱,无时无刻不在想方设法挑起各种各样的事端,妄图削弱甚至分裂我们的建设力量,阻碍我国和平发展。所以,大学生应在法律、道德允许的范围内,始终把国家和民族的核心利益放在第一位,合法有序地表达自己的爱国热情,这样,国内才能有一个和谐稳定的发展环境,也能向外展示一个国家强

---

① [法] 托克维尔:《论美国的民主》,董果良译,商务印书馆 1988 年版,第 674 页。

大的外在力量。否则，我们就会陷入反华势力破坏我国发展，抑制我国崛起的圈套，只能让贼人偷笑，让敌对势力找到鼓动的口实，让我们的外交陷入被动、国家形象受损、同胞伤心落泪。

（三）爱国应该是一种理性，而不是一种盲动

爱国确实需要激情，但更需要的是基于情感之上的理性。对于爱国来说，激情弥足珍贵，令人动容，但很容易消失，而且一旦引导不及时，极易引发过激的言行，甚至被别有用心的人利用。而理性的爱国是基于对祖国的一种真正理解、认同，已成为了一种原则、一种信念，弥久而坚定。反思近年来的爱国行为，大都是在霸权主义的粗暴行径使得民族尊严受到严重的挑战，人民本能地作出的一种被动的反应。这种激发起来的爱国激情澎湃，并以躁动、亢奋、喧嚣、愤怒等不理性的形态表现出来，有时甚至是一种盲动。新形势下，我们强调理性爱国主义，并不是主张将情感从爱国中剥离，而是要将情感升华，在表达爱国热情和诉求时，理智能够克制情绪，自己不冲动，也不受人鼓动，不盲从，而是始终从国家和民族的根本利益和长远利益出发，客观、冷静、理智、合法地对待任何矛盾与纷争，切实维护本民族的核心利益。理性爱国不以仇视或歧视其他民族为前提，也不会因为某些历史积怨或偏见而一叶障目，全盘否定其他民族文化中的积极和优秀成果；它既不会自我贬抑，也不会坐井观天、夜郎自大，过度不实地颂扬和无条件地盲目崇拜本民族的一切；它既不会因为爱国情愫而丧失抵制本国错误思想和倾向的勇气，更不会受"日本军国主义式"狭隘爱国主义的煽动而醉心于屠杀其他民族的不正义战争。

理性爱国不仅是一种胸襟，更是一种对民族负责的态度。只有理性爱国，民意表达才能更准确、更集中；只有理性爱国，才能更有效地保障公民的合法权利，才能使我们的社会更有生机和活力，才能使我们的国家更加繁荣昌盛。任何不理智的行为，不管出于什么原因，不管说得多么动听，都不能称之为爱国；相反，还可能是误国、害国。所以，时下正处于朝气蓬勃的当代大学生更应该将自己朴素的爱国情感自觉升华为理性的爱国情操。这样，作为祖国未来的接班人不仅仅人人拥有一颗忠于祖国的赤子之心，而且个个懂得爱国之理，都具备了大国国民应有

的素质。面对敌对势力的任何流氓行径及挑衅，要沉着、冷静，始终能清醒地意识到国家和民族的核心利益，认清事件的本质及其策动者的险恶用心，不要自乱阵脚，要在法律、道德允许的范围内，讲究智慧和策略，并有理、有利、有节地表达自己的爱国热情和诉求。做到行动有进退，行为有底线。让别有用心的敌对势力在我们理性的口号和爱国的热情中，读懂中国的民意，让他们的阴谋始终难以得逞。

（四）爱国应该是一种行动，而不是一种口号

"喊破嗓子，不如做出样子，甩开膀子"，爱国要有报国之行。正如俄国作家杜勃罗留波夫所说的，"真正的爱国主义不应该表现在漂亮的言辞中，而应该表现在为祖国谋福利，为人民谋福利的行动上"。新形势下大学生爱国不能只停留在喊几声口号挥舞几下拳头上，也不能只停留在示几次威游几条街上，而应该把自己的事业和祖国的命运紧密联系在一起，主动将自己的爱国热情转化为奋发强国的具体行动，踏踏实实地把自己该做的事情做好，不做危害祖国和人民之事，努力学习，扎实工作，为建设和发展中国特色社会主义贡献自己的智慧和力量，以实际行动报效祖国，为自己的爱国增添理性的厚度。爱国不能仅仅停留在口头上，那些从不付诸行动而只会空谈爱国情感和觉悟的人，是不足称道的口头爱国者。只有将爱国情感和爱国觉悟转化成报国之行的真正的爱国者，才能言行一致、表里如一，充分利用好时下这个重要战略机遇，把自己的事办好，把国家建设好，让那些反对中国的人期望落空，才是对敌对势力的最有效回击。胡锦涛在北大建校 110 周年的讲话中指出："要把爱国热情转化为立足岗位、刻苦学习、发奋工作、支持奥运的实际行动，倍加珍惜我国安定团结的良好局面，自觉维护社会稳定，维护国家利益。"这是党中央对北大师生的希望，也是对所有大学生的希望。

（五）爱国应该是一种自信，而不是一种自负

中华民族的伟大复兴、国家的和平发展、领土问题的解决，都绝非一朝一夕就可大功告成，我们必须做好长期、艰巨、复杂斗争的准备。但我们要坚定必胜的信念，我们的自信来自综合国力、民族精神、正确

的道路、法理道义、社会舆论、人心向背……但我们不能自负，不需要那看似膨胀其实虚伪的爱国情怀。若大学生的爱国行动合情、合理、合法，就能让全世界人民看到中国开放、自信、宽容的精神面貌，让全世界都知道中国发展给世界带来的是机遇，不是挑战。与此同时，大学生还要充分相信我们的政府有能力把握大局，把问题解决好，给政府的灵活外交留出足够的空间。要把个人的行动与国家的整体目标紧密地联系起来，不搞小动作，不做出格事，不在对手面前失去大国应有的风度，我们要在对对手的有力还击中、层层的反制中，自信地、淡定地等着看好事者最终的自取其辱，看好战者最终必搬起石头砸自己的脚，看玩火者最终必自焚的悲惨结局。

总之，爱国，情感是其基础，理性是其导向，行动是其归宿。大学生爱国，不仅要有自信，更要有建设、保卫祖国的过硬的本领和灵活的策略。要明大理、识大体、顾大局，自觉投身于建设中国特色社会主义的伟大实践中去，以服从祖国和人民的利益为最高准则，理性爱国、奋力强国、精心治国，并在建设和保卫祖国的实践中成长、成熟、成才，实现自己的爱国之志。

微时代背景下历史虚无主义
对大学生的影响及其应对[*]

周艳红^{**}

[摘　要] 历史虚无主义通过歪曲历史来否定中国共产党和社会主义制度，借用微媒体的渠道，采用黑暗历史漂白化、神圣历史妖魔化、沉重历史娱乐化等方式来危害青年大学生。历史唯物主义是马克思主义全部学说的立足点和出发点，是反对历史虚无主义的有力武器。为了建成中国特色社会主义，实现中华民族伟大复兴，我们必须笃信历史唯物主义，抵制历史虚无主义。

[关键词] 历史唯物主义　历史虚无主义　微时代　拒斥

近年来，一些别有用心的人借"重新评价"和"重写历史"之名，打着"学术创新"的幌子，披着学术自由的"合法外衣"，描着"说实话"、"解密材料"的妆容，采用"戏说"、"恶搞"等新的方式，断章取义，歪曲近现代中国革命的历史，歪曲社会主义历史、中国共产党的历史和中华人民共和国的历史，甚至抹杀我国源远流长的民族文化。这对于历史唯物主义知识不够扎实，生活经历不够丰富，辨别能力不够清晰而心理上又存在着非均衡性和强烈的好奇心的大学生来说，影响颇深。微时代的到来更是让其传播插上了便捷的翅膀，任何网络上的风吹草动都可能在大学生中间"发酵"并引发"滚雪球"现象。微时代背

---

　　* 本论文是 2014 年江西省高校党建研究青年项目"微时代背景下当代社会思潮对大学生思想的影响及对策研究"的研究成果，项目编号是：JXGXDJKT. QN-201435。
　　** 周艳红，女，赣南师范学院讲师，中国社会科学院在读博士生，主要研究方向为大学生思想政治教育、中华人民共和国文化史。

景下如何用历史唯物主义这一理论工具来拒斥历史虚无主义思潮，这应该是当前大学生思想政治教育的又一重大关切点。

一　历史虚无主义及其对大学生的影响

随着我国对外开放进程的不断深入和市场经济体制改革的层层推进，利益冲突呈现多样化和复杂化的趋势，反映到价值观层面就是国内社会思潮空前的活跃，各式各样的社会思潮纷呈，历史虚无主义便是其中之一。当下，历史虚无主义的沉渣泛起，与近年来的国内外环境有直接的关系。20 世纪 80 年代末 90 年代初，随着东欧剧变和苏联解体，世界社会主义运动瞬间陷入低潮，社会主义与资本主义之间的态势总体上呈现出"资"强"社"弱、"资"进"社"守的特点。有些人误认为，"历史终结"了，"社会主义失败"了，马克思主义过时了，共产主义渺茫了，于是他们另谋出路。历史虚无主义就是他们找到的一种以唯心史观为理论依据的典型的实用主义思潮，这股思潮与马克思主义唯物史观是根本对立的，其目的旨在否定中国共产党、否定中国特色社会主义制度。历史虚无主义的主张集中起来主要有四点，即否定革命、否定五四运动、否定社会主义改造、否定中国共产党的领导，概括而言，其要害直指四项基本原则[①]，试图从根本上动摇我国的社会主义制度和否定中国共产党执政的合法性。

"社会思潮对大学生的影响，是以社会思潮与大学生的'相遇'为逻辑起点的。"[②] 尽管历史虚无主义只是当下盛行的思潮中的一种，若我们不认真对待的话，对于使用网络媒体较为频繁而马克思主义理论基础又较为薄弱、涉世未深、学识尚浅、政治敏感性不强、辨别能力相对较低、思想心理上相对不成熟和不稳定的青年大学生来说，很轻易地被历史虚无主义这些复杂的社会思潮所选择，他们往往在不知所措中，根

---

① 梅荣政、杨军：《历史虚无主义重新泛起的透视》，《马克思主义研究》2005 年第 5 期。

② 李亚员：《关注和研究社会思潮影响大学生的内在机理》，《中国高等教育》2012 年第 20 期。

本来不及分析和消化就全盘接收下来，这给他们带来了一系列的不良影响。

首先，历史虚无主义矛头直指我国的社会主义制度，造成了青年大学生理想信仰的迷失。"所谓历史虚无主义，说到底是中国走什么道路的问题。"① 如前所述，历史虚无主义的实质就是企图通过否定中国革命和中国共产党以实现否定中国共产党领导下的社会主义制度，企图给我国的立国之本和强国之路来一个釜底抽薪。历史虚无主义鼓吹的种种言论，既涉及史学领域的根本问题，又关乎立党立国的原则立场。② 各种"反权威"的形象，各种"无厘头"和"反传统"的滑稽角色在网络媒体上频繁亮相，极具模仿能力的青年大学生在欣赏和认同影视作品的同时，对其背后的价值理念也一并接受了，成为这一思潮的直接受众，造成了他们历史观的紊乱和理想信仰的迷失。究竟是还历史以本来面目，还是篡改历史事实？是高举民族大旗，还是放弃民族大义？是以欣赏的眼光从历史主流中汲取营养，还是站在挑剔的视角在历史支流中寻找瑕疵？是坚持唯物史观的正道，还是陷入唯心史观的歧途？这一系列疑问的产生都是历史虚无主义出现带来的挑战与困惑。历史虚无主义虽能培育青年大学生的批判精神，助推他们个性的发展，但也会滋生他们安于现状、享受生活、游戏人生的人生态度，使他们丧失青年人应有的斗志和理想信念。

其次，历史虚无主义契合敌对势力颠覆我国的战略企图，是西方最有力的文化渗透武器，造成了青年大学生民族意识的曲解。新中国诞生以来，敌对势力亡我之心不死，他们借助经济、政治、思想和文化等各种手段和途径，试图从内部瓦解社会主义中国的国家政权，从而推翻社会主义制度，实现资本主义的一统天下和一家独大。尽管随着我国在国际舞台上地位的不断提升，美国对"和平演变"的提法有所不同，如"解放政策"、"不战而胜"战略以及"遏制战略"等等，但其对我国进行"和平演变"的初衷并没有改变，其实质是相同的，就是要颠覆我国的社会主义制度。以美国为首的西方国家利用历史虚无主义

---

① 龚书铎：《历史虚无主义二题》，《高校理论战线》2005 年第 5 期。

② 李殿仁：《不能任由历史虚无主义虚无我们的根基》，《中国社会科学报》2014 年 6 月 25 日。

对我国青年大学生大肆进行文化渗透，将原本正面的史实通过歪曲与篡改致使其面目全非，将包括中国在内的发展中国家妖魔化。西方国家的这种文化渗透很大程度上满足了青年大学生求新、求异的年龄特点，使得一向对"反传统"的东西抱有由衷热情的、不明历史真相或对真相有所怀疑的青年大学生对民族意识产生了怀疑，对民族精神有所曲解。

最后，历史虚无主义在一定程度上消解了社会主义核心价值体系这一主流意识形态的正面教育效果，造成了青年大学生价值观的混乱。以美国为首的西方价值观主导下的历史虚无主义，违背历史研究中理性遵循实事求是的根本原则，放弃了历史研究中的阶级分析方法，蛊惑人心，造成了青年大学生价值判断标准的混乱。他们一方面痴迷于对历史人物的翻案和对革命战争年代英雄人物的解构，热衷于对辜负民族、辜负历史的反面人物进行正名；另一方面却又致力于把无产阶级领袖歪曲为"野心家"、"政客"等，一次次地冲击着人们的价值判断和道德良知，使得老师和家长在教育孩子时，都感觉到力不从心、无所适从。价值判断标准的失衡，是非评判准则的紊乱，已成为困扰青年大学生的一个异常棘手的现实问题。

由于历史虚无主义从根本上来说是违背历史事实的，所以从学术角度来讲，它是毫无学术价值可言的。但作为一种错误的带有政治目的的社会思潮，它的传播会造成青年大学生舆论和信仰的混乱，甚至威胁到社会的和谐与稳定。以史为鉴，苏联的解体有力地向世界宣告了乱史灭国。坚持历史唯物主义，反对历史虚无主义，任重而道远。

二　历史唯物主义及其当代价值

历史唯物主义，即唯物史观①，作为马克思一生中的两个伟大发现之一，是马克思主义全部学说的立足点和出发点，是马克思主义史学理

---

①　在本文中，历史唯物主义和唯物史观会出现交替使用的情况，所指意义相同。特此说明。

论的奠基石，深刻揭示了马克思主义历史观的本质。历史唯物主义是研究人类历史发展的普遍性和历史发展规律的科学，是人类社会历史形态更迭演进和社会进步的理论源头，是社会历史发展与变革的强大动力根源。历史唯物主义的当代价值就是指历史唯物主义在当代是否具有用途或积极作用，即能否满足当今时代发展的理论要求和实践需求的问题，通俗地讲，就是指历史唯物主义对当代社会发展与进步是否具有一定的益处或积极作用。恩格斯在晚年关于历史唯物主义的书信中明确指出："我们的历史观首先是进行研究工作的指南"[①]，"如果不把唯物主义方法当作研究历史的指南，而把它当作现成的公式，按照它来剪裁各种历史事实，那它就会转变为自己的对立物"[②]。唯物史观在微时代的价值就在于其既是研究一切社会历史现象的理论基础和根本的观点，又是进行社会科学研究的最具指导意义的根本方法。

首先，历史唯物主义的社会基本问题分析法，有助于青年大学生理性认识社会历史发展的基本规律，从而积极主动地推进各项工作的顺利开展。2013 年 12 月 3 日下午，习近平总书记在主持中共中央政治局第十一次集体学习时特别强调："在革命、建设、改革各个历史时期，我们党运用历史唯物主义，系统、具体、历史地分析中国社会运动及其发展规律，在认识世界和改造世界过程中不断把握规律、积极运用规律，推动党和人民事业取得了一个又一个胜利。历史和现实都表明，只有坚持历史唯物主义，我们才能不断把对中国特色社会主义规律的认识提高到新的水平，不断开辟当代中国马克思主义发展新境界。"[③] 历史唯物主义告诉我们，社会存在决定着社会意识，社会意识并不是完全依附于社会存在，而是对社会存在具有能动的反作用。我们党和政府以我国当前的社会存在为基础，科学合理地提出各种理论、路线、方针和政策。党的十八届三中全会坚持社会存在决定社会意识的基本原理，从我国的现实国情和发展目标出发，对全面深化改革做了总体部署。任何企图脱离我国的现实国情的论述都是不符合历史唯物主义基本观点的错误论

---

① 《马克思恩格斯选集》第 4 卷，人民出版社 2012 年版，第 599 页。

② 同上书，第 595 页。

③ 习近平：《推动全党学习和掌握历史唯物主义，更好认识规律更加能动地推进工作》，《人民日报》2013 年 12 月 5 日。

述，都是我们所应当予以坚决抵制和反对的。

由于不同历史阶段的社会存在决定了与之相匹配的不同的社会意识，所以，青年大学生在对历史进行认识和评述时，只能也必须回到当时的历史语境中，以符合当时时代特点的历史眼光去看待它，分析它，解读它。妄图以"重写历史"之名来歪曲历史、篡改历史甚至否认历史的任何观点和论述都是经不起推敲的，也是不得人心的，必须予以坚决的反驳。换言之，历史虚无主义是无本之木，是经不起推敲和考究的，是我们必须义正词严地加以反对的。

其次，历史唯物主义的社会基本矛盾分析法，有助于帮助青年大学生深入全面地理解进一步深化改革的重要性和紧迫性。只有把生产力和生产关系的矛盾运动同经济基础和上层建筑的矛盾运动结合起来观察和思考，把社会基本矛盾作为一个整体来考察和把握，才能全面准确地把握整个社会的基本面貌和发展方向。历史唯物主义作为指导人类文明发展的社会历史观，具有很强的科学性和现实意义，是认识人类社会的基本理论依据，是分析人类社会基本方法的科学指南，对历史唯物主义的合理运用有助于青年大学生更好地应对复杂多变的社会发展。当前，我国的改革面临着比以往更为敏感、更为复杂的系列问题，承担的任务比以往任何时候都更为艰巨和繁重。当前还有一系列深层次的矛盾和问题尚未得到根本解决，改革开放到了攻坚阶段，剩下的都是难啃的"硬骨头"。这需要我们不断调整生产关系以适应生产力的发展；不断健全上层建筑以适应经济基础的发展。全面深化改革，就是为了有效推动我国社会基本矛盾运动，从而推进社会高速发展，以更大的决心和勇气冲破思想观念的束缚、利益固化的藩篱。习近平在山东考察时指出，"改革开放只有进行时，没有完成时"[1]，这是历史唯物主义的应有之义。

生产关系要适应生产力发展的规律和上层建筑要适应经济基础的规律是历史唯物主义的两大基本规律，是社会历史不断发展进步的根本动力，它引导着我党和各级政府进行改革开放和社会主义现代化建设，将新中国一穷二白的经济发展到世界排名第二的水平，足以显示出理论的巨大作用，充分证明了历史唯物主义的科学性和旺盛的生命力。这一系

---

① 习近平：《改革开放只有进行时，没有完成时》，《信息时报》2013 年 11 月 29 日。

列成果的取得都是在党的历代领导人的共同努力之下完成的，尽管在这一过程中出现过曲折和失误，但青年大学生必须始终坚持历史唯物主义的观点和方法辩证地分析和看待这个问题，绝不能与历史虚无主义鼓吹者同流合污，仅仅因为发展过程中的一些失误而完全否认历史，歪曲历史。

最后，坚持人民群众是历史创造者的观点，有助于青年大学生参与到全面推进改革的伟大实践中去。全面深化改革是一场实打实的硬仗，只有强化"全心全意为人民服务"的宗旨意识，紧紧依靠最广大的人民群众，凝聚全民的智慧和力量，坚持走群众路线，才能取得最终胜利，集知识、智慧和热情于一身的青年大学生当然不能置身其外。我们应教育大学生要始终把人民群众的利益放在第一位，努力贯彻执行"实现好、维护好、发展好最广大人民的根本利益"的理念，使发展成果更多、更公平地为全体人民所共享。我们要处理好尊重客观规律性和发挥主观能动性的关系，坚持一切从社会主义初级阶段的基本国情这一最大的实际出发，以客观规律为准绳。与此同时，要鼓励各方力量大胆探索、敢于尝试，勇于推进理论和实践创新，深化对改革规律的重新认识。坚持历史唯物主义群众史观，就是坚持人民当家做主，就是坚持社会主义制度。唯有坚持历史唯物主义群众史观，才能避免历史虚无主义的乘虚而入，才能自觉抵制国内外敌对势力的强势入侵。

三 笃信历史唯物主义，抵制历史虚无主义

1883 年，恩格斯《在马克思墓前的讲话》中指出，"这个人的逝世，对于欧美战斗着的无产阶级，对于历史科学，都是不可估量的损失"①。恩格斯对马克思的中肯评价，清晰地指出了历史唯物主义对世界各国社会主义运动和哲学社会科学的发展具有重要的指导意义。历史唯物主义是无产阶级政党的理论基础和行动指南。微时代背景下，历史唯物主义仍是我们反对历史虚无主义的有力武器。为了建成中国特色社

---

① 《马克思恩格斯选集》第 3 卷，人民出版社 2012 年版，第 1002 页。

会主义，为了实现中华民族的伟大复兴，青年大学生必须笃信历史唯物主义，自觉抵制历史虚无主义。

第一，见微知著，堵疏结合，用系统分析法来对待公共文化产品供给。马克思是运用系统方法研究社会生活的第一人，他习惯于把人类社会看成是一个由多种因素和多种层次所构成的活生生的有机体。不仅要探究其同周围自然界的关系，而且还应探究有机体内部诸要素之间的关系。历史虚无主义的产生，与国内的生产力、生产关系、政治制度、社会心理和思想体系等因素有关，与国外西方发达国家亡我之心不死也有关，所以，我们应系统分析，区别对待。各级政府和公共事业管理部门要"有理、有利、有节"地应对黑暗历史漂白化、神圣历史妖魔化、沉重历史娱乐化。我们必须在痛加鞭挞政治上的历史虚无主义的同时，对文化上的历史虚无主义予以科学的引导。各级宣传部门、高校要系统、协同、联动，组建一支由思想政治教育工作者为骨干的监管队伍，及时关注微媒体所传播的热点话题，建立健全对重大问题或突发事件的应对机制，加强网络舆情监控和网络舆论的引导。

第二，微情微意，恪守职业良心，用历史分析法进行哲学社会科学研究。列宁指出："在分析任何一个社会问题时，马克思主义理论的绝对要求，就是要把问题提到一定的历史范围之内。"[1] 这是唯物史观的一个重要原则和方法。进行哲学社会科学研究，必须要矢志不渝地坚持马克思主义的指导地位，始终如一地坚定社会主义的理想信念，坚持社会主义核心价值体系，坚持将确凿的历史事实和正确的价值评判给予受众，用马克思主义对历史虚无主义进行合理评价和主动回应。从历史事实出发，从客观存在的实际出发，发现历史发展的脉络和规律性，是研究历史的根本原则和根本方法。历史虚无主义对待历史的态度却并非如此，它持有昭然若揭的哗众取宠之心，绝无丁点实事求是之意。尽管历史虚无主义的方法是片面的、不可取的，但却也不是随意的，其中蕴含着明确的取舍标准。正如有的学者指出的，历史虚无主义并不是对历史完全虚无，而是"有所虚无，有所不虚无"[2]。

---

[1]　《列宁选集》第 2 卷，人民出版社 2012 年版，第 375 页。
[2]　龚书铎：《历史虚无主义二题》，《高校理论战线》2005 年第 5 期。

　　第三，防微杜渐，激活正能量，用阶级分析法培育大学生正确的历史观。列宁指出："必须牢牢把握住社会划分为阶级的事实，阶级统治形式改变的事实，把它作为基本的指导线索，并用这个观点去分析一切社会问题，即经济、政治、精神和宗教等等问题。"① 历史虚无主义是西方敌对势力和国内一些别有用心的人以唯心史观为理论依据歪曲、否定我国的历史，旨在否定中国共产党、否定中国特色社会主义制度，这是一种与马克思主义唯物史观相对立的社会思潮。思想政治教育工作者必须站稳自己的阶级立场，借助微媒体的力量，充分利用微时代的各种微媒介，拓展大学生思想教育的渠道和空间。同时，必须加强新闻媒体的社会责任感和历史使命感，严加防范历史虚无主义利用历史题材影视剧、学术刊物、网站、微博、研讨会、讲座和学术著作等散布种种错误的言论。

　　1859 年恩格斯为马克思的著作《政治经济学批判》写书评时就指出，"这种德国的经济学本质上是建立在唯物主义历史观的基础上的"，"只要进一步发挥我们的唯物主义论点，并且把它应用于现时代，一个强大的、一切时代中最强大的革命远景就会立即展现在我们面前"。② 大学生群体是思维最为活跃的群体，是接触微媒体最密集的群体，也是最容易受到历史虚无主义思潮负面影响和煽动的群体，只有坚持用历史唯物主义引导大学生思想教育，才能更好地坚持中国特色社会主义发展的方向，才能更有力地助推"中国梦"的实现和中华民族的伟大复兴。

---

① 《列宁选集》第 4 卷，人民出版社 2012 年版，第 30 页。
② 《马克思恩格斯选集》第 2 卷，人民出版社 2012 年版，第 8—9 页。

坂田昌一科学哲学思想对其
物理学成就的影响

——恩格斯《自然辩证法》对日本科学家影响案例分析

韩　蕊[*]

[摘　要]　日本科学家坂田昌一在粒子物理学研究生涯中取得了辉煌的科学成就，这与他遵循正确的科学哲学思想密切相关，而他的科学哲学思想来源于恩格斯的《自然辩证法》。坂田昌一在粒子物理学研究中以他的科学哲学思想为指导，取得了一系列有世界影响的粒子物理学成就。

[关键词]　坂田昌一　科学哲学　自然辩证法　双介子理论　坂田模型　名古屋模型

坂田昌一是日本著名的粒子物理学家、科学哲学家，在 20 世纪上半叶为日本基本粒子物理学的研究和发展做出了不可磨灭的贡献。在 20 世纪 30 年代初期，坂田昌一协助日本诺贝尔物理学奖的获得者汤川秀树在实验中发现"中微子"，进而提出了物质中存在中性介子的假说。20 世纪 50 年代，坂田昌一提出了理论物理学界著名的基本粒子"坂田模型"和"名古屋模型"，获得了巨大的国际声誉。同时，坂田昌一也是一位著名的科学哲学家，一位辩证唯物主义理论家，他通过对基本粒子物理学的研究，在基本粒子层面证明了恩格斯《自然辩证法》关于物质是无限可分的著名唯物主义论断的正确性。坂田昌一按照物质无限可分的唯物主义辩证观点，把发现的基本粒子看作是构成自然界有质的差异的无限个阶层之一，所有基本粒子不都属于同一层次，不同的

* 韩蕊（1972— ），女，汉族，青岛黄海学院教师，中国社会科学院马克思主义学院马克思主义原理博士。

基本粒子都具有自己独特的特性。同时他批判了把基本粒子看成物质始原的错误观点，认为基本粒子也是无限可分的。

坂田昌一在 40 余年的基本粒子物理学研究生涯中取得了辉煌的科学成就，这与他遵循正确的科学哲学思想密切相关。坂田昌一科学哲学思想的直接思想来源是恩格斯的自然辩证法思想。坂田昌一在研读恩格斯《自然辩证法》等马克思主义经典著作的基础上，结合自己在物理学上研究发现基本粒子过程的思考，逐步形成了自己的辩证唯物主义科学哲学思想，并把这种科学哲学思想运用到自己的科学研究中去指导基本粒子物理学研究。可以说，坂田昌一在基本粒子物理学上提出的具有巨大国际影响的"坂田模型"和"名古屋模型"，就是自觉运用恩格斯《自然辩证法》的唯物辩证法思想于物理学所取得的重要研究成果之一。从 20 世纪三四十年代开始，坂田昌一的科学哲学思想对日本科技界和哲学界都产生了不可估量的影响。日本著名物理学家武谷三男在《关于坂田昌一先生的业绩》一文中指出："现今世界上，象坂田先生那样作出巨大成绩的物理学家并不是很多的，……他的一个个业绩，象哥伦布发现新大陆那样，成为物理学发展的标志。另一个重要的事实则是，他按照明晰的哲学思想，象小锤那样一锤一锤地打开了物理学问题。"① 坂田昌一科学哲学思想对日本物理学界产生的巨大的影响，一个直接而又明显的证据是：2008 年，在物理学上共同发现有关对称性破缺起源现象而获得诺贝尔物理学奖的小林诚和益川敏英都是坂田昌一的学生。益川敏英曾经在多个场合谈到坂田昌一的"基本粒子论"对他的物理学研究和发现的影响。②

日本是马克思主义尤其是自然辩证法传播和研究较早的国家之一。1929—1932 年，加藤正翻译出版了恩格斯的《自然辩证法》，这是当时日本马克思主义理论界的一件大事，《自然辩证法》的出版，很快就在日本理论界掀起一股学习、宣传、论争自然辩证法的高潮。在 1929 年到 1935 年期间，日本马克思主义学界出现了几次规模非常大的争论，有力地推动了自然辩证法在日本学术界广泛传播和深入研究。坂田昌一

---

① 武谷三男：《关于坂田昌一先生的业绩》，《科学与哲学》1983 年第 6 期。

② 《不破哲三＆益川对谈》（下），《しんぶん赤旗日曜版》2009 年第 10 期。

就是在这期间开始接触和研究自然辩证法的。作为武谷三男的同学和挚友，坂田昌一也参与了日本物理学家、马克思主义哲学家武谷三男创立"三阶段论"的整个过程，他认为"三阶段论""被看作是较自然辩证法更高阶段……"① 坂田昌一不仅学习和研究自然辩证法，而且通过不断的实践验证和理论升华，逐步形成了自己的科学哲学思想。

坂田昌一科学哲学思想的重要特点之一是自觉地运用恩格斯的《自然辩证法》和武谷三男的"三阶段论"来指导自己的科研工作。20世纪30—40年代，他在汤川秀树的指导下，深入地研究介子理论，在1942年提出了"双介子理论"，很好地解决了汤川介子理论的不足。20世纪50年代后，他主要研究方向转向了基本粒子复合模型问题，通过对大量的科学实验和数据的分析，总结出了著名的"坂田模型"。1959年，坂田昌一和名古屋大学的有关合作者企图对重子—介子族和轻子族的性质做统一的解释，提出了"名古屋模型"。在粒子物理学上的这些卓有成效的成就为坂田昌一赢得了世界声誉。

一　双介子理论

1934年，汤川秀树提出介子理论（所谓核力是通过交换的一种粒子来实现的，这种中介粒子被称为"介子"）后，美国的物理学家安德逊（C. D. Anderson）于1936年发现了"重电子"，这种粒子被国际物理学界认为是汤川秀树"介子理论"中的"中介粒子"，但是，通过大量的实验和理论计算发现，实际上介子的寿命比测量的结果寿命小了100倍；同时，研究者发现在宇宙射线中的新粒子与物质之间的相互作用力是相当微弱，这就让"介子理论"陷入了一种难以解释的困境。当时，坂田昌一等年轻的日本物理学者坚信汤川的介子理论会成功，他们在不断的实验中积累经验。这些年轻学者需要科学的理论指导，1936年，武谷三男依据恩格斯的《自然辩证法》中的基本原理和方法论，结合物理学上量子力学的发展过程，创新性地提出了著名的物理学发展

---

① 坂田昌一：《汤川理论发展的道路》，《自然》1949年第3期。

的"三阶段论",认为任何物理学发展都要经历的"三个阶段":现象论阶段、实体论阶段和本质论阶段。在武谷三男"三阶段论"提出的过程中,坂田昌一参与了整个过程的讨论。[1] 1942 年,经过多次的实验和计算后,坂田昌一提出了"双介子理论",这个理论成功地解决了汤川理论的介子寿命问题。1947 年,英国的物理学家鲍威尔(C. F. Powell)在一次实验中发现,在某一时间点,一个介子会衰变成另外一个介子,后者比前者质量较轻。它实际上就是现在我们大家所知道的 μ 轻子,而质量较重的介子就是汤川秀树在"介子理论"中所预言的介子,现在一般被称为 π 介子。鲍威尔的实验证实了 π 介子的衰变寿命和质量与汤川"介子理论"的预测值很吻合,μ 轻子寿命和质量与坂田的双介子理论的预测数值是十分吻合的。至此,汤川秀树的介子理论和坂田昌一的"双介子理论"都被证实是正确的。汤川秀树还因此获得了 1949 年的诺贝尔物理学奖。除了"双介子理论",坂田昌一和汤川秀树还共同预言了 π^0 介子的存在,在他们后来共同发表的文章中提出,根据预测数值,π^0 介子会在极短的时间衰变成一对光子。对于坂田昌一取得的这些影响巨大的科学成就,日本著名物理学家、理论家武谷三男曾经评价说:"仅仅凭坂田先生对 π^0 介子的存在和它的 γ 衰变的预言就足以能使他的名字永留于世了。"[2]

二　坂田模型和名古屋模型

1947 年以后,在粒子物理学界新发现的粒子越来越多,这些粒子如果都被当作基本粒子的话解释就越来越困难。1949 年,费米(E. Fermi)和他的学生杨振宁提出基本粒子的第一个复合模型,这个模型认为介子是复合粒子,它是由一个核子和一个反核子组成的。费米—杨振宁模型是研究强子结构的先驱,但是并不能解释介子的寿命问题和重子的结构问题。坂田昌一注意到费米—杨振宁模型,于是开始着手研究

---

[1]　L. M. 布朗:《物理学和哲学——与武谷三男的对话》,曹天予译,《科学与哲学》1981 年第 3 期。

[2]　张玉田:《坂田昌一的科学业绩与唯物辩证法》,《外国问题研究》1987 年第 2 期。

基本粒子的构造问题。1955 年 9 月，坂田提出了强相互作用粒子的复合模型——"坂田模型"。在当年 12 月举行的名古屋大学物理学年会大会上，坂田昌一对与会者把"坂田模型"作了相对详细的介绍，在这个模型核子 p、n、蓝姆达粒子 Λ 被认为是基本粒子，粒子 p－n－Λ－被认为它们的反粒子。1956 年，关于"坂田模型"的理论文章被正式发表在日本的物理学杂志《理论物理学进展》的 16 卷 6 号上。坂田昌一在他的一篇科学哲学论文中指出：复合模型的提出是与他始终坚持世界是无限的，物质是无限可分的辩证唯物观点密不可分的。他经常把恩格斯的《自然辩证法》中如下一段话作为自己科学研究的座右铭："新的原子论和所有以往的原子论的区别，在于它不主张物质只是非连续的，而主张各个不同阶段的各个非连续的部分是各种不同的关节点，这些关节点决定着一般物质的各种不同质的存在形式。"[1]

坂田复合模型的提出，在日本物理界尤其是粒子物理学领域具有深远的影响，坂田模型在预言介子方面获得很大成功。但是随着很多物理学者不断地投入这方面的研究，发现该模型在揭示重子质量方面遇到了难以解释的困难。1958 年，日本粒子物理学学者小川（Ogawa）指出在忽略 p—n 的质量差和电荷的前提下，这三个基本粒子具有完全对称性的特点。1964 年，盖尔曼和兹温格（G. Zweig）在坂田模型等复合模型研究的基础上提出了夸克模型。坂田昌一研究了夸克模型后说："对于真正的基础粒子是什么，就目前的研究看来，这有种种可能，还不可能做出最后确定的结论。但是，最简单而且最接近原来模型的，要推盖尔曼提出的夸克模型。"[2] 坂田昌一的同事和学生们最初坚持自然界中基础粒子是带整数电荷的，认为分数电荷粒子在基本粒子中是不可能存在的。坂田昌一却在一篇文章中指出："如果把它看作是属于超量子力学层次的粒子，对于夸克带分数电荷的奇异特性也许没有什么担心的必要。"[3] 为了解释完全对称性及重子—轻子对称性，坂田昌一和名古屋大学的学者们共同提出了"名古屋模型"。"坂田模型"和"名古屋模

---

[1] 坂田昌一：《坂田昌一科学论文集》，知识出版社 1987 年版，第 314 页。

[2] S. Sawada, "Learning from Sakatas Physics and Philosophy", *Prog Theor Phys Supp*, Vol. 1, No. 167, 2007, p. 116.

[3] Ibid., p. 126.

型”的提出和发展加速推动了基本粒子物理分化为强子物理理论和具有更深层次结构的粒子物理学理论，使物理学界从 N 物理和奇异粒子的研究扩展到丰富的强子物理家族。而“坂田模型”发展过程中提出的中微子混合矩阵已经被最近的中微子震荡实验所证实。值得一提的是，在坂田昌一的指导和影响下，他的两个学生小林诚和益川敏英进一步提出了小林—益川矩阵，可以很好地解释电荷宇称不守恒现象。并预言了当时尚没被发现的至少三族以上的夸克。由于他们二人的理论被日本和美国的大型加速器实验所证实。小林诚和益川敏英也因此方面的杰出贡献共同获得了 2008 年度的诺贝尔物理学奖。

在基本粒子研究中，坂田昌一始终遵循着恩格斯的《自然辩证法》的基本原理和规律，用自然辩证法指导他的科学研究工作。他认为，《自然辩证法》“就像珠玉一样放射着光芒，始终不断地照耀着我四十年来的研究工作，给予了不可估量的启示”[1]。1969 年，他在一篇科学界和哲学界都产生了很大影响的论文《我所遵循的经典——恩格斯的〈自然辩证法〉》中也说：“我所专门研究的原子物理学或者叫做基本粒子物理……要破旧立新，从陈旧的观点下解放出来，并去创造新事物，就有个‘科学的方法’即方法论的问题，在这一点上，经典著作是有着特别重要的意义的……我遵循的经典著作，尤其是恩格斯的《自然辩证法》，这部著作就像珠宝的光芒一样照耀着我 40 年的研究生活。”[2]

---

① 解恩泽：《坂田昌一科学哲学思想在中国的传播及其影响》，《自然辩证法研究》1997 年第 5 期。

② 坂田昌一：《坂田昌一科学论文集》，知识出版社 1987 年版，第 320 页。

林则徐处理少数民族事务的启示

陈发扬　文　强[*]

[摘　要] 本文认为林则徐关心维吾尔族生活、妥善解决其困难、谨慎处理其官民争端并赢得他们的尊重和爱戴表明要处理好民族关系，增强民族团结，必须关注少数民族的生计等。

[关键词] 林则徐　维吾尔族　民族团结

目前学界对林则徐谪戍新疆时兴修水利、勘查地亩、关注屯田、注重塞防、处理民族事务的实践和思想进行了研究，但还没有学者从关注少数民族生计以促进民族团结、维护社会稳定这个角度进行研究。故笔者从此角度对林则徐处理少数民族事务的启示加以探讨，以就教于方家。

一　林则徐南疆勘地过程中自始至终关注着维吾尔族的分布状况、风俗习惯、生活状况、官民争端等

（一）关注维吾尔族的分布

林则徐在南疆勘地的过程中，历经南疆八城，足迹遍及南疆的山山水水。每到一处他便用日记记下其所见所闻，其中维吾尔族的分布情况是其必记内容。"至雅尔瓦克，有回屋一家"①、"又二十里……有回屋

---

* 陈发扬，塔里木大学经济与管理学院副教授，西南师范大学硕士；文强，广安实验中学一级教师。

① 周轩、刘长明：《林则徐新疆诗文》，新疆大学出版社2006年版，第232页。

数间"①、"折而南行九十里，为羊阿里克回庄，亦有二百余户"②、"本日所过两台，皆有回城"③，这些对回屋的数量、回庄的大小、回城的数量看似平淡的描述倾注了林则徐对维尔族分布的关切之情。

（二）关切维吾尔族的生产状况

在其父林宾日的长期熏陶下，在其师郑光策、陈寿祺等人的谆谆教诲下，在其友潘曾沂、李彦章、齐彦槐等人的影响下，林则徐逐渐继承并发展了经世致用思想。这种思想使他决定把学到的知识用来治国安邦，使其即使在流放过程中也意识到"尽职之道，原以国计为最先，而国计与民生实相维系，朝廷之度支积贮无一不出于民，故下恤民生正所以上筹国计"④，使其在南疆勘地过程中，对维吾尔族的生产状况极为关切。其表现之一是在道光二十五年二月初八日他观察到"回子田地，土脉细润，水亦甚充"，又"见回人起土撒种"，然后亲自询问，了解到他们正"种木棉"，⑤ 二月十一日他还注意到路边的"回庄约有数十家，正在犁田"⑥。三月二十八日林则徐在日记中还记录了和阗"回民能养蚕……亦善织布"。⑦ 其表现之二则是林则徐尽其所能为维吾尔族农民获得土地而努力——"库车地亩……虽已准予给回耕种，而语意甚为勉强，遂与小汀商明，再作一文复之"⑧，以使军机处和户部官员下定决心将土地给库车维吾尔族民众耕种。

（三）关心维吾尔族的生活状况

林则徐不仅关切维吾尔族的生产状况，也关心其生活状况。林则徐对维吾尔族的生活状况的关心表现在两个方面。其一是对生活环境的关

---

① 周轩、刘长明：《林则徐新疆诗文》，新疆大学出版社 2006 年版，第 233 页。
② 同上书，第 225 页。
③ 同上书，第 221 页。
④ 林则徐全集编辑委员会：《林则徐全集》（一），海峡文艺出版社 2002 年版，第 283 页。
⑤ 周轩、刘长明：《林则徐新疆诗文》，新疆大学出版社 2006 年版，第 218 页。
⑥ 同上书，第 219 页。
⑦ 同上书，第 230 页。
⑧ 同上书，第 243—244 页。

注。这主要表现在林则徐对维吾尔族院落、村庄周围树木的描写——"沿途皆回庄，两旁柳树甚密"①，"木克里回庄，附近田园树木俱多"②，"宿于回屋，其园内果树甚密"③。其二是对维吾尔族建筑样式、用途的描述。如"其两间砌作圆顶，如毡庐之式"④，"百子堂，乃回人乘凉处"⑤。其三则是对维吾尔族生活中的借贷活动的记述。如"汉民在此开铺面者约二十余家，皆放债于回子，其息甚重，每七日八栅一次，不还本钱则加息"⑥，体现了林则徐对维吾尔族群众受高利贷剥削的同情。其四是描写维吾尔族的饮食习惯。"桑椹才肥杏又黄，甜瓜沙枣亦糇粮，村村绝少炊烟起，冷饼盈怀唤作馕。"⑦这些诗句不仅反映了南疆维吾尔族以馕为食的习惯，而且反映出其生活的艰辛、清苦，更表达了林则徐对维吾尔族群众的同情。因而在《商议新疆南路八城回民生计片》中他将维吾尔族群众"仅以冷饼两三枚便度一日。遇有桑椹瓜果，即取以充饥，其衣服蓝缕，无论寒暑，率皆赤足奔走"⑧的穷困至极的情形向道光帝做了汇报，希望道光帝能采取措施缓解维吾尔族群众的贫困。这些描述细致入微，充分体现了林则徐对维吾尔族生活的关心。

（四）为维吾尔族群众排忧解难

林则徐对维吾尔族的关切还体现在为其解决生活中的纷争。道光二十五年三月二十七日林则徐在和田遇到维吾尔族群众一千多人"递呈"，在弄清事件来龙去脉之后，"收其呈词"，并答应"到城商同本城办事大臣查办"。⑨道光二十五年四月初八日，林则徐就与"和田印房章京吉勒塔浑与阿奇木伯克等"共同"了结日前控案"，从而妥善地处理了这起沸沸扬扬的维吾尔族民告官事件，安定了维吾尔族群众激动的

---

① 周轩、刘长明：《林则徐新疆诗文》，新疆大学出版社 2006 年版，第 221 页。

② 同上书，第 232 页。

③ 同上书，第 234 页。

④ 同上书，第 233 页。

⑤ 同上书，第 236 页。

⑥ 同上书，第 235 页。

⑦ 同上书，第 127 页。

⑧ 林则徐全集编辑委员会：《林则徐全集》（三），海峡文艺出版社 2002 年版，第511 页。

⑨ 周轩、刘长明：《林则徐新疆诗文》，新疆大学出版社 2006 年版，第 230 页。

情绪，有利于当地社会稳定。林则徐的这次办案体现出雷厉风行、实事求是、不偏袒任何一方，与当地维吾尔族官员亲密合作等特点。四月初九日在勘地途中林则徐又遇"两庄回子拦舆控争水利"，他立即"遣和阗派来护送之笔帖式勒莽阿"去调解。① 这一案件的迅速处理同样也为两庄维吾尔族群众解决了争端，有利于当地社会稳定。

林则徐时时刻刻关注着维吾尔族的分布状况、风俗习惯、生活状况、官民争端，因而受到维吾尔族干部群众的爱戴、拥护。

二　维吾尔干群对林则徐尊重、爱戴备至，处处热烈地迎送他，为其勘地提供力所能及的方便、支持、帮助

（一）维吾尔族各级干部对林则徐的敬重

这主要表现在林则徐在南疆勘地过程中，每到一地，维吾尔族干部都热烈地欢迎。乌什、拜城、阿克苏的伯克都远远地出城迎接，尤其是阿克苏的阿奇木伯克爱玛特在离城四十里处"设毡帐迎谒"。有的地方"大小回官俱跪迎"，② 礼节非常恭敬。除此外，林则徐每离开一地，维吾尔族干部俱热情地欢送。如在乌什四十里园子"阿奇木来送，亟遣归去。……阿奇木复到此，力辞之，乃去"③。维吾尔族干部对林则徐热情的接送，表明他们对林则徐是极为敬重的。

（二）维吾尔族群众对林则徐的爱戴

这主要表现在他们真挚、热情地迎送林则徐，为其勘地提供各种方便。首先，林则徐所到之处，受到维吾尔族群众热烈的欢迎。道光二十五年二月十四日，当林则徐进入"库车之南门，回人于山楼上鸣金奏乐"④ 以示欢迎。林则徐的诗句"浃岁锋车遍十城，花门劈面马前

① 周轩、刘长明：《林则徐新疆诗文》，新疆大学出版社 2006 年版，第 232 页。
② 同上书，第 222 页。
③ 同上书，第 220 页。
④ 同上书，第 224 页。

迎"① 也表明勘地过程中他受到维吾尔族民众的热烈欢迎。其次，林则徐每离开一个地方，维吾尔族民众都热情相送。如当林则徐离开哈拉哈什回城时，"回众环跪迎送"②，当林则徐过托斯干河时，"回人乘马者约百余人，在河干护送"。③ 再次，当林则徐勘地遇到困难时，维吾尔族民众挺身而出，帮助其克服困难。道光二十五年二月十三日，林则徐乘坐的马车"下一坡，行洼泽中，尽是泥淖，回众争以草土填路。沿途每一二里，即有洼处，上下坡陀，冲泥涉水，不可胜计。幸处处有回人撒草，轮尚不陷"④。二十八日当林则徐过瑚玛喇克河时，此时河水很深，几乎将马淹没。突然他看见"回众各乘马数十匹，于河水浅处，两旁排列"。原来他们是准备当马车"陷入水"中时，进行"拯溺"。⑤当林则徐经库尔勒时，见两个小店中的水都"臭浊难饮"，正为难时，"回人从远处取冰来，化之，甘洁可饮"⑥，从而解决了其饮水困难。维吾尔族群众争先恐后地帮助林则徐，为其解决困难表明他们对他是敬重的。最后，维吾尔族民众在林则徐勘地过程中提供了周到的饮食、住宿等服务。林则徐在南疆勘地过程中，多次住在维吾尔族民众家中或维吾尔族城中。到阿克苏时，林则徐"先入回城。城内有候馆，甚宏敞，……即卸装于此"⑦。道光二十五年三月初七日夜，林则徐在玉子满回庄的"回屋宿"。⑧ 而且林则徐还多次在维吾尔族民众家中用膳。道光二十五年二月十四日林则徐到了七十里岚岗，见"有一回子住屋，颇为洁净"，于是"在此为食"。⑨ 三月十八日，林则徐到了萨里亮噶尔，见"有一回子家，借其屋做饭"。⑩ 四月三十日，林则徐经过排子坝时，也"在一回子家作饭"。⑪ 另外，在林则徐勘地途中，许多维吾尔族人

---

① 周轩、刘长明：《林则徐新疆诗文》，新疆大学出版社 2006 年版，第 220 页。
② 同上书，第 133 页。
③ 同上书，第 232 页。
④ 同上书，第 224 页。
⑤ 同上书，第 219 页。
⑥ 同上书，第 223 页。
⑦ 同上书，第 218 页。
⑧ 同上书，第 222 页。
⑨ 同上书，第 225 页。
⑩ 同上书，第 220 页。
⑪ 同上书，第 227 页。

在路边设帐备茶，为其完成勘地提供了方便。道光二十五年三月初五日，林则徐在羊阿里克见"回人设毡庐具茶，与五桥小坐而别"①。五月二十三日过拜城二十里，"有回子亮噶尔设茶"②。维吾尔族民众通过热情的迎送林则徐，为其解决困难，提供食宿、毡帐、茶水表达了他们对林则徐热烈而质朴的爱戴之情。

三　林则徐处理少数民族事务的启示

林则徐在南疆勘地的短短几个月内，便和维吾尔族群众建立起了良好的官民关系，受到他们的敬重和爱戴，以至于离开新疆时，产生了"格登山色伊江水，回首勒马依依看"③ 的恋恋不舍之情。这对我们今天处理好民族关系、加强民族团结有重要的启迪作用。

（一）与少数民族平等相处、相互尊重是建立良好民族关系、加强民族团结的前提

林则徐每到一地，总是和维吾尔族的干部群众友好相处，与他们一起勘地，一起游乐，一起吃住。平等、密切的交往拉近了林则徐与维吾尔族干部群众之间的距离，有利于他们之间建立良好的民族关系，加强民族团结。故与少数民族平等相处、相互尊重是建立良好民族关系、加强民族团结的前提。

（二）处理纠纷迅速、公正是建立良好民族关系、加强民族团结的保证

在南疆勘地的过程中，无论是官民之间的科派纠纷，还是民众之间的用水争端，林则徐都及时地处理，从而使群情激奋的当事双方情绪稳定下来，有利于维护社会的稳定；而且他的处理公正，不偏袒任何一方，令当事双方都能信服，也使他自己赢得了维吾尔族官民的信任。这

---

① 周轩、刘长明：《林则徐新疆诗文》，新疆大学出版社 2006 年版，第 236 页。
② 同上书，第 240 页。
③ 同上书，第 134 页。

有利于建立良好的民族关系，促进汉维民族团结。

（三）关心少数民族疾苦，为其排忧解难是建立良好民族关系、加强民族团结的基础

南疆勘地途中，林则徐时时刻刻关注着维吾尔族的居住环境、生产生活状况，为维吾尔族民众解决民控官的科派案、及时调处两庄居民控争水利案、极力为其争取生产用地，他的这些行为使维吾尔族民众认识到林则徐是真心真意为他们服务的，是其利益的保卫者，因此从内心接受他、认可他、尊重他、爱戴他，在危难时帮助他、保护他。这样林则徐就自然而然地与维吾尔族建立了良好的关系，加强了民族团结。可见关心少数民族疾苦，为其排忧解难是得到少数民族认可、尊重的基础，是建立良好民族关系、加强民族团结的基础。

90后大学生民族意识的研究分析

宋　洁[*]

[摘　要] 为了培育大学生的民族意识，增强大学生的民族认同感、自豪感和责任感，调查了90后大学生的民族意识状况。说明90后大学生民族意识水平较高，民族认同感强，民族自豪感高，并有一定的民族责任感，但对中华民族的典型风俗认知度相对较低。同时，民族意识与国民刻板印象呈显著正相关。在此基础上，探讨了增强大学生民族意识、培育大学生民族精神的建议。

[关键词] 90后　大学生　民族意识　民族认同感

　　民族精神作为人类特有的文化现象，是促进社会进步的重要力量，它始终支撑着各民族的生存、发展和进步。当代大学生是中国特色社会主义事业的建设者和接班人，面对当前世界激荡的各种文化思潮，高校必须用社会主义核心价值体系来武装大学生，把弘扬和培育民族精神作为大学生思想政治教育的重要内容，纳入思想政治教育的全过程，不断增强青年学生对中华民族的认同感、归属感，增强中华民族的自尊心、自信心和自豪感，增强民族义务感和责任心，增强爱国意识、团结意识和民族意识，使他们始终保持昂扬向上的精神状态。

　　90后大学生这个群体，是在全球化和开放环境背景下成长起来的，他们从小既没有经历饥寒之苦，成长中也没有遭受失学之痛，他们享受

　　* 宋洁（1981—　），女，浙江嘉兴人，复旦大学马克思主义学院博士研究生，研究方向：思想政治教育。

着改革开放给中国政治、经济带来的巨大变化。在家庭里，他们大多数是独生子女，是在父母的精心呵护下成长起来的。但从心理学角度来看，正因为他们的物质生活来得容易，反而使他们不能在生活的历练中得到人格发展和社会认同所需要的体验。他们往往个性鲜明，表现出对主流文化认同感的淡化。因此，90 后大学生民族意识的培养问题显得日益重要起来。民族意识是综合反映民族生存、交往和发展的社会意识，是对民族自我文化特点的觉察，是社会意识中对民族存在的知识、意向、决策三类观念的总和。通过编制"大学生民族意识"的调查问卷，分析影响大学生民族意识的相关因素，探讨提高大学生民族意识的途径和有效策略，以便更好地开展爱国主义教育和民族精神教育，营造和谐的育人氛围，推动高校思想政治教育工作，实现"育人为本，德育为先"的发展目标。

一   调查问卷的设计

首先对学生进行访谈和开放性问卷调查，要求写出自己对民族意识的真实想法、民族认同感、民族自豪感和民族责任感等。然后对问题进行分类、筛选、补充和归纳整理，同时在综合分析理论文献的基础上，结合 Smith T. W. (1995)[1] 等对国家自豪感的研究问卷 (National Pride Scale)，秦向荣 (2004)[2] 等对民族认同 (Ethnic Identity Scale, EIS) 的调查研究，以及张莹瑞 (2007)[3]、彭洁 (2008)[4] 等人在研究中所用的问卷等相关量表的条目，拟定出大学生民族意识的初测问卷题项，形成了封闭式"大学生民族意识"的学生调查问卷。借助 SPSS10.0 统计软件，先对抽样小范围计算每个分量表 (维度) 的 α 系数，即计算

---

①   Smith T. W., "Kim S. National Pride in Comparative: 1995/96 and 2003/04", *International al Fournal of Public Opinion Research*, Vol. 18, No. 1, 2006, pp. 127-137.

②   秦向荣：《中国 11 至 20 岁青少年的民族认同及其发展》，硕士学位论文，华中师范大学，2005 年。

③   张莹瑞：《青少年的中华民族认同与国家自豪感和国民刻板印象的关系》，硕士学位论文，华中师范大学，2007 年。

④   彭洁：《中学历史课程与民族意识的培养》，硕士学位论文，南京师范大学，2008 年。

每个单项与其所在的分量表（维度）总分的相关，用以检验量表的内部一致性信度，删除相关系数低的题目。同时结合对问卷编制效度题的检验。经过反复筛选，最后形成"大学生民族意识"的学生问卷，共54题，主要包括民族认同感、民族自豪感和民族责任感3个维度。其中，反向题十题，需反向计分。

问卷由填选题和多选题构成，填选题采用李克特量表（Likert scale）的五点分方法，分别赋值为5、4、3、2、1，5表示非常赞同，1表示非常不赞同，分数越高，说明表现越积极，即1、2表示否定态度（简称不赞同），3表示中性态度（简称中性），4、5表示肯定态度（简称赞同）。若某项目平均值是3，则表示对该项目持中性态度；若平均值小于3，表示对该项目持否定态度；若平均值大于3，表示对该项目持肯定态度。

由于研究的需要以及地域与实践时间等原因，抽样选择上海的本科高校开展相关的研究工作，结合访谈和发放问卷的形式。共发放学生问卷600份，回收有效卷555份，有效回收率为92.5%，其中男生294份，占52.97%，女生261份，占47.03%。

二　调查结果与分析

问卷数据统计采用SPSS10.0统计软件，填选题和多选题均采用频数分析法。

（一）问卷的信度与效度

采用同质性信度——Cronbach's alpha系数来测验问卷的内部一致性程度，运用SPSS10.0进行信度分析（Reliability Analysis），得出总问卷的α系数为0.8288。说明问卷的信度符合教学测量的要求。

问卷由于采用李克特五点等级量表和多选题的形式，通过编制效度题（测谎题）来探测问卷的效度。测谎题2题，不计分，如果被测者均答错，则该问卷视为无效。

（二）大学生民族认同感的影响因素

从表 1 可以看出，大学生的民族认同感可以从对中华民族的传统认知、团结统一的民族归属意识、热爱祖国的国家民族意识、独立自主的和平主义、开放自省的民族意识五个方面来揭示。

图 1 揭示了 90 后大学生对中华民族传统认知的各个维度。可以看出，各项内容均处于中性水平之上，分值较高，说明 90 后大学生具有普遍的对中华民族的传统认知。顺序依次为：民族文化技术>民族艺术特色>民族传统根源>民族节日风俗。大学生们普遍认为华夏民族同为炎黄子孙，仅有 7%的大学生认为对中华民族的历史不了解。有 79.8%的大学生喜欢看中国古典名著；认为中国古代的四大发明是中华民族对世界文明的杰出贡献之一；认为以忠、恕、仁、义、爱等价值观念为核心的儒家文化，为社会提供了主要的情感和文化纽带。知道中华民族的一些传说、故事和象征，了解中秋赏月与品尝月饼等风俗；有 76%的大学生认为相比于圣诞节、愚人节等西方的节日，更喜欢过中华民族的传统节日；但是仍有 20.5%的大学生对中华民族的一些典型的风俗习惯不太了解。了解江南古典园林等人文信息；认为以陶瓷、书法、水墨画、京剧戏曲等为代表的中国传统艺术，是中华民族的宝贵财富；认为剪纸、刺绣、中国结等民间工艺，展示了中国民间艺术的悠久、深厚、绮丽和多姿；认为以二胡、古筝、琵琶等为代表的民族乐器，是中华民族的特色乐器；认为武术宣传了中国功夫，弘扬了中华精神；认为旗袍是中华民族女性服装的象征，具有传统的民族特色；更有 69%的大学生对具有上海地方风味的特色小吃之———蟹黄小笼包情有独钟；有 75.7%的大学生相信中医，但是仍有 22.5%的大学生认为中医在中国的发展越来越不乐观。从总体上来看，90 后大学生对中华民族的传统认知尚可，绝大多数大学生对中华民族的传统根源有一定了解，喜爱并了解一定的民族文化技术和民族艺术特色，但对民族节日风俗的认知度相对低些。

在团结统一的民族归属意识方面，90 后大学生们普遍认为中华民族是由 56 个民族组成的大家庭，各民族需要团结共进。大学生们强烈地感受到世界上只有一个中国，台湾是中国领土不可分割的一部分。

表1 **大学生民族认同感的影响因素**

维度类型		项目内容	平均值	不赞同（%）	中性（%）	赞同（%）
中华民族的传统认知	民族传统根源	华夏民族同为炎黄子孙，炎黄二帝在中华民族中具有"共祖"的象征作用	4.14	7.0	10.8	82.2
		我对中华民族的历史不了解	1.89	84.0	9.0	7.0
	民族文化技术	以忠、恕、仁、义、爱等价值观念为核心的儒家文化，为社会提供了主要的情感和文化纽带	4.12	4.9	8.8	86.3
		造纸技术的发明，是中华民族对世界文明的杰出贡献之一	4.68	5.0	0.4	94.6
		我不喜欢看中国古典名著	2.04	79.8	11.9	8.3
	民族节日风俗	每到中秋节，我们会将赏月与品尝月饼结合起来，寓意家人团圆，寄托对故乡和亲人的思念之情	4.24	7.4	10.3	82.3
		相比于中华民族的传统节日，我更喜欢过圣诞节、愚人节等西方的节日	2.15	76.0	12.6	11.4
		我对中华民族的一些典型的风俗习惯不太了解	2.51	54.1	25.4	20.5
		我知道中华民族的一些传说、故事和象征	4.06	4.0	9.4	86.6
	民族艺术特色	江南古典园林以小巧、自由、精致、淡雅、写意见长，蕴藏了丰富的人文信息	4.32	4.0	8.3	87.7
		以陶瓷、书法、水墨画、京剧戏曲等为代表的中国传统艺术，是中华民族的宝贵财富	4.59	4.5	0.4	95.1
		剪纸、刺绣、中国结等民间工艺，展示了中国民间艺术的悠久、深厚、绮丽和多姿	4.53	4.9	1.4	93.7
		以二胡、古筝、琵琶等为代表的民族乐器，是中华民族的特色乐器	4.45	6.3	2.7	91.0
		武术是中国人民的健身术、自卫术和养生术，它宣传了中国功夫，弘扬了中华精神	4.49	4.5	1.6	93.9
		旗袍已成为中华民族女性服装的象征，具有传统的民族特色，又符合女性对美的要求	4.17	9.4	10.3	80.3
		蟹黄小笼包是具有上海风味的特色小吃之一	4.08	6.3	24.7	69.0
		我相信中医	4.01	4.3	20.0	75.7
		中医在中国的发展越来越不乐观	2.53	53.2	24.3	22.5

续表

维度类型	项目内容	平均值	不赞同（%）	中性（%）	赞同（%）
团结统一的民族归属意识	中华民族是由 56 个民族组成的大家庭，我们都是"龙的传人"	4.39	7.9	2.2	89.9
	世界上只有一个中国，台湾是中国领土不可分割的一部分	4.72	5.4	0.4	94.2
热爱祖国的国家民族意识	我爱自己生活的这片土地	4.54	5.6	1.8	92.6
	我认为抵制日货并非爱国行为	3.64	17.8	18.4	63.8
	如果有机会，我可以改变国籍（国籍改变与否对我的生活状况没有影响），我更倾向于加入发达国家的国籍	2.12	65.6	23.8	10.6
	2005 年，韩国将"端午祭"作为世界文化遗产申报成功了，在中国流传了 2000 多年的端午节成了韩国的民族节日，我感到很气愤	4.21	14.1	2.2	83.7
独立自主的和平主义	求同存异、和平共处是在处理本民族与世界其他各民族之间关系时的基本要求	4.32	6.1	5.9	88.0
开放自省的民族意识	任何一个民族、一个国家都需要学习别的民族、别的国家的长处，学习他们的先进科学技术	4.56	5.2	1.1	93.7
	我认为爱国既不是盲目排外，也不是骄傲自满	4.40	6.8	3.4	89.8

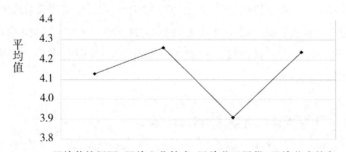

图 1　90 后大学生对中华民族传统认知的影响因素

　　在热爱祖国的国家民族意识方面，90后大学生普遍热爱自己生活的这片土地。在得知韩国将"端午祭"作为世界文化遗产申报成功了，在中国流传了2000多年的端午节成了韩国的民族节日，83.7%的大学生感到很气愤；但是同样有63.8%的大学生认为抵制日货并非爱国行为，爱国需要更加理性。仅有10.6%的大学生认为如果有机会可以改变国籍，更倾向于加入发达国家的国籍，说明在全球化和开放环境背景下成长起来的90后大学生们，绝大多数具有强烈的热爱祖国的国家民族意识。

　　在独立自主的和平主义方面，大部分90后大学生认为求同存异、和平共处是处理本民族与世界其他各民族之间关系时的基本要求，强调独立自主的和平外交。

　　在开放自省的民族意识方面，90后大学生们普遍认为任何一个民族、国家都需要学习别的民族、别的国家的长处，学习他们的先进科学技术；认为爱国既不是盲目排外，也不是骄傲自满。

　　可以说，从民族传统到时尚文化，从对内的开放自省到对外的独立自主，90后大学生们的民族认同感是比较全面的，实现了传统与现代的统一，经济与情感的融合，个人归属与社会发展的和谐一致。尤其是理性爱国对中华民族发展的意义更是不言而喻，能够使大学生们在获取知识、锻炼能力的同时，深刻明白学习别的民族、别的国家的长处对于本国发展的意义，更能够看清我们的奋斗目标，而不是一味地摒弃排外，理解理性爱国的力量更为强大，真正使自己的爱国热情和民族精神转化为建设祖国、振兴中华的不懈动力，这正是自身价值提升对祖国奉献的最好体现。大学生的民族认同感是对中国国家及中华文化的归属意识，这种认同感是在生活中逐步发展形成的。它是对大学生民族意识的全面性和正确性的直接体现，反映了大学生民族意识的水平和深度，是民族意识的基础。

（三）大学生民族自豪感的影响因素

　　在调查中我们发现，89%的90后大学生认为作为一个中国人很自豪。具体体现在民主政策、政治影响、经济成就、社会保障体系、科学技术成就、体育成绩、文学艺术成就、军事力量、历史等方面。从图2

可以看出，大学生对国家的历史、文学艺术成就和体育成绩的自豪感得分最高，而对国家的社会保障体系方面的得分最低。但从整体上来看，90 后大学生民族自豪感的各项内容均处于中性水平之上，具有较普遍的民族自豪感。

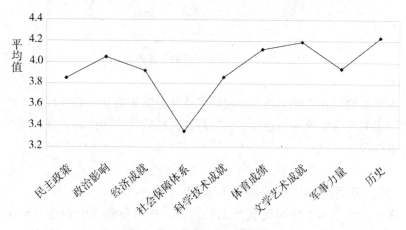

图 2　大学生民族自豪感的影响因素

大学生的民族自豪感体现了大学生的民族自尊心、自信心，是民族认同感的外部表现形式，是维系民族内部团结、鼓舞士气的重要手段，是民族意识的较高层次。

（四）大学生民族责任感的影响因素

有 90.7% 的 90 后大学生认为作为一个中国人，有义务努力学习，将来报效祖国。图 3 反映了 90 后大学生民族责任感的主要表现，分别有 95.7% 的大学生认为自身会诚信自强和助人为乐，有 82.7% 的大学生坚持艰苦奋斗，71.9% 的大学生认为国家至上并会努力去做，相对而言 48.1% 的大学生能够公而忘私。说明我们需要进一步引导大学生将个人利益与社会利益相结合，积极引导大学生将个人前途与社会建设的整体目标结合起来，与国家的发展和民族的命运结合起来。成就广大学生能够以国家民族利益为主，以社会利益为重，将个人利益融入到国家利益中去。

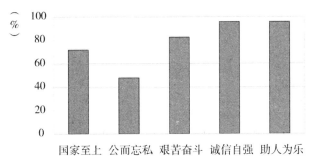

图 3　大学生民族责任感的主要表现

大学生的民族责任感是大学生的民族义务感和责任心的体现，反映了大学生的民族平等参与意识，是民族认同感的升华和提高，是民族意识的最高层次。

（五）不同性别学生的民族意识差异

图 4 描绘了男女学生民族意识的差异。从两条曲线的走势差异来看，男女学生的民族意识确实存在差异。在民族认同感和民族自豪感方面，女生的平均值高于男生，可以认为这跟女生与生俱来的细腻性格有着密切关系，女生相对于男生往往更注重内在的感受，往往具有更强的认同感和社会心理归因。而在民族责任感方面女生显然没有男生的平均值高，我们认为这主要是由于男生相对于女生更具有政治敏锐性，更加关注时事新闻，事业心和社会责任感强于女生。

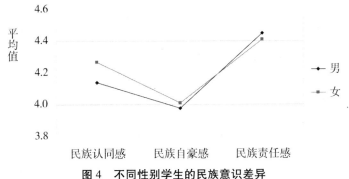

图 4　不同性别学生的民族意识差异

采用独立样本 t 检验法（Independent-samples t test）。统计表 2 中表明男女学生民族意识的差异不是都显著。女生的民族认同感（Sig. = 0.000<0.05，即 P<0.05）显著高于男生，其他内容男女生无显著差异。所以从统计数值也反映了男女学生的民族意识确实存在差异。但就所有民族意识方面而言，男女学生的差异不是都显著，不存在太大落差。

表 2　　　　　　　　　　**男女学生的独立样本 t 检验分析数据**

	民族认同感	民族自豪感	民族责任感
t	−5.107**	−0.606	0.535
Sig.	0.000	0.545	0.593

分组变量：性别

\＊＊在显著水平为 0.01 时（2-tailed），相关显著。

（六）不同学科学生的民族意识差异

图 5 描绘了理工科和文科学生民族意识的差异。从两条曲线的走势差异来看，不同学科学生的民族意识确实存在差异。尤其在民族认同感和民族自豪感方面，文科的平均值显然高于理工科，可以认为这主要是由文科以人类社会独有的政治、经济、文化等为研究对象的学科特征所决定的，文科学生相对于理工科学生更加关注社会性知识，知识面相对更广些，感受力、洞察力相对更强些，社会情感也相对更丰富些。相比于民族认同感和民族自豪感，不同学科学生的民族责任感差异表现不大。

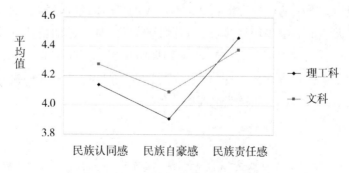

图 5　不同学科学生的民族意识差异

采用独立样本 t 检验法。统计表 3 中表明不同学科学生民族意识的差异不是都显著。文科学生的民族认同感和民族自豪感（Sig. <0.05，即 P<0.05）显著高于理工科学生，而在民族责任感方面两者无显著差异。所以从统计数值也反映了不同学科学生的民族意识确实存在差异。

表3　　　　　　理工科、文科学生的独立样本 t 检验分析数据

	民族认同感	民族自豪感	民族责任感
t	-5.559**	-3.395**	1.163
Sig.	0.000	0.001	0.246

分组变量：学科

＊＊在显著水平为 0.01 时（2-tailed），相关显著。

（七）大学生民族意识与国民刻板印象的关系

刻板印象（stereotype）是人类社会交往过程中一种十分普遍的认知现象，是人们普遍相信某个体可以用某种特征描述的信念。人类在知觉事物之前，存在一个"预先观念"（preconception），这个预先的观念在很大程度上影响甚至决定了个体对人与事的知觉。因此学术界借用印刷业术语"stereotype"来指代上述现象。国民刻板印象是指对某国国民固定的、突出的、概括的看法。这些看法可能是用某些人格特质表达的，也可以是对群体的某种行为的描述和评价。[1]

采用 Pearson 积差相关法。统计表 4 中表明 90 后大学生的民族意识与国民刻板印象呈正相关。Pearson Correlation 相关系数为 0.491，Sig. 值为 0.000，表示民族意识与国民刻板印象的相关性较高，呈显著正相关；说明大学生的民族意识越高，对国民的刻板印象越清晰，评价越积极。当大学生对中华民族具有强烈的认同时，对自己的群体（中华民族）以及所属的国家（中国）产生积极的情感，产生对自己的民族和国家的自豪感和责任感，并将自己的民族与外群体（其他国民）进行积极区分，给予自己的民族更高的评价。

---

① 孙利：《青少年对若干国民或民族的刻板印象》，硕士学位论文，华中师范大学，2004 年。

表4　　　　　　大学生民族意识与国民刻板印象的相关分析数据

	Pearson	Sig.（2-tailed）
国民刻板印象	0.491**	0.000

＊＊在显著水平为0.01时（2-tailed），相关显著。

三　调查结论与启示

（一）90后大学生的民族意识水平较高，民族认同感强，民族自豪感高，并有一定的民族责任感

绝大多数90后大学生的民族意识水平较高，民族认同感强，民族自豪感高，并有一定的民族责任感，各项水平均在中性以上。这为大学生们深刻领悟中华民族民族意识的博大精深，防止走向狭隘民族主义或全盘西化的两个极端，促进自身发展并为社会服务，奠定了扎实的基础。

民族意识的心理结构可以包括三个层次：第一层次是民族认同感，它是大学生的民族自我观念和客体观念、民族归属感、民族自我心理防御等，它是对大学生民族意识的全面性和正确性的直接体现，反映了大学生民族意识的水平和深度，是民族意识的基础；第二层次是民族自豪感，它体现了大学生的民族自尊心、自信心，它是民族认同感的外部表现形式，是维系民族内部团结、鼓舞士气的重要手段，是民族意识的较高层次；第三层次是民族责任感，它是大学生民族义务感和责任心的体现，它反映了大学生的民族平等参与意识，是民族认同感的升华和提高，是民族意识的最高层次。

（二）90后大学生对中华民族的典型风俗认知度相对较低

绝大多数90后大学生具有对中华民族的传统认知、团结统一的民族归属意识、热爱祖国的国家民族意识、独立自主的和平主义意识、开放自省的民族意识。对中华民族的传统根源有一定了解，喜爱并了解一定的民族文化技术和民族艺术特色，但对民族节日风俗的认知度相对低些。民族文化风俗的发展是具有历史延续性的，任何民族在发展过程中都不可能抛弃传统文化风俗而寻求一种没有根基的外来文化风俗。因此需要加强对中华民族传统文化的宣传教育，传承中华民族优秀的传统文化风俗，使广大 90 后大学生能够了解中国的灿烂历史和典型风俗，培养学生的爱国情操，建设中国特色的社会主义道路。

（三）90 后大学生的民族意识存在性别差异，但是差异不是都显著

男女学生性别角色的差异，引起了他们民族意识的差异，但就所有民族意识方面而言，男女学生的差异不是都显著。因此在进行民族意识教育时，要秉持性别平衡的原则，充分利用各自的性别优势，发挥各自的角色特长，关注其民族意识的变化发展，合理定位，实现风格式的成长，建立适合各自的最佳意识水平，从而营造和谐的育人环境，创造男女学生共同发展的和谐氛围。

（四）不同学科的 90 后大学生民族意识存在差异，但是差异不是都显著

文科学生的民族认同感和民族自豪感要显著高于理工科学生，而在民族责任感方面两者无显著差异。理工科学生相对于文科学生而言，在课堂上学习社会性知识的量相对小些，因此在进行民族意识教育时，要秉持学科平衡的原则，尤其要关注理工科学生，充分发挥其逻辑性思维相对较强的优势，将爱国主义教育、民族精神教育融于学科知识的学习中，充分利用各自的学科特长，将读书报国和立志成才的奋斗目标贯穿始终。

（五）90 后大学生民族意识与国民刻板印象呈显著正相关

90 后大学生的民族意识与国民刻板印象的相关性较高，呈显著正相关。说明大学生的民族意识越高，对国民的刻板印象就越清晰，评价也就越积极。当大学生对中华民族具有民族认同感，产生对中华民族的自豪感和责任感的时候，他们也会主动寻求对自身民族的积极评价，形成较高的国民刻板印象。

四　增强大学生民族意识、培育大学生民族精神的建议

(一) 教育部门

1. 制定和完善促进大学生民族意识的规章制度和政策措施，为大学生的成长和发展营造良好的宏观政策环境和社会舆论氛围

这些规章制度应针对新时期大学生的特点，以民族精神教育作为德育的根基，面向现代化、面向世界、面向未来，整体规划大学生民族意识教育工作。要对大学生民族意识培养的短期计划和中长期规划等主要问题予以明确规定，并力求制度化、操作化。近年来先后颁布的《中共中央国务院关于进一步加强和改进未成年人思想道德建设的若干意见》（中发〔2004〕8 号）和《中共中央国务院关于进一步加强和改进大学生思想政治教育的意见》（中发〔2004〕16 号）都对民族精神的弘扬和培育提出了明确要求。上海市结合社会发展和学校实际，颁布的《上海市学生民族精神教育指导纲要》（沪教委德〔2005〕20 号）等一系列重要法规文件，作出了有利于大学生民族意识培养的政策表征与制度规定，大学生爱国主义情怀和民族意识培养的良好宏观政策环境正逐步系统和完善。

2. 加大政策制度的宣传力度和执行力度，强化监督与评估，让各项政策切实普及大学生

在访谈中，不少 90 后大学生都表现出较强的民族意识，但对中华民族一些传统风俗文化的知晓度还不足。如果这些政策措施和指导意见无法得以全面实施，那么这将严重削弱上述宏观政策环境所带来的积极作用，其结果必然会降低大学生的民族认同感和民族责任感。因此，教育主管部门在颁布施行相关制度规定后，重要的一环就是要加强既定规章制度的宣传力度，监控督促执行与落实，必要时应采取一定形式的强制性评估考核。

（二）学校层面

1. 全面贯彻落实上级主管部门制定颁布的各项政策制度，并在紧密结合本校实际的基础上，健全和完善大学生民族意识教育工作的组织建制、规章制度和运作机制

各高校要根据各自的办学指导思想，健全具有学校特色的民族意识培养方针，做好大学生民族意识培养的发展规划，支持适合本校的大学生民族意识培养活动，完善大学生民族意识培养的长效机制。民族意识的教育工作并非一劳永逸的事，弘扬和培育中华民族精神是一个长期的过程，各高校制定的相关实施细则、方案需要保证其长期性、连续性，为弘扬和培育中华民族精神创造更实际、更有效的条件。一方面，要从组织领导角度，从战略高度重视大学生民族意识的培育，把弘扬和培育大学生民族精神纳入高校教育教学工作的全过程，纳入高校精神文明建设的全过程；另一方面，要强化管理，制定有效的系统管理机制，制定严格的、科学的考核与检查制度，保证弘扬和培养大学生民族精神工作取得实效。着力把广大学生培养成具有世界眼光、开放意识，能够传承中华民族优良传统，富有民族自信心和爱国主义精神的社会主义事业的建设者和接班人。

2. 加强学生工作部门与教学、科研、后勤等部门的沟通与合作，统整学校各方资源与力量

在调查中我们发现，广大的 90 后大学生热爱中国共产党、热爱社会主义国家、热爱中华民族，对实现中华民族伟大复兴的事业充满热情和期待。改革开放的深化、上海建设国际金融中心和国际航运中心（两个中心）的步伐加快，为我们创造了一个更为开放的环境。多元经济并存，多元文化碰撞，有利于学生开阔眼界，增强对世界文明成果的了解；同时其承载的不同意识形态、价值观念和生活方式，也潜移默化地影响着学生的思想观念。一些大学生不同程度地存在对民族优秀文化传统漠视、对中华民族的归属意识不强等现象。因此，新形势下的学生民族意识教育，需要充分发挥学校各方资源与力量，通过部门沟通，让全校教职员工充分意识到他们担负着促进学生发展的育人使命与责任，使全体教职员工明确自己在学生民族意识教育中的重要地位和主要职责，进一步增强"人人都是德育工作者"的责任意识，真正落实以学生为本，并以实际行动实践全员育人的教育理念。

3. 提升教师素质，加强教师队伍建设，用深入浅出的传承方式开展民族意识教育

要充分发挥好三支教师队伍的作用，即思想政治理论课教师、辅导员、专业课教师。对于思政教师和辅导员，要不断提高以优秀民族文化引导学生的能力，不断提高思想政治素质和职业道德水平，充分发挥其专职作用。培养德育教师具备坚定的理想信念，使他们具有宽阔的学术视野，了解国内外道德教育的发展情况，加强前瞻性研究，提高自身工作的专业化水平；培养教师善于参加社会实践，能够带领广大学生在社会实践中深化对民族文化的认识，增强对民族精神的体验，提高自身的思想政治素质。同时，每一位教师都应深入挖掘学科教学内容的民族精神内涵，将民族意识教育有机融入日常教育教学活动之中。并充分发挥教师基层党组织在民族精神教育中的作用，引导教师研究并利用民族优秀传统文化教育学生，增强教师传授民族精神的意识和能力，提高民族意识教育的胜任力。

在教育方法上，广大教师要从民族认同感、民族自豪感和民族责任感出发，用深入浅出的传承方式开展民族意识教育。首先要坚持优良传统教育与时代精神教育相结合，将弘扬民族优秀文化传统与培育改革创新的时代精神相结合，既要弘扬中华民族优良的人文传统和革命传统，又要吸收、借鉴人类发展的一切文明成果，以发展的眼光开展民族意识教育；其次要坚持情感陶冶与促进理性升华相结合，要善于抓住各种契机，利用各种形式，以情动人、以事感人，同时要注意引导、促进学生对民族精神的理性思考，在深化认识中，进一步增强学生对祖国、对民族、对家乡的热爱之情和责任之心；最后要坚持突出重点与有机渗透相结合，既要充分发挥显性学科在民族精神教育中的主导作用，又要注重其他学科在民族精神教育中的独特功能，充分挖掘各门学科的民族精神内涵。要大力改进教学方法，提倡启发式、参与式、研究性教学，运用建构主义学习理论，不断增强民族意识教育的吸引力和感染力，增加民族意识教育的针对性和实效性。

4. 发挥课内、课外两大体系，形成民族意识培养的主要载体

坚持认知教育与实践体验相结合，遵循主体探究、知行统一、理性升华的规律，挖掘课内、课外民族精神教育的各种资源，构建各种教育载体，用学生喜闻乐见的方式开展教育活动，有机、有序、有效地把民族精神教育渗透到教育的各个环节、各个方面。既要抓好课堂教学的认知教育，针对学生的困惑和思想实际，善于用正确的方法论剖析问题的症结，引导学生形成批判性的思维，能够辨别是非善恶，并运用正确的立场、观点和方法分析、解决学习和发展过程中遇到的各种问题；也要以体验教育为重要途径，让学生在实践中真切感受民族精神的丰富内涵，达到知行统一。

在课堂教学中，重点进行基本国情、形势政策等教育，培养大学生认识问题、分析问题和解决问题的能力，促进大学生坚定理想信念、培育爱国情怀，形成正确的世界观、人生观和价值观，充分发挥课堂教学在民族精神教育中的主渠道作用。抓好课程结构的调整，在马克思主义理论、思想道德、法律、近现代史等课程中挖掘民族精神的内涵，强化思想政治理论课主干课程的民族精神教育作用；在公选课中，增设一系列与民族精神教育相关的课程，为学生提供菜单式选择；结合形势政策教育，结合国内外民族文化、历史的重要时事，凸显民族精神教育的重要内涵，为大学生解疑释惑；加强人文类课程的教育作用，引导学生形成强烈的民族认同，用科学理论武装大学生，用优秀民族文化培育大学生；同时要采取有力措施，挖掘各门课程中民族精神的丰富内涵。

课外活动是弘扬和培育民族精神的重要途径。加强课外活动建设，是学生民族精神教育的有效载体，也是学生体验和践行民族精神的良好渠道。需要增强课外活动内容的针对性，提高活动的吸引力和感染力，使学生在考察活动、社团活动、社会服务、农村及企业实践活动、军政训练、科技活动、民俗技艺训练、爱国主义展览、名著阅读、影视观赏、戏剧欣赏、歌曲学唱、节庆、志愿者等活动中长见识、砺精神、明志向。

充分利用国家重要的节庆纪念日，引导学生树立强烈的国家意识；利用伟大人物的重要纪念日和"学雷锋"等活动对学生进行道德人格教育；利用清明、端午、中秋、重阳等民族传统节日，引导学生了解中华民族的民俗风情和传统美德；利用七七事变、九一八事变等纪念日，

对学生进行勿忘国耻的教育，使学生居安思危。学校要开展专题节庆活动，引导学生体验和感受这些节庆纪念日中蕴含的中华民族传统文化、传统美德和革命传统，并以课程、主题教育活动等形式保证落实。主题教育活动要充分发挥学校的主阵地、主渠道作用，在保留传统活动形式的基础上加以创新，可以通过演讲、知识竞赛、歌咏比赛、文艺演出或聆听革命老人讲革命传统故事等形式，力求主题鲜明，形式生动，充分体现贴近学生生活、贴近学生学习的要求。同时通过开展入党仪式、开学典礼、毕业典礼等仪式教育，有机融入爱国情感、历史文化和基础道德等教育内容。在课外实践活动中，不断丰富民族精神的内涵，提高课外实践活动的质量和效果，使大学生在课外实践活动中受教育、长才干、做贡献，增强社会责任感。

5. 加强理论研究，探索民族意识教育的发展规律，促进民族意识教育工作的科学化发展

没有理论的实践是盲动。民族精神是一个民族赖以生存和发展的精神支撑，也是民族文化中最核心、最精华的组成部分，是推动一个民族前进和发展的不竭动力①。学校要把弘扬和培育中华民族精神与有关民族意识的理论研究紧密联系起来，加强对学生民族意识教育的理论研究，挖掘民族精神的丰富内涵。充分利用德育研究中心、思政研究会等研究组织的力量，组织专门力量加强对学生民族意识教育的研究。有条件的学校可以设立民族精神教育专项基金，划拨专款用于学生民族精神教育的研究、基地建设、教师培训、考察和表彰，尤其对于影响深远、成效显著的教育形式给予专门投入。可以逐步形成理论学习奖励制度、理论研究立项资助制度、配备理论学习专业导师制度等。引导开展弘扬和培育民族精神的方向研究、价值取向研究、规律与特点研究、方法研究，逐步形成从实践出理论、理论促实践的教育实践与理论研究相辅相成的良性循环体系，使理论研究在工作实践中做出应有的贡献。

6. 强化民族意识氛围营造，宣传民族优秀典型，建设网络领地，优化大学生民族意识培养的环境

当今世界，人们在享受全球化带来的丰富物质时，世界各国的联系

---

① 孙书平：《论当代大学生民族精神认同之实践强化》，《青少年研究》2004 年第 4 期。

日益紧密，不同文明之间发生了前所未有的交流，民族传统文化的传承面临着巨大挑战；另外，伴随全球化而来的现代化，打破了传统的生活状态，西方生活习俗、价值观念在短期大量涌入，使我国传统文化处于相对弱势地位。因此，在大学生中有必要进一步宣传、保护传统文化，强化民族意识氛围的营造。可以充分利用校园广播、校园网、橱窗、板报、文化设施等宣传阵地，大力宣传和弘扬民族精神，形成民族精神教育的浓厚氛围。及时报道民族意识教育活动进展情况，努力挖掘身边的先进典型，营造浓郁的民族精神教育氛围，形成强有力的舆论导向。通过开辟专题专栏、时事评论、理论文章、人物访谈等多种形式，宣传阐释民族精神，宣传报道体现民族精神的先进典型，展映展播以弘扬民族精神为题材的优秀文艺作品，为开展好弘扬和培育民族精神教育活动营造浓厚舆论氛围。

同时随着互联网的发展，网络已成为大学生生活的重要组成部分。许多大学生不但从网上获取信息，浏览网民关注的热点，而且经常参与网上论坛，发表自己对某些问题、事件、形势的看法，与网友进行交流。可见网络对于弘扬和培育中华民族精神有着不容忽视的影响，因此在积极发展互联网的同时需要加强管理，趋利避害。对于信息应该客观全面、准确地报道，而不能听任消极信息流行。积极开发教育资源，开展形式多样的以弘扬和培育中华民族精神为主题的教育活动，如开发具有民族性、科学性、趣味性和益智性等特点的"绿色健康游戏"和动漫作品，疏堵结合、以疏为主，主动建设网络新阵地。注重培养学生良好的网络道德，为学生民族精神的交流、培养提供平台。

7. 加强社团的功能作用，发挥学生党团组织的力量

要充分发挥学生会、社团等学生组织自我教育的优势，注重充实学生活动的民族精神教育内涵，通过生动有效的活动形式，激发广大学生的爱国热情、民族自信，引导学生传承优秀传统、培养高尚的公民人格。理论学术类社团要充分发掘学生对民族精神理论研究的兴趣，引导学生在研究过程中，将民族精神内化为自身的价值判断并付诸实践；其他各类社团要充分发挥形式多样、内容丰富等特点，通过开展具有民族精神特色的文化活动，增强学生对民族精神的体验和感受，促进学生更加自觉地践行民族精神对自身的要求。同时学校要加强对学生社团的管

理和引导，加大对体现民族精神教育的学生社团的支持力度，鼓励学生组织开展丰富多彩的民族精神教育活动，大力推进"高雅艺术进校园"等活动。

同时，发挥学生基层党组织在民族精神教育中的导航作用，通过党章学习小组、业余党校和组织生活等形式，引导学生把民族精神作为理论学习、社会实践的基础内容。注重对入党积极分子进行民族精神教育，着重提高学生党员的民族自信心和爱国责任意识，发挥学生党员在弘扬先进文化、倡导廉洁奉公和抵制腐朽文化中的先锋模范作用。在党支部组织建设中，把民族精神教育作为提高党员党性修养的一项基本内容，发挥党支部凝聚、影响和引导广大学生的优势，使党支部成为民族精神教育的核心力量。

8. 整合社会资源，形成全社会关心支持民族意识教育的合力

整合社会资源，坚持学校教育与社会引导相结合。既要发挥学校教育在弘扬和培育民族精神中的主渠道、主阵地作用，也要加强家庭教育、社会教育与学校教育之间的相互配合，充分调动社会各方面的积极性，有效整合社会资源，形成民族意识教育的整体环境和强大推动力。充分利用博物馆、档案馆、规划馆、科技馆等资源，发挥不同类型爱国主义教育基地的民族意识教育优势，积极开发国情教育、国防教育、革命传统教育等资源，增强民族意识教育的吸引力和感染力。

在家庭环境建设中弘扬和培育民族精神，引导家长重视家庭美德和家庭文化的建设，把家庭教育与社会教育、学校教育紧密结合起来，加强教师、社区工作者与学生、家长之间的沟通，努力形成全社会关心支持民族意识教育的体制与合力。

（三）学生个人层面

1. 主动把握一切有利于自身发展的机会，加强自主学习，力求上进，用推动改革开放和社会主义现代化建设的强大力量来报效祖国

在日常学习和生活中，大学生应该树立力求上进的能动意识，积极主动地把握一切有利于自身发展的机会，不断充实自己。充分认识到个人的命运与国家的命运息息相关，培养对国家的认同和忠诚，激发报效祖国的志向，自觉与损害国家和人民利益的行为做斗争；提高自我修

养，将弘扬民族精神与投身改革开放的实践相结合、与培育时代精神相结合；激发对养育自己的家庭、家乡和国家的感恩之情，进而激发对亲人、同胞和祖国的服务之心和报效之志，立大志、讲奉献、重责任、会合作、守信用，严于律己，始终保持艰苦奋斗的作风和追求卓越的精神状态，积极投身社会主义现代化建设事业。

2. 多关注时事政治，多参与优秀传统民俗活动，成为民族文化的传承者、实践者和宣传者

大学生应多关注时事政治，正确认识当前形势，正确理解党的路线方针政策和重大改革措施，振奋精神，增强民族自信心；加强对中华民族传统文化经典的学习和研究，多参与优秀传统民俗活动，体验上下五千年文明的深厚底蕴，体味中华民族文化的源远流长；宣传优秀的民俗风俗特色，弘扬中华民族的人文传统，成为民族文化的传承者和实践者。深刻认识到弘扬和培育民族精神对于中国和平发展进程的推进、和谐社会的构建、科学发展观的落实、社会主义现代化建设目标的实现，以及自身成长成才等方面的重要意义。

3. 将爱国的热情和理性相结合，用合法有序的方式表达爱国情怀，团结一切可以团结的力量，发挥一个崛起大国国民应有的理性与智慧

没有什么比爱国情感更为珍贵，也没有什么比理性力量更为强大。但是爱国的热情与理性并不矛盾，爱国的热情我们需要，这是一个民族和国家前进的动力，爱国的理性我们更需要，这是引导爱国力量，使其发挥更大功效的客观要求，二者是有机统一的整体。只有在法律的框架下，合法有序地表达，才是理性的爱国；只有把自己的事情办好，把自己的国家建设好，才是最大的爱国。爱国热情既体现在对祖国、对民族、对人民的深厚情感上，更体现在为祖国的繁荣、民族的振兴、人民的富裕而不懈奋斗的实际行动中。因此，大学生应该把爱国热情和民族情绪回归到促进国家、民族和社会长远发展的理性轨道上来，使这种爱国热情更加理性、宽容和开放，使之符合国家和民族的利益。对于我们每个大学生，刻苦学习，坚守岗位，做好本职工作，在自己的岗位上踏实勤恳地创造社会价值，这就是最好的爱国方式，这才是一个崛起大国国民应有的理性与智慧。因此我们应当自尊自信，但决不妄自尊大；我们应当谦虚、包容，但决不向傲慢、欺辱低头；我们愿以开放的心态学

习世界其他民族的一切长处，但决不会吞下损害自己利益的苦果；我们坚定维护国家、民族的利益和尊严，但决不狭隘偏执、盲目排外；我们热情，但不会被热情冲昏头脑；我们理性，但永远不会冷却对祖国母亲的一腔热血。

2008 年以来，西藏骚乱、奥运火炬接力和汶川大地震等事件，让我们看到在国家受辱、民族蒙羞、人民遭难的时刻，80 后大学生如火山爆发般迸发出的爱国激情，让我们感到无比激动和兴奋，让我们再次感受到中华民族的团结与力量，感受到每个中华儿女对自己国家和民族那份浓烈而纯净的热爱。大学生是民族的希望，祖国的未来。在大学生中，尤其在新生的 90 后大学生中，如何传承好 80 后大学生的民族热情和爱国情怀，弘扬民族精神，培育民族意识，提高大学生的道德素质和政治觉悟，增强他们的民族认同感、自豪感和责任感，把他们培养成具有良好思想品质和道德修养的合格建设者和可靠接班人，对于确保我国在激烈的国际竞争中立于不败之地，确保实现全面建设小康社会，进而实现现代化的宏伟目标，确保中国特色社会主义事业兴旺发达，确保实现中华民族的伟大复兴，具有重大而深远的战略意义。

世界体系理论给国际关系研究带来的几点启示

何宛昱*

[摘　要] 世界体系分析作为一种挑战传统范式的理论，对国际关系研究的影响是深刻的，它迫使人们重新思考国际关系研究的一些基本概念及方法，虽然存在争论，但是这些概念曾经在相当长的时间内主导国际关系研究。沃勒斯坦的世界体系理论拓宽了国际关系研究的领域，世界体系理论的分析单位"世界体系"可以作为国际关系研究中合适的分析框架，沃勒斯坦对于现代国家主权的分析挑战了主流国际关系理论中的主权概念。

[关键词] 沃勒斯坦　世界体系分析　国际关系

伊曼纽尔·沃勒斯坦在其《现代世界体系》及其他著作中试图整合社会科学的各分支，摆脱 19 世纪范式的局限。世界体系分析作为一种挑战传统范式的理论，对国际关系研究的影响是深刻的，它迫使人们重新思考国际关系研究的一些基本概念及方法，虽然存在争论，但是这些概念曾经在相当长的时间内主导国际关系研究。

一　世界体系理论——对 19 世纪范式的反思

世界体系理论的提出源于对学术分野的反思和批判，自从 20 世纪

* 何宛昱（1982— ），黑龙江齐齐哈尔人，牡丹江师范学院历史系讲师，主要研究方向为国际关系理论、世界近现代史教学与研究。

70 年代，沃勒斯坦就开始强调社会科学的巨大缺憾是它们都在封闭体系的基础上运行的事实。他反对将政治学、经济学与社会学分割开来的各种学科界限，反对分离历史学与社会科学的界标。他强调使用"世界体系"概念作为社会科学分析中基本单位的重要性。虽然并未提及国际关系学，但是沃勒斯坦的思想在此后的 20 年中迅速影响了包括国际关系学在内的社会科学。① 并且，沃勒斯坦在其世界体系理论的建构中所反思的几个基本概念与国际关系研究紧密相关，向传统的以现实主义和自由主义为主导的国际关系理论提出挑战。虽然对形成于 19 世纪的社会科学理论范式提出批判，但世界体系理论与 19 世纪的理论范式紧密相关。

沃勒斯坦在著作中一再重申：世界体系分析是一种方法而不是一个理论，世界体系分析不是一个关于社会世界或关于部分社会世界的理论。它是对一些方法的抗议。② 尽管如此，沃勒斯坦提出的世界体系分析引申出了对传统的挑战和一种分析世界的全新视角，很多学者对其核心问题进行征引。时至今日，沃勒斯坦所提出的世界体系分析不仅被视为方法，更被视为一种理论，即世界体系理论。

沃勒斯坦认为，起源于 19 世纪的认识论范式的局限性在知识结构中表现为科学文化和哲学文化的划分，只存在这两种文化并且每一种文化不仅被认为是不能相互并存的，而且实际上被按照等级加以分类。这种分门别类使得统一的世界被镶嵌进不同的学科，在认识论上出现了描述性和规范性两种主张，社会科学家重视寻找世界的规律而忽视了时间，而历史学家强调历史的可变性而忽视了时段。

沃勒斯坦提出解释历史上发生的事情的关键是寻找到合适的"分析的单位"，他假定分析的适当单位是世界体系，用其代指某种不同于现代民族国家的东西，某种比民族国家更大的单位，某种可以通过有效的、不断进行的劳动分工来定义的单位。世界体系是一种时空单位，特别是一种结构性时空。为给它一种便于参考的语言形式，沃勒斯坦把结

---

① ［英］巴里·布赞、理查德·利特尔：《世界历史中的国际体系——国际关系研究的再建构》，刘德斌主译，高等教育出版社 2004 年版，第 27 页。

② ［美］伊曼纽尔·沃勒斯坦：《沃勒斯坦精粹》，黄光耀、洪霞译，南京大学出版社 2003 年版，第 126 页。

构性的时空当作是已经被划分的"历史体系"。历史体系表达了结构性时空的本质性冲突，即它既是一个体系又是历史的。在一个概念中既包含循环节律又包括长期趋势。

二　世界体系分析给国际关系带来的启示

在国际关系研究中，理论为研究者提供一套分析工具，而对历史的反思为研究者找到理论与现实的契合点。在理论方面，国际关系研究者们对于很多概念存在着争论。同时，主流国际关系研究中对于很多概念又能够达成基本共识，比如无政府状态，是被现实主义者和新自由主义者所接受的，建构主义虽然运用社会学理论对其提出挑战，但是仍限于这个概念本身。在沃勒斯坦的世界体系理论中，一些与国际关系研究紧密相关的概念被置于更广阔的背景进行讨论。

（一）世界体系的历史化

沃勒斯坦所提出的现代世界体系强调其现代性，即 1500 年以来的世界体系，只有将其置于更为广阔的背景中进行思考，这种现代性才是有意义的。对现代世界体系出现之前的世界的关注，是国际关系研究中一个常被忽视的问题。正因如此，巴里·布赞提出了"威斯特伐利亚束身衣"这一说法，意指国际关系研究者将注意力集中于自威斯特伐利亚体系以来的国家形态及国际关系形态。如果追溯历史，亚当·沃森认为最近 5000 年的世界历史的大部分时期并非处于无政府状态，而是呈光谱形式排列：无政府状态和帝国作为光谱的两个极端，二者之间是霸权、宗主权和自治领。[①] 而沃勒斯坦认为存在着三个知名的历史体系的形式或类型，即局部体系、世界帝国和世界经济体系。第一，局部体系指所谓的在空间上很小和可能在时间上相对短暂（生命跨度大约为六代），在文化和统治结构方面具有高度的同一性的社会结构，其基本

---

① 　[英] 巴里·布赞、理查德·利特尔：《世界历史中的国际体系——国际关系研究的再建构》，刘德斌主译，高等教育出版社 2004 年版，第 18 页。

的逻辑就是交换的"互惠性"。第二，世界帝国是庞大的政治结构（至少在其扩张的顶点是如此，但此时便开始收缩，这似乎是它们的命运），其涵盖许多"文化"类型，这个体系的基本逻辑是从地方自我管理的直接生产者（大多是乡村生产者）那里收取贡税，这些贡税由生产者上交中央并重新分配给少数的但十分关键的官僚机构。第三，世界经济体系是巨大的由各种政治结构分割的一体化生产的不平等的链条。其基本逻辑是累积的剩余价值被不平等地加以分配，以支持那些在市场体系中能够获得各种暂时垄断的人。这是一个"资本主义的"逻辑。①公元前8000年至公元1500年之间，地球上就一直存在着三种类型的各种历史体系。世界帝国是那个时代"强"的形式，因为一旦它得到扩展，它就会毁灭和（或）吞并局部体系和世界经济体系；一旦它形成，它就为局部体系和世界经济体系的再生提供空间。

　　在历史语境下考察国际关系的发展是超越威斯特伐利亚体系的可行途径。世界历史中的国际关系结构的形态十分丰富，这些丰富的国际关系形态本身及其向现代国际关系形态的过渡，是不应被忽视的，历史界定了现实中的种种难题。沃勒斯坦提出的历史体系框架为国际关系研究提供了一种框架。起自于威斯特伐利亚体系而延续至雅尔塔体系的国际体系的演变仅仅是属于现代世界体系中的国际关系形态，它们可以被认为是资本主义性质的。在人类历史发展中，国际体系的形态是多样化的。对于这种多样化的承认应当被作为国际关系研究的起点。

（二）现代世界中的国家与主权

　　如果把视野局限于现代世界体系中，沃勒斯坦的理论对于国际关系的研究仍然带来挑战。现代世界体系的资本主义性质既是经济属性，也是政治属性，现代国家主权的概念从中派生出来。肯尼思·沃尔兹对于现代世界中的国家主权进行了界定：主权意味着，国家可以自行决定如何应对内外问题，这包括是否寻求他国的帮助，以及随之而来的限制自身行动自由的义务。国家制定自身的战略，规划行动的计划，自行决定

---

① ［美］伊曼纽尔·沃勒斯坦：《沃勒斯坦精粹》，黄光耀、洪霞译，南京大学出版社2003年版，第174页。

如何实现自身形成的各种需求和愿望。不可否认，主权国家总是受到约束，而且往往是很严格的约束，这并不比自由的个体常常在事件的沉重压力下做出决定更加矛盾多少。① 在无政府状态下，主权国家是国际政治系统的基本单元。主权被认为具有双重属性，即国家对内的绝对权力和对外的独立自主。沃勒斯坦认为，主权的存在与资本主义的发展是紧密相关的，与自由主义者的鼓吹不同，沃勒斯坦提出主权的观念及由其产生的政权观念是资本得以存在和发展的关键，对于现代国家主权性质的认识是不能脱离其资本主义性质的。

关于主权国家相互间的关系，长期以来辩论不休。有些人强调各种不同国家的有效主权，另外有些人怀疑所谓弱国是否有能力抗拒所谓强国的压力。在现代世界体系中，各国对资本家的关系以及各国之间的关系是两个相互联系的问题。首先，现代世界体系是一个资本主义的世界经济体。这个体系有两个需要，第一是万物商品化，第二是把商品联系到商品链上，这个链条是有效率但又不透明的。一个真正的全球性体系最终形成于 1900 年，而现代世界体系中的国家是一种独特的产物，非资本主义体系内的政治结构并非以同样的方式运作，它们在政治上就是一种不同的建制。现代国家的独特性就体现在主权上，主权不是在国家范围内，而是在国家间的体系范围内的一种要求。这是一种双重的要求，既是对内又是对外。就对内而言，国家主权就是要求在其边境之内，国家可以推行它认为明智的任何政策，颁布它认为必要的任何法律，国家的个人、团体、机构无权拒绝服从法律。对外，在边境内，任何其他国家都没有权利行使任何威权。在现代世界里，主权是一种交互对等的概念。各国的主权，包括在国家间的体系框架中各国的内在和外在主权，是资本主义经济的基本支柱。如果主权垮台，或严重衰落，资本主义作为一种体系就难以维持。

为什么主权如此重要？资本主义世界经济体需要有一个将各主权国家联结在国家间的体系之内的结构，是这种结构的存在，而不是商品和资本的自由流动，为资本主义的存在提供了必要的保证。在现代世界

---

① ［美］肯尼思·沃尔兹：《国际政治理论》，信强译，上海世纪出版集团 2003 年版，第 128 页。

中，国家宣称拥有主权，这种权威在国界之内至高无上，在国界之外与其他国家地位相当。拥有主权的国家在支持企业家方面起了重大作用，主要表现为几个方面：第一，承担部分生产成本，比如公共工程的修建或环保的责任全部由政府承担，在此过程中，企业既是贸易受惠者，又可以逃避其生产所造成的环境破坏；第二，保证企业的准垄断地位以便增加利润率，无论在国内还是在国外，贸易利润的追求既是企业行为又是政府制定政策的目标，政府会利用行政权力保持企业的垄断地位；第三，国家会致力于一方面抑制工人阶级捍卫自身利益的能力，另一方面以剩余价值不公平的再分配缓解不满情绪。以上诸种职能保证了资本主义的存在。

三　余论

在国际关系研究中，世界体系理论所关注的现代国家、发展问题、国家间权力不平等的根源等问题，对于传统的国际关系理论提出了挑战。对于这些问题的反思和回应拓宽了国际关系研究者的视野。同时，研究者也不应忽视对于现代世界体系论的学术批评。如沃勒斯坦反对欧洲中心论，但在其论著中，欧洲中心论作为一种难以回避的历史进程出现了，这种困境也是国际关系研究者所面临的。